신
인간
과학

우주 생명 정신을 주제로 한 석학들의 대화

신 인간 과학

더 생각 인문학 시리즈 06

초판 1쇄 인쇄 | 2018년 12월 19일
초판 1쇄 발행 | 2018년 12월 25일

지은이 | 한스 페터 뒤르, 클라우스 미하엘 마이어 아비히, 한스 디터 무철러,
　　　볼프하르트 판넨베르크, 프란츠 M. 부케티츠
옮긴이 | 여상훈

발행인 | 김태영
발행처 | 도서출판 씽크스마트
주　소 | 서울특별시 마포구 토정로 222(신수동) 한국출판콘텐츠센터 401호
전　화 | 02-323-5609 · 070-8836-8837
팩　스 | 02-337-5608

ISBN 978-89-6529-197-8　03100
값 15,000원

신
인간
과학

우주 생명 정신을
주제로 한
석학들의 대화

지음
한스 페터 뒤르
클라우스 미하엘 마이어 아비히
한스 디터 무힐러
볼프하르트 판넨베르크
프란츠 M. 부케티츠

옮김
여상훈

일러두기

• 원서의 독일어를 아울러 적을 때는 피할 수 없는 경우가 아니면 모두 영어로 했다.

• 그리스어와 히브리어는, 널리 쓰이는 것은 영미 계통의 표기를 따랐고 생소한 낱말은 해당 언어권에서 사용하는 영어 표기법을 택했다.

• 인용된 성서구절은, 원서에서 간접적으로 대강의 뜻만 인용한 경우와 직접 완전한 구절을 인용한 경우를 구별해서 그에 상응하는 우리말로 옮겼다. 신학을 대표하는 대화자 두 사람의 종파에 대해 중립적인 이 책의 내용 등을 고려하여 우리말 성서는 신·구교 공동번역본을 사용했다. 종파 간에 달리 쓰이는 낱말들은 한글 맞춤법을 따랐다.

세상을 이해하는
두 방법론의 만남

사람들은 오랫동안 종교적 지식과 자연과학적 인식을 서로 대립하는 진실로 여겨왔다. 교회는 자연과학적 인식이 교리를 위협한다고 생각했고, 근대 자연과학의 성과는 사람들에게 과학이 전능하다는 잘못된 믿음을 심었다. 학자들 중에는 언젠가는 '정밀한 지식'(exaktes Wissen)이 종교를 대체하리라고 믿는 사람들이 많았다. 그러나 확신컨대, 그런 기대는 근본적으로 실현될 수 없는 것이다. 왜냐하면 종교적 통찰은 객관화할 수 없는 총체적인 진실에 토대를 두고 있는 반면, 자연과학적 인식은 전체적인 사실을 구성하고 있는 작은 부분들을 분석한 것에 근거를 두고 있기 때문이다.

학문을 하고 이론을 연구한다는 것은 세계에 대한 '견해'를 만들어 내고 그 견해를 실험 및 측정의 결과와 비교하는 작업이다. 그런 과정을 통해 일반적인 법칙을 얻게 되는데, 우리의 경탄을 자아내는 그런 법칙이 지극히 단순한 형태로 되어 있는 경우도 흔하다. 자연과학의 일반법칙이 신적(神的) 이성의 역사(役事)라고 보는 해석도 드물지 않다. 이렇듯 자연과학을 통해 자연계의 여러 요소가 서로 영향을 주고받으며 얽혀 있는 모습을 풀어내고 밝혀낼 수는 있지만, 그렇다고 오늘날 통용되는 의미의 과학적 지식이 종교적 지식을 대신하는 일은 없을 것이다. 인간은 종교적인 체험을 통해 신적 이성과 '직접' 만나게 된다. 종교란 신에게로 향하는 이런 직접적인 통로를 일컫는 말이다. 우리가 '신'이라고 표현하는 것은 사고의 결과가 아니라, 사고에 앞서 직접적이고도 직관적으로 통찰되는 그 무엇이다.

양자물리학자들은 자신들의 연구를 통해 얻은 인식으로 말미암아 엄청난 혼란에 휩싸이게 되었다. 움직임을 예측할 수 있고 관성의 법칙에 지배되는 '물질'이 세계를 구성하는 기본요소가 아니라는 사실을 알게 되었기 때문이다. 미시(微視)세계는 눈으로 보고 손으로 만질 수 있는 이 거시(巨視)세계의 축소판이 아니기 때문이다. 원자는 물질을 그대로 축소해놓은 미니 모형 같은 것이 아닌 까닭에, 물질에 대해 알려져 있는 전통적인 법칙에 따라 움직이지 않는다. 그것은 전혀 다른 성질을 가지고 있는 것이다. 이런 사실을 알고 커다란 충격을 받은 20세기 물리학자들은 다시 신학자들과 대화를 시작하게 되었다. 또한 자연과학을 배운 신학자들은 그런 자연과학적인 인식을 받아들여, 자신들의 종교적인 입장을 뒷받침해주는 근거로 해석했다.

이런 움직임들은 얼마 전까지만 해도 '지적인 평화'를 위해 서로 넘나들어서는 안 되는 것으로 여겨왔던 신학과 과학이 각자의 울타리를 벗어나 상대편을 향해 마음을 열고 관심을 가지게 되었다는 증거이다. 《신 인간 과학》은 이렇게 갈수록 활기를 더해가는 신학과 과학 간의 논의를 이어나가면서, 종교와 자연과학이라는, 사실에 대한 두 가지 접근방식이 어떻게 서로에게 생산적인 영향을 미칠 수 있을지를 보여준다.

물론 두 분야 간의 대화에는 언어의 장벽이라는 근본적인 한계가 가로놓여 있어, 우리가 '신과 과학' 같은 추상적이고도 포괄적인 주제에 대해 논하고자 할 때 심각한 장애물이 된다. 우리의 언어는 우리가 환경에 적응해 살아갈 수 있도록 점진적인 진화를 거쳐 형성된 것이기 때문이다. 처음에 우리 인간은 생존을 위해 필요한 것을 손으로 만져 이해해야 했고, 그런 과정을 통해 사물을 언어로 표현하고 이해하는 사고의 세계를 구축할 수 있게 되었다. 그러므로 우리가 사용하는 언어는 기본적으로, 그야말로 '손으로' 파악할 수 있는 범위 안에 있는 물질적인 것만을 표현하고 있을 따름이다. 그런 범위를 벗어나는 사실은 그저 상징적으로만 묘사될 뿐이고, 그런 상징적인 묘사는 그 뒤에 숨어있는 참모습을 정확하게 그려내지 못한다.

그렇다고 해서 토스카나에서 나눈 대화가 의미를 잃는 것은 결코 아니다. 오히려 그렇기에 더욱더 우리의 대화가 뜻을 얻고 공감을 모으는 것이 아닐까? 자신의 한계를 알수록 겸손해질 테고, 그렇게 될 때 비로소 객관적인 세계상을 정립할 수 있을 테니까 말이다. 그러기 위해 우리는 모든 개별적인 현상을 커다란 전체의 일부로 파악할 줄 알아야 한다. 전체라는 것은 모든 것을 낱낱이 쪼개어 분석하는 자연과학의 방법이 아닌, 바로 그 전체에 대한 주관적인 통찰과 종교적인 관조를 통해서 경험할 수 있는 것이다. 자연과학적 사고방식과 현기증이 날 만큼 빠른 기술의 진보로 우리는 점점 그 전체를 보는 눈을 잃어가고 있다. 이것이 그리스도교를 비롯한 모든 종교가 오늘날 더욱더 소중한 가치로 다가오는 까닭이다.

한스 페터 뒤르
1996년 9월 뮌헨에서

차례

2 생명

3 　정신

1

우주

온화하고 청명한 토스카나의 여름밤. 눈을 들면 실측백나무와 올리브 관목들을 지나 달빛을 받아 은빛으로 빛나는 언덕에까지 시선이 이른다. 우리의 감정과 정신 또한 그와 함께 널리널리 뻗어나간다. 사위는 고요하고, 별들로 가득한 하늘이 이 지상과 우리 인간들 위로 웅장하게 펼쳐져 있다. 하늘은 오랜 세월 동안 신들이 거하는 곳이었다. 이제 그 신들은 쫓겨나고 없지만, 그렇다고 하늘이 결코 그 깊은 비밀마저 열어 보이지는 않으리라. 밤하늘은 언제나 우리에게 신적인 그 무엇에 대해 생각하게 하고, 일상에 묻혀 까마득히 잊혔던 커다란 의문들도 밤하늘을 올려다볼 양이면 우리 의식 속에 가만히 떠오르곤 한다.

우리 인간은 생존에 필요한 것, 대답할 수 있는 것만을 묻지는 않는다. 이해할 수 없는 것에 마음이 이끌리고 불안해하기도 하고, 무언가를 깨닫고 밝혀냄으로써 기쁨을 얻고 방향을 잡기도 한다. 그렇다면 우주의 존재 근거를 묻는 그 커다란 질문에 대해 언젠간 해답을 얻을 수 있을까? 아마도 그럴 수 없으리라. 그래도 물음은 계속되고, 그렇게 묻다 보면 어느새 또다시 신에 대한 물음 앞에 서게 된다.

이 우주와 우리가 사는 세계는 어디에서 생겨났을까? 무언가가 있지 않으면 안 될 이유가 정말 있는 것일까? 아무것도 없을 수도 있지 않은가! 완전한 혼돈 속에서 어떻게 질서와 구조가 생길 수 있었을까? 당연한 일이겠지만, 이런 의문에 대해서 신학자들과 자연과학자들은 각기 다른 대답을 내놓고 있다.

이제 다시 한번 우리 내면의 눈을 들어 별들로 수놓인 토스카나의 밤하늘을 그리면서, 다섯 명의 저명한 학자들이 나누는 대화를 열쇠 삼아 우리가 궁금해하는 것들에 대한 해답을 찾아보도록 하자. 이들은 세계가 베일 뒤에 감춘 커다란 비밀들을 밝혀내려는 일념으로 자연과학과 신학의 지난한 길을 걸어 인간의 상상력이 도달할 수 있는 극한까지 모험해온 사람들이다.

이제 그들이 걸어간 인식과 통찰의 길을 따라 해답을 얻기 위한 노력에 동참해보는 것은 어떠할는지.

신이라는 가정(假定)은
내게 필요치 않다.

_피에르 라플라스

빅뱅 이론과
정상우주론

우주의 기원을 묻는 물음에 대해 대부분의 자연과학자는 이른바 '빅뱅(Big Bang) 이론'으로 대답해왔다. 최근에는 상당수의 과학자가 그 이론에 대해 의문을 제기한다. 허블 망원경의 관측결과를 토대로 우주의 나이를 이전까지 믿어왔던 것보다 적은 80억~100억 년 정도로 추정하게 되었기 때문이다. 실제로는 100억 년 이상 나이를 먹은 별들도 발견되고 있어서 또다른 의문들이 제기된다. 그렇지만 우주의 생성에 대한 지금까지의 이론 중에서는 이 빅뱅 이론이 가장 널리 주장되고 또 수용되는 이론이다.

이 이론에 따르면, 우주는 약 150억 년 전에 탄생한 것으로 추론된다. 빅뱅 이론과는 반대되는 이론인 '정상(定常)우주론'(Steady State theory)은, 우주가 무한한 과거로부터 존재해왔으며, 반드시 우주의 소멸을 전제할 필요도 없다고 주장한다. 많은 신학자들은 빅뱅 이론이 그리스도교의 전통적 우주관을 계승하고 있다고 여긴다. 빅뱅 이론은 무한히 작아서 부피가 없는 점, 이른바 '특이점'(singularity)으로부터 우주가 탄생했다고 전제한다. 그 특이점이 일종의 거대한 폭발(빅뱅)을 일으킨 결과 우주가 생겨났다는 것이다. 우주의 생성에 대한 빅뱅 모델은, 신이 '무'로부터 물질적인 우주를 창조했다는 그리스도교의 해석에 부합한다.

빅뱅 이론은 우주의 생성을 설명하는 자연과학의 이론 가운데 가장 널리 알려져 있죠. 그런데 지금도 그 이론이 여전히 유효한가요?

뒤르　네. 여전히 유효합니다. 빅뱅 이론은, 우주가 끊임없이 확장되고 있다는 사실, 즉 아주 멀리 떨어져 있는 은하들이 우리로부터 점점 더 멀어지고 있다는 관측 사실에 바탕을 두고 있습니다. 그 이론을 보면, 마치 우주가 폭발하는 불덩어리와 같은 역동성을 지니고 있는 듯한 인상을 받게 됩니다. 우주가 폭발하고 있는 불덩어리라면, 논리적으로 볼 때 과거 어느 시점에서는 부피가 아주 작았어야 합니다. 우주가 약 150억 년 전에는 실상 한 '점' 안에 압축되어 있었다는 빅뱅 이론은 바로 그런 논리에서 생긴 겁니다. 그렇지만 이 이론에서 말하는 '점'이라는 것은, 어떤 공간이 이미 존재하고 있어 그 공간 안에 한 점이 있었다는 뜻의 점이 아니라, 그 공간과 시간을 모두 포함하는 점을 의미합니다.'

　이 이론을 대할 때 여전히 미심쩍은 게, 정말 폭발이 있었는지, 실제로 무슨 일이 일어났는지를 우리가 전혀 모른다는 사실이에요. 그중에서 가장 미심쩍은 점은 '최초의 순간'에 대한 설명입니다. 원칙적으로 보자면, 빅뱅 이후 수십억 년 동안 형성되어온 모든 것이 그 최초의 순간 속에 모두 들어 있었어야 합니다. 반면에 폭발 후 수초 동안에 일어난 일들은 비교적 소상하게 알려져 있죠. 과학자들은 대규모 입자가속기를 동원한 실험을 통해서, 소립자에서 관측되는 그런 상태와 유사한 우주의 최초 상태를 재구성해낼 수 있었습니다. 폭발이 있은 뒤 수초 동안 우주는 상상을 초월할 정도로 뜨거웠을 것입니다. 하지만 우리가 우주의 기원에 다가가면 갈수록, 그때 어떤 일이 일어났는지는 점점 오리무중에 빠지고 맙니다.

빅뱅 이론과
창조론

**신이 우주를 구성하고 있는 물질을 '무'(無)로부터
창조했다는 것은 그리스도교의 기본교리에 속합니다.
그렇다면 빅뱅 이론과 창조론이 서로 잘 들어맞는다는
이야기가 아닐까요?**

판넨베르크 빅뱅 이론과 창조론은 실제로 서로 잘 어울립니다. 빅뱅 이론을 그렇게 간단히 창조론과 동일시할 수는 없겠지만, 양자가 잘 통한다는 사실은 신학자들로서는 반가운 이야기예요. 그렇다고 해서 자연과학에서 말하는 우주론을 가지고 신을 증명할 수 있으리라고 기대한다면, 그건 무리일 겁니다. 오늘날에는 정설로 통하는 '팽창하는 우주'라는 모델이 처음 등장했을 때, 교황 비오 12세(Pius XII)가 그런 희망을 피력하긴 했었죠. 그러나 이제는 가톨릭 교회도 이 문제에 대해 조심스러운 태도를 취하고 있습니다. 현재의 교황은(교황 요한 바오로 2세를 가리킨다 – 옮긴이) 신학이 자연과학의 우주론으로부터 성급한 결론을 끌어내지 않도록 주의해야 한다고 말하기도 했지요.

어쨌거나 그 두 가지 생각이 서로 잘 들어맞는 건 사실입니다. '무로부터의 창조'(creatio ex nihilo)라는 교리는, 세계가 영원한 과거로부터 존재해온 것이 아니라 과거의 특정한 시점에 생성되었고, 그 생성도 '무'에서 이루어졌다고 설명합니다. 이런 관점은 다른

종교에서는 좀처럼 찾아보기 힘든 아주 독특한 것이에요. 창조를 그런 식으로 설명한 것은 유대교가 처음입니다. 고대 그리스의 사상가들은 세계의 존재가 영원하다고 믿었지요. 신화에 바탕을 둔 종교들에서는 세계와 신들이 동시에 탄생했다고 믿고 있고요. 반면에 '무로부터의 창조'라고 보는 그리스도교의 관점은 창조를 신적인 자유의지에 의한, 그래서 그 근거를 더 이상 캐물을 수 없는 행위로 이해합니다. 바로 이 점에서 창조론이 빅뱅 이론과 일치한다고 보는 거죠.

뒤르 여기서 우리가 신을 끌어들이면 어떻게 될까요? 그 신은 창조를 마친 뒤에는 더 이상 할 일이 없으니 창조주의 자리에서 은퇴해야 하지 않겠어요? 일단 창조가 이루어지고 나면 그 뒤의 모든 것은 저절로 흘러갈 테니까요. 바로 이 점에서 빅뱅 이론은 전통적인 물리학의 테두리를 벗어나지 않지요. 그러나 양자물리학에서는, 창조가 태초에만 이루어지는 것이 아니며, 세계 안에서 일어나는 모든 일들이 계속되는 창조행위의 결과라고 주장합니다. 그래서 양자물리학자들은 창조를 끊임없이 일어나는 그 무엇으로 이해합니다. 창조를 이해하기 위해서 반드시 빅뱅을 동원할 필요는 없다는 거지요.

우주 안에서는 끊임없이 무엇인가가 생성하고 소멸합니다. 생성과 소멸의 '과정'이 끝없이 반복된다는 얘기지요. 그러니 태초에만 창조가 있었다고 가정할 이유가 어디 있겠습니까? 예를 들어, 전자(電子)는 전혀 예측할 수 없게 돌발적으로 생깁니다. 그런데 전자는 '무'로부터가 아니라 '무엇'으로부터 생겨나는 겁니다. 그렇다고 이 '무엇'이 물질적인 것을 의미하는 건 아니에요. '잠재성',

즉 가능성이 '현실'로 변화하는 거지요. 하지만 우리가 이 '잠재성'이라는 것을 지각할 수 없는 탓에 전자가 마치 '무'에서 생기는 것처럼 보이는 것입니다.

양자의 세계에서는 어떤 입자가 마치 '무'에서 생겨나기라도 하듯, 확인할 수 있는 아무런 근거도 없이 갑자기 생성되는 현상이 존재한다. 그뿐 아니라 소립자가 어떤 움직임을 보일지를 원칙에 따라 예측하는 것도 불가능하다. 어떤 전자 하나가 어떻게 움직일지에 대해서는 오직 통계상의 확률로만 이야기할 수 있을 뿐이다. 알베르트 아인슈타인은, 이런 현상이 우리의 지식이 모자라기 때문에 생긴다고 보고, "신은 주사위놀이를 하지 않는다"고 말했다. 그는 아무것도 정해지지 않은 듯한 소립자의 움직임 속에 숨어 있는 법칙성을 언젠가는 발견하게 되리라고 믿었던 것이다.

그러나 그뒤에 이루어진 여러 실험을 통해 원자를 구성하는 입자의 세계에서 발생하는 일이란 정말로 예측 불가능하다는 사실이 입증되었다. 어떤 물리학자들은 이를 우주 전체의 생성을 이해하는 데 응용하여 '양자우주론'이라는 가설을 내놓고 있다. 그들은 우주의 생성에는 원인이 필요치 않다고 주장하면서, 신에 대한 지금까지의 관념조차도 양자우주론의 관점에서 재해석하고 있다.

무췰러 여기서 저는 그리스도교의 창조론이, 신은 태초에만 무엇인가를 만들어내고는 그뒤의 모든 일은 제멋대로 흘러가도록 내버려두었다는 말은 아니라는 점을 지적하고 싶군요. 그것은 18세기의 이신론(理神論, deism)[2]이 주장하던 생각입니다. 말하자면, 신은 시계를 만들어서 태엽을 감아놓은 다음, 시계 혼자서 돌아가도록 내버려두고 손을 떼어버렸다는 식이지요. 이런 생각이 창조론에 비추어 옳지 않은 것은, 창조에 대한 그리스도교의 믿음이 언제나 '계속되는 창조'(creatio continua)에 대해 이야기하고 있기 때문입니다. 그 말은, 신이 이 세상을 계속해서 유지하고 끊임없이 창조적인 권능을 행사하고 있다는 뜻입니다. 그런 뜻에서가 아니라면 물리학자가 세계를 '창조된 것'이라고 생각할 만한 바탕이 달리 어디에 있을 수 있는지 모르겠군요. '창조된다'는 것은 새로운 무엇이 생성된다는 뜻이라고 생각합니다.

하지만 물리적으로 볼 때 과연 무엇이 새롭게 생겨납니까? 그저 물리 공식에서 유도되어 나오는 것만이 생겨날 뿐이죠. 그것도 '창조적'인 무엇이 아니라, 반복 가능한 무엇일 뿐이고요. 한편으로는 물리학을 통해서 반복 가능한 결과들을 얻으면서, 다른 한편으로는 그런 결과들이 우주의 창조를 설명한다고 주장하는 것은 모순이 아닐까요? 그런 사고방식에서는 마치 그리스도교의 창조론이 물리학의 이론에 흡수되는 것처럼 보이지요. 하지만 그리스도교의 창조론은 물리학에 속하는 문제가 아닙니다.

뒤르 제가 창조나 물리학에 관계된 개념들을 지나치게 폭넓게 사용했을 수도 있겠죠. 아무튼 제가 말씀드리고 싶은 건, 입자는 시간의 흐름에 따라 그 상태가 달라질 수도 있다는 점입니다. 양자역학에 의하면, 전자 같은 것들은 일정한 시간 동안 일정한 공간 속에서 움직이는 것이 아니라, 한 장소에서 파괴되고는 다른 장소에서 다시 만들어집니다. 그리고 그 파괴와 생성 사이에는 아무런 연결도 없어요. 그러니까 소립자들은 일정한 공간 안에서 이동하는 것이 아니라, 한 곳에서 사라졌다가는 다른 곳에서 생겨난다고 하는 편이 옳다는 거죠. 필름마다 사진이 한 장씩 만들어지는 것이 아니라, 하나의 필름에서 그때그때 새로운 사진들을 만들어 내는 것과 같다고나 할까요? 반면에 전통적인 사고방식에서는, 순서대로 카드를 열어 보이는 식으로 진화가 진행된다고 생각합니다. 각 카드의 내용은 미리 정해져 있다는 거지요. 하지만 양자론은 카드를 여는 순간에 그 내용이 정해진다고 주장합니다. 그 이전에는 아무것도 정해진 것이 없다는 거지요.

무휠러   그렇다고 해서 그런 과정을 창조라고 하기엔 무리가 있다고 생각합니다. 그 과정은 창조에 대한 비유로선 통할지 몰라도, 그리스도교에서 말하는 '창조'와는 거리가 있습니다. 그걸 차라리 '발생'이라고 하는 편이 낫지 않을까요? 그게 창조보다는 더 중립적인 표현일 테니까요.

판넨베르크   성서의 세계관에서 볼 때 '창조'가 계속해서 이루어지고 있다는 것은 의심할 나위가 없습니다. 성서는 태초에 창조가 이루어지고, 그 창조를 통해 세계의 질서가 마련되었다고 전하고 있지요. 그뿐 아니라 성서의 선지자들 또한 신이 현실 속에서 창조를 계속하고 있다고, 그리고 그 창조는 조금도 쉼 없이 매순간 이루어지고 있다고 증언합니다.

마이어 아비히   세계가 창조에 의해 생겨난 것인지 아닌지 알고 싶다면, 이런 질문들을 던져보아야 합니다. 이 세계는 신과 무슨 관계가 있는가? 신은 이 세계를 어떻게 유지하고 있는가? 이 세계를 이끌고 가는 것은 무엇인가? 150억 년 전이라는, 상상조차 하기 힘든 아득한 옛날에 우주가 탄생했다는 물리학 이론을 가지고는 신이 현재 이 세계에 대해 어떤 태도를 취하고 있는지 알 도리가 없습니다. 저의 관심은 세계가 신에 의해 만들어졌다면 그것이 나의 행동에 영향을 미칠 것인가 하는 데 있습니다. 빅뱅이든 아니든 간에 물리학의 이론은 가령 여기 있는 나무를 내가 어떻게 다뤄야 좋을지에 대해 아무런 영향도 미치지 못합니다. 반면에 세계가 창조의 산물이라는 언명은 내가 사물과 생명체에 대해 어떤 태도를 취해야 할지에 대해 틀림없이 상당한 영향을 미칠 겁니다. 그러니 150억 년 전에 무슨 일이 일어났든 저로선 별 관심이 없을 밖에요.

판넨베르크 신학자의 입장에 있는 저로서는 그 의견에 동의할 수가 없군요. 지금으로부터 200년 전인 18세기 후반을 생각해보세요. 그때에는 세계는 시작도 없고 끝도 없다는 생각이 학자들 사이에서 지배적이었습니다. 그것은 그리스도교 신앙에 대한 커다란 도전이었지요. 세계가 영원하다는 믿음은 '창조된 세계'라는 성서의 세계관과는 정면으로 맞서는 것이었으니까요. 그런데 오늘날에는 물리학이 내놓은 새로운 견해가 상황을 바꿔놓았어요.

빅뱅이 있기 전에는 무엇이 있었을까요?

뒤르 빅뱅 이론에서 출발하면, 그전에 무엇이 있었는지에 대해서는 묻지 않게 됩니다. 그 시간이란 것이 빅뱅과 함께 비로소 생겨났으니까요. 물리학은 사람들이 흔히 더 이상 거슬러 올라갈 수 없다고 생각하는 '시작'이라는 점에 결코 도달해본 적이 없습니다. 그 시간의 원점을 찾으려고 하면, 원점은 다시 저만치 멀어져가고, 따라서 시간의 역사만 더 늘여놓게 됩니다. 시간의 원점 이전에 있었던 것이 과연 신인지에 대해서는 아무런 대답도 할 수 없어요. 시간의 원점을 물을 때 우리는 마치 자신들은 시간에 속하지 않는 제삼자인 듯한 입장을 취하니까요. 그렇게 되면 질문에 대한 대답은 우리의 내면에서만 가능하게 되고, 그런 대답은 경험적으로 증명할 수가 없는 것이지요.

세계가 과거의 어느 시점부터 존재하기 시작했다고 하는 것은 그저 표현하는 방식에 불과합니다. 실상 시간이라는 요소는 이 논의에서 전혀 아무런 역할도 하지 않습니다. 이 '시간'은 세계라는 존재의 내면이죠. 그런데 세계에 대해 이 내면이 영향을 미치고 있으니, 이를 두고 '신적인 것'이라고 달리 표현하는 것은 아닐까요? 저로선 빅뱅과는 전혀 무관하게 '신적인 것'이 존재한다고 생각합니다.

무횔러 빅뱅 이전에 무엇이 있었는지를 묻는다면 그것은 빅뱅이 모든 것의 시작이 아니라고 생각하는 것이고, 따라서 인과율(因果律, principle of causality)[3]을 끌어들이는 셈이 됩니다. 빅뱅이라는 시작보다 앞서는 또 하나의 시작을 가정하는 거니까요. 이런 식으로 우리는 어떤 시작에서 그보다 시간적으로 앞서는 또 하나의 시작으로 문제를 연장하게 됩니다. 그렇게 계속해서 물리학적인 인과관계를 따라 되짚어나간다면 그 모든 것 뒤에 숨어 있는 근원적인 법칙은 무엇인지, 그 모든 것들이 어떤 의미를 가지고 있는지에 대해서 영원히 해답을 찾을 수 없어요. 고대 그리스인들이 '아르케' (archae: 근원, 시작)라고 표현했던 이 근원적인 법칙은, 그 이전에 무엇이 있었는지를 탐구함으로써 알 수 있는 것이 아니라 우리 앞에 '펼쳐져 있는' 이 세계를 볼 때 비로소 알 수 있는 것입니다.[4]

미국의 물리학자인 스티븐 와인버그(Steven Weinberg)는 1976년에 《처음 3분간》(The First Three Minutes)이라는 책을 펴냈다. 그 책에서 그는 빅뱅의 과정을 상세하게 묘사하고 있다. 상상을 초월하는 밀도로 응집되어 있던 '최초의 물질'이 급속도로 팽창하면서 우주가 생성되었는데, 그 우주는 처음에 수소 75퍼센트와 헬륨 25퍼센트로 구성되어 있었다고 한다. 그러나 와인버그가 기술하고 있는 것은 '최초'의 상태가 어떠했는지에 대한 것이 아니라, '특이점'의 폭발로부터 100분의 1초가 지난 다음에 무슨 일이 일어났는지에 대한 것이다. 와인버그 이후 물리학은 폭발 전의 특이점을 향해 좀 더 거슬러 올라갈 수 있게 되었지만, 더 이상 거슬러 올라갈 수 없는 '시간의 벽'이 존재한다는 것이 오늘날의 정설이다.

이것을 두고 '플랑크 시간'(Planck time)이라고 하는데, 플랑크 시간은 폭발로부터 10^{-43}초 동안 우주가 생성되고 난 다음에 비로소 시작된다. 이런 '플랑크 시간'의 장벽 뒤에 있는 '특이점'을 연구한다는 것은 불가능한 일일 것이다. 따라서 빅뱅이야말로 시간의 시작이며, '그 이전'이라는 것은 존재하지 않는다. 이와 아주 비슷한 생각을 가지고 있던 교부(敎父) 아우구스티누스(Aurelius Augustinus, 354~430)도 다음과 같이 말했다. "세계는 시간 속에서 창조된 것이 아니라, 시간과 함께 창조되었다."

왜 '무엇인가'가
존재할까?

왜 '무엇인가'가 존재하는 것일까요? 아무것도 존재하지 않는 것도 생각해볼 수 있지 않을까요?

<u>판넨베르크</u>　세계가 왜 존재하는지에 대해 그리스도교는 '신이 원했기 때문'이라고 아주 간단히 대답합니다. 그런 대답을 제대로 이해하기 위해서는, 세계가 존재하고 있다는 생각이 그저 당연히 저절로 생기는 게 아니란 걸 알아야 합니다. 세계란 우리의 일천한 경험으로는 도저히 따라잡을 수 없는 관념입니다. 그렇기 때문에 칸트는 총체로서의 세계란 우리가 결코 경험할 수 없는 개념이라는 견해를 가지고 있었죠.[5] 그는 우주를 자연과학적으로 설명하는 현대의 우주론이 생겨나리라고는 꿈에도 상상치 못했을 겁니다. 이런 자연과학적인 우주론은 완전히 새로운 거예요.

　하지만 우리의 연구나 추론이 파악하고 있는 우주가 '존재하는 모든 것들의 총체'와 일치하는 것인지에 대해서는 의심의 여지가 있어요. 우리가 현재로서는 전혀 짐작할 수 없는 면모가 한켠에 숨겨져 있을지도 모를 일이니까요. 그러나 하나의 신이라는 개념에서 출발하면 사정은 달라집니다. 그렇게 되면 총체로서의 세계라는 생각도 가능해집니다. 하나의 신을 배제하거나 신에 대한 개념이 흐려지게 되면, 세계를 '존재하는 모든 것들의 총체'로 이해하기란 정말 어려워지고 맙니다.

부케티츠 세계가 존재하는 이유를 제게 묻는다면, 저의 대답은 분명합니다. "모른다"는 겁니다. 신이 원했기 때문이라는 대답에 자연과학자들이 만족할까요? 글쎄요. 그렇진 않을 것 같군요. 개인적으로 신앙을 가지고 있지 않은 저로서는 불가지론(不可知論, agnosticism)[6]의 견해가 지적으로 설득력 있다고 봅니다. 저는 신이 존재하는지 않는지 모르는 탓에 프랑스 철학자 볼테르의 생각에 동조하고 싶군요. 그는 이렇게 말했지요. "신과 나는 인사를 나눈다. 하지만 대화를 나누지는 않는다." 자연과학의 입장에서 보면, 세계의 존재에 대한 질문은 사실 의미가 없습니다. 절대로 대답할 수 없으니까요.

중요한 것은, 적어도 우리 인간이 보기에, 즉 우리의 관점에서는 세계가 존재한다는 사실입니다. 우리에겐 이 세계 안에서 책임 있게 행동할 의무가 있다는 사실이 중요하지, 세계의 존재 여부에 대한 질문은 아무런 의미가 없습니다. 카를 포퍼(Karl Popper)[7]의 다음과 같은 말은 철학을 공부하던 학부 시절 이래로 제게 참 많은 영향을 주었습니다. "우리가 이미 오래 전부터 이 세계를 파괴하고 있는데도, 철학자들이 여전히 이 세계가 존재하는가에 대해 논쟁하고 있다는 사실은 철학의 가장 큰 스캔들이다."

마이어 아비히 신이 원했기 때문에 세계가 존재한다는 언명은 그리스도교 신앙에서 가장 기본이 되는 내용에 속합니다. 그러나 그리스도교의 전통을 들여다보면, 좀 더 객관적인 대답들도 있어요. 에리우게나(Johannes Scotus Eriugena: 중세 유럽의 철학자·신학자. 810~877 – 옮긴이)나 니콜라우스 쿠사누스(Nicolaus Cusanus: 독일의 신학자·철학자. 1401~1464 – 옮긴이)의 예가 생각나는군요.[8] 그들은 기본적으로 이 우주가 생겨날 때 신이 스스로를 창조했다는 견해를 가지고 있었는데, 이는 신이 스스로 이 세계에 '등장했다'는 것을 의미합니다. 이렇게 세계의 탄생과 발전이 신과 운명을 함께한다고 생각한다면, 당연히 우리의 행동도 그에 따라 영향을 받지 않을 수 없겠죠.

구약성서는 신이 세계에 속하지 않고, 위로부터 그리고 바깥으로부터 세계를 창조했다고 전합니다. 이탈리아에는 창조를 묘사하는 그림이 많이 있는데, 그 그림들에서 신은 그야말로 바깥으로부터 와서 기술자나 예술가처럼 세계를 만드는 모습으로 그려지고 있지요. 그 신은 자신이 만드는 세계에 속해 있지 않은 것으로 말입니다. 마찬가지로 고전 물리학에서도 세계를 묘사할 때 마치 조감도를 그리는 것처럼 위로부터, 다시 말해 우리가 그 세계에 속하지 않는 것처럼 그리는데, 이것이 그저 우연의 일치일까요?

판넨베르크　오늘날 가장 널리 받아들여지고 있는 신의 모습은 이 세계의 저편에 있는 신, 지성과 의지가 결합되어 세계와 마주보고 있는 최고의 이성이라는 의미의 인격신의 모습입니다. 그것은 그리스도교 신학이 만들어낸 모습이지만, 동시에 그리스도교가 이해하는 신의 모습과 완전히 일치하지 않는 것도 사실입니다. 우리 그리스도교 신자들은 하나의 인격신이 아니라 세 인격이 합쳐져 있는 신을 믿으니까요. 이런 우리의 믿음은 전혀 다른 사고방식을 요구합니다. 그 세 인격, 삼위(三位)가 통합된 것 그 자체는 '인격'이라고 생각할 수 없습니다. 아직도 많은 사람들은 '신'이라는 단어를 들으면 무의식적으로 수염이 성성한 노인의 모습을 떠올리죠. 이미지를 상상할 때만 그런 것이 아니라, 신을 최고의 이성으로 생각할 경우에도 신은 세계 저편에 서 있는, 최고 이성의 섭리에 따라 세계를 움직이는 '의지를 가진 신'으로 묘사됩니다. 그러나 이런 모습들은 그리스도교적인 관점과 거리가 멉니다.

신에 대한 이런 상상은 지난 수백 년 동안 신을 설명하는 데 큰 영향을 미치기는 했지만, 한편으로는 무신론의 비판을 받기도 했습니다. 그런 신의 모습이란 인간이 자신의 모습을 하늘의 구름에 투사한 것에 지나지 않는다고 말이죠. 성서는 신의 모습을 전혀 다르게 전하고 있습니다. 성서에서 신을 직접적으로 묘사한 부분은 단 두 군데뿐입니다. "하느님은 영이시다"(요한복음 4:24)와 "하느님은 사랑이시다"(요한1서 4:8), 이 두 가지 표현이죠. 신이 영이라는 말은, 신이 세계를 움직이는 최고의 이성이라는 뜻이 아닙니다. 성서에서 말하는 '영'은 '숨'이나 '바람' 정도를 의미합니다.

그런 뜻에서, 자신을 찾아온 유대교 학자 니고데모에게 예수는 이렇게 말합니다. "바람은 제가 불고 싶은 대로 분다. 너는 그 소리를 듣고도 어디서 불어와서 어디로 가는지를 모른다. 성령으로 난 사람은 누구든지 이와 마찬가지다."(요한복음 3:8) 사람들은 늘상 이 표현을 상징적인 묘사나 비유로 이해해왔지만, 그것은 비유가 아니라 성서가 나타내는 '영'의 의미를 정확하게 말하고 있는 겁니다. 따라서 신이 영이라는 말은, 신이란 모든 것에 침투하는 바람, 때로는 조용한 숨으로 때로는 거센 폭풍으로 모든 것에 침투하여 지배하는 바람이라는 뜻입니다. 이것은 단순히 인간적인 상상력을 반영하고 있는 신의 모습이 아니에요. 왜냐하면 성경에 의하면 신은 성부와 성자와 성령이라는 각각의 모습을 통해서만 '격'(格) 또는 '위'(位)가 되는데, 이런 신은 흔히 말하는 영으로서의 신과는 다른 것이기 때문입니다.

옛날 사람들은 자신을 감싸고 있는 신적인 것의 비밀을 자신과 관계있는 그 무엇, 그러니까 자신에게 뭔가를 요구하는 '힘'으로 경험했습니다. 이렇게 신적인 것을 '의지'로 이해하는 사고방식이, 의지를 갖는 지성으로서의 신이라는 관념과 처음부터 연결되어 있던 것은 아니었어요. '의지'에 대한 생각은 처음에는 단순히 우리 인간에게 스며들어서 뭔가를 요구하는 것처럼 보이는 '힘'이라는 생각과 연결되어 있었습니다. 인류 역사의 초기에 나타난 종교들을 보면, 의지를 가진 '힘'을 나타내는 이름들을 종종 발견할 수 있지요. 그 이름이야 종교에 따라 달라지겠지만, 이런 것들이 바로 말로는 표현할 수 없는, 거대한 인격 또는 신을 가리키는 '힘'에 대한 최초의 생각들입니다.

그뒤에는 오랜 세월 동안 여러 신을 섬기는 종교들이 있었고, 마침내 예수의 출현 이후로 모든 것에 침투하여 우리를 둘러싸고 있는 영의 비밀을 '아버지'라고 부르게 되었습니다. 아버지를 마주하고 있고, 아버지에 속해 있으며, 아버지로부터 보내어진 아들이 있습니다. 그 아버지가 그리스도교의 신입니다. 아버지 자체로서만이 아니라, 아들과의 관계 속에서 파악되는 아버지가 바로 그리스도교의 신입니다. 그 신은 성령을 통해 아들과 연결되고, 성령은 아버지로부터 나와서 아들에게 받아들여져 그를 통해 세상 사람들에게 전달됩니다. 이것이 바로 그리스도교의 신의 모습입니다. 그러므로 신이 세계를 창조했다고 할 때의 신은, 세계와 마주하고 있으면서 세계와 구별되는, 그러면서도 아들과도 분리될 수 없고, 그로부터 나와서는 세계를 채우고 세계 안에 현존하는 성령과도 분리될 수 없는 그 아버지를 의미하는 겁니다. 바로 이런 모습으로 신의 숨결이 이 세상 안에 창조적으로 현존하면서 모든 사물을 만들어 내는 것입니다.

인간은 왜 초월적인 것에 대해 물을까?

우리는 왜 세계의 시작에 대해 묻게 되는 것일까요?

옛날에는 '세계 전체'에 대한 설명이 신비적이거나 종교적인 관념에 바탕을 두고 있었다. 그때에는 자연과학, 철학, 신학과 같은 구분이 없었다. 당시의 사람들에게는 모든 사물, 생명체, 자연현상, 사건들이 종교적으로 깊은 의미를 가지고 있었다. 그러나 고대 그리스의 고전철학이 성립되기 전에 이미 '밀레토스의 자연철학자들'(이들은 소크라테스 시대 이전에 살았기 때문에 '소크라테스 이전 철학자들'이라 불린다)은 세계를 합리적으로 설명하고자 시도했다. 그들은 세계 안에서 일어나는 모든 현상의 기본이 되는 물질(원소)과 법칙을 찾으려 했다. 밀레토스의 탈레스는 물이 모든 물질의 원소라고 생각했고, 아낙시메네스는 공기가 근본요소라고 여겼다. 아낙시만드로스는 확정할 수 없는 것, 제한되지 않는 것, 무한한 것을 사물의 근본으로 보았다. 그것을 그는 '무한정자'(無限定子, apeiron)라 일컫고, 세계의 모든 사물이 그 무한정자에서 시작되어 그것으로 돌아간다고 했다.

이와 같은 자연철학적 사고는 대략 기원전 500년경에 시작되었다. 플라톤에 따르면, 물질적인 세계는 데미우르고스(Dēmiourgos: 제작자라는 뜻-옮긴이)라는 세계의 조성자에 의해 탄생하게 되는데, 데미우르고스는 이 세계를 '이데아의 세계'를 본떠 계획적으로 창조해나간다. 플라톤과 마찬가지로 아리스토텔레스도 신적이고 영원하며 "그 누구, 그 어떤 것의 영향도 받은 바 없는 모든 운동의 원인자"가 세계에 질서정연한 구조를 부여하고, 그로써 카오스로부터 코스모스(Kosmos, 질서)가 만들어졌다는 생각을 가지고 있었다. 아리스토텔레스는 플라톤의 제자였으며, 두 사람은 기원전 3세기경에 살았다.

부케티츠 모든 민족과 문화는 저마다 세계의 시작과 창조에 대한 나름의 관념을 가지고 있습니다. 그런 문제는 끊임없이 우리 인간의 관심을 끌고 고민하게 만드는 모양입니다. 제가 알기로는 우주에 대해 아무런 관심도 보이지 않았던 문화는 없습니다. 나무와 풀과 동물과 사람이 한데 어우러진 자연의 세계를 보면서 우리는 그 모든 것이 어디서 왔는지 알고 싶어하지요. 그것은 우리 인간이 가지고 있는, 다시 말해서 우리의 지성이 가지고 있는 기본적인 욕구의 하나라고 생각합니다. 그런 욕구를 추구할 때 우리는 대개 우리가 인식하는 대상들을 출발점으로 삼는데, 이때 우리가 인식한 것들을 우리의 인식장치가 도달할 수 없는 세계에다 옮겨놓는다는 게 문제입니다. 어쨌거나 우리 인간이 이런 욕구를 가지고 있고, 물리학을 통해서든 종교를 통해서든 세계를 설명하기 위한 여러 가지 모델을 만들어왔다는 것만큼은 분명합니다.

뒤르 우리에겐 세계를 설명하고 싶어하는 욕구가 있는 게 사실입니다. 그러나 그런 모든 욕구에 만족할 만한 응답이 기다리고 있는 것은 아니에요. 내가 목이 마르다고 해서 세계도 목이 마르리라고 전제할 필요는 없어요. 내게 욕구를 일으키는 모든 것이 반드시 세계에 속한 것이라는 법은 없으니까요. 우리가 설명을 위해 만드는 모델들이 반드시 사실에 부합해야 하는 것은 아닙니다. 모델과 사실은 서로 전혀 다른 것이죠.

무칠러 뒤르 선생님이 목이 마르다고 해서 이 나무 뒤에 샘이 있다고 할 순 없어요. 하지만 그것은 어딘가에 샘이 있다는 증거입니다. 이 세상에 샘이 없다면 뒤르 선생님이 목이 마를 수조차 없을 테니까요. 갈증은 물을 마실 수 있을 때에만 의미가 있습니다. 형이상학에 대한 갈증도 분명 그런 맥락에서 의미가 있다고 생각합니다. 그렇지만 자연과학이 그 갈증을 풀어주지는 못합니다. 빅뱅 이전에 무엇이 있었는지, 혹은 빅뱅의 원인을 제공한 것은 무엇인지에 대한 질문은 순전히 심리적인 거예요. 그것도 우리가 가지고 있는 욕구의 일종이지만, 그에 대해 대답해줄 수 있는 건 신학밖에 없습니다.

물리학에도
신이 필요할까?

**알베르트 아인슈타인은 "종교 없는 자연과학은 무력하고,
자연과학 없는 종교는 눈먼 것이다"라고 말했습니다.
물리학자들에게 정말 신이 필요한가요?**

뒤르 물론 물리학자들에게도 신이 필요하다고 생각합니다. 다만 그들은 신을 다르게 표현하고 있을 뿐이지요. 자연과학은 우리 자신의 바깥에 있는 것, 우리가 경험적으로 검증할 수 있는 것을 관찰합니다. 그를 위해 자연과학자들은 도구와 측정기기들을 사용하고, 지적인 능력과 논리적인 개념들을 동원하지요. 자연과학자에게는 자신이 관찰자라는 자의식이 요구됩니다. 그에 비해서 우리가 우연히 경험하는 것들은 완전히 다른 성질을 가지고 있어요. 우리가 아무런 반성 없이 직접적으로 느끼는 세계는 주관적인 내면의 모습인 데 비해, 우리가 관찰하고 반성하는 세계는 외면의 모습이니까요. 우리가 그 둘 사이를 연결시키지 않고 있는 동안에는 분리된 두 개의 세계가 존재하는 겁니다.[9] 이런 의미에서 물리학자들에겐 외면의 세계가 필요합니다.

관찰을 통해서 외면의 세계를 합리적으로 더 잘 이해하게 될수록 현재 우리가 신적인 것이라고 간주하는 것이 점점 줄어들어서, 언젠가 우리가 아주 영리해지면 그 신적인 것이 완전히 소멸하게 되리라고 믿는 사람이 많지요. 그러나 이건 아주 다른 차원의 일입

니다. 과학은 가치평가와는 관계가 없어요. 우리가 추상적으로 이 해하고 있는 자연과학은 여러 가지 '관계'를 만들어 내지만, 그 관계들을 평가하지는 않습니다. 과학으로서는 어떤 관계가 있다 없다를 말할 수 있을 뿐, 좋다 나쁘다를 말할 수는 없어요. 거기에 인간적인 평가가 개입된다면, 엄밀히 말해서 이미 과학을 벗어나고 있는 겁니다. 우리가 물질에 대해 관심을 가질 때 이미 그런 평가가 개입되었다고 봐야겠지만, 아직 종교적인 것을 건드린 건 아니에요. 물론 우리가 평가를 내림으로써 그것들이 종교적인 차원으로 이어지게 되는 건 사실이지만 말입니다.

학문의 가치중립성이라는 명제에 대한 고전적인 정리는 막스 베버(Max Weber, 1864~1920)에 의해 마련되었다. "경험에 토대를 둔 학문은 무엇을 할 수 있는지를 가르쳐줄 수 있을 뿐, 무엇을 해야 하는지에 대해서는 아무것도 말해주지 않는다!" 가치판단이나 종교관은 '상호주관적'으로, 즉 다수의 주관적인 견해들을 토대로 검증할 수 있는 것이 아니기 때문에, 학문으로 다룰 수 있는 내용이 아니다. 핵무기의 예처럼 과학의 성과가 기술에 응용될 때 파멸적인 결과를 불러오는 경우가 있으므로, 이 학문의 가치중립성이라는 명제는 정치적 논쟁의 대상이 되었고 연구 결과에 대한 책임을 과학자들에게 묻기에 이르렀다. 그럼에도 불구하고 특히 자연과학의 경우에는 과학적으로 타당한 결론을 끌어내기 위해 책임과 연구를 구분하는 것이 일반적이다.

판넨베르크　저는 "종교 없는 자연과학은 무력하다"는 아인슈타인의 말을 다르게 이해해야 한다고 생각해요. 아인슈타인은 철학자 스피노자(Baruch de Spinoza)[10]의 추종자였습니다. 스피노자는 "자연 자체가 신"(Deus sive Natura, 신 또는 자연)이라고 생각했죠. 아인슈타인은 스피노자가 말하는 신 이외에 어떤 신도 알지 못한다고 여러 번 말한 바 있습니다. 자연을 연구하는 것이 그에게는 종교적인 행위가 아니었을까 싶어요. 아인슈타인에게는 자연과 신, 자연 연구와 종교행위가 하나로 연결되어 있었다고 생각됩니다.

뒤르   그 점에 대해서는 판넨베르크 선생님이 옳다고 봅니다. 바로 그렇기 때문에 저는 아인슈타인이 20세기의 물리학자가 아니라 19세기의 물리학자에 속한다고 생각합니다. 그는 우리가 지각하는 세계가 바로 세계 그 자체라는 생각을 가지고 있었거든요. 이런 세계상으로는 문제를 해결할 수 없다는 사실을 알게 된 양자물리학자들에 와서야 비로소 우리가 지각하는 세계와 세계 그 자체 사이의 분열을 경험하게 되었습니다. 양자물리학자들은 자신들이 직접 응시할 때 비로소 세계가 현실이 된다는 것을 깨달은 거죠. 오랫동안 사람들은 관찰하는 주체는 관찰되는 대상에 대해 아무런 의미도 갖지 않는다고 생각해왔지요.[11]

   그러나 실제로 관찰자는 관찰 대상에 대해 커다란 의미를 갖습니다. 그리고 이러한 사실 뒤에는 좀 더 보편적인 무엇인가가 있습니다. 아인슈타인도 상대성이론을 통해서 종래의 견해를 어느 정도 흔들어놓기는 했지만, 그의 이론은 여전히 전통적인 사고방식에 가까웠지요. 이를테면 그의 이론은, 우리가 손으로 잡을 수 있는 세계, 우리가 손에 넣은 것을 가지고 "이것이 진실이고 다른 모든 것은 환영(幻影)에 불과해!"라고 말하는 정도의 객관성을 띤 세계 이해의 속편쯤이었다고나 할까요?

부케티츠   이쯤에서 자연과학적 사고의 토대와 전제조건들에 대해서도 이야기를 나누어야 할 것 같습니다. 프랑스의 수학자이자 물리학자인 라플라스(Pierre Laplace, 1749~1827)[12]는, 자연과학에서 신은 불필요한 가정(假定)이라고 말했습니다. 과연 어느 정도까지 불필요하다는 것일까요? 자연과학자는 자신에 대한 이해를 기반으로 자신이 접하는 모든 현상을 설명하려고 노력합니다. 자연과학적 사고를 지배하는 논리를 벗어나는 가정은 하지 않으면서 말이죠. 이 논리를 뒤집어보면, 자연과학에서는 가장 간단한 설명이 가장 좋은 설명이라는 엉성한 법칙이 어느 정도 통한다는 얘기가 됩니다. 그 설명이 옳은지, 혹은 궁극적으로 통용될 수 있는 것인지는 일단 접어두고 말씀이죠. 그래서 신이 필요 없다고 전제하는 자연과학자는 주위 사물을 '주어져 있는 것', 즉 그 근원을 고민할 필요가 없는 것으로 대하게 됩니다. 세계를 실재하는 것으로 받아들이고, 이 세계에 일정한 구조가 있으며 원칙적으로 탐구해낼 수 있는 특성들이 있다고 생각하는 거죠.

학문이란 올바른 질문을 던지는 기술입니다. 과학자가 잘못된 질문을 가지고 고민을 하거나, 처음부터 어차피 더 깊은 것을 알아낼 수 없다는 생각으로 시작한다면 성과를 기대하기 어렵죠. 자연과학의 이런 기본 성격을 고려하면, 신을 가정하지 않아도 자연과학은 얼마든지 가능하다는 생각을 하게 되는 것도 당연한 일입니다.

무칠러 종교 없는 자연과학은 무력하다는 말은 신앙이 없는 모든 이들을 백안시하는 발언이라고 생각합니다. 그래서 저는 그 말에 대해 좀 더 이야기해보고 싶군요. 종교란 사람들에게 강요할 수 있는 것이 아니니까요. 물리학자가 온전한 인간이기 위해 반드시 종교적이어야 한다고는 말할 수 없습니다. 어떤 경우에도 그 말은 성립이 될 수 없어요. 물리학자도 신을 필요로 하는가라는 질문에 대해서도 시비를 좀 걸어야겠군요. 신이란 존재가 우리 인간이 필요로 하는 그 무엇일까요? 다시 말해서, 우리가 필요로 하는 그 무엇이라면, 그것을 과연 신이라고 부를 수 있을까요? 어쨌거나 그런 신은 적어도 그리스도교에서 말하는 신과는 다릅니다. 제 말은, 그리스도교에서 말하는 그 인격화된 신은 우리가 필요로 하고 말고 할 대상이 아니라는 겁니다.

'신의 무목적성'에 대한 논란의 경우에도 그렇습니다. 고대 로마인들의 종교에는 "나는 신에게 제물을 바치고, 그 대신 나쁜 일로부터 나를 지켜줄 것을 신에게 요구한다"(do ut des, 네가 주면 나도 준다)는 원칙이 있었습니다. 그리스도교는 바로 이 점을 극단적으로 배격했어요. 그리스도교의 신은 구원의 신으로서 구원을 선물로 주는 것이지, 인간이 그걸 받을 자격이 있어서 주는 것은 아니라는 말입니다. 신은 무엇에 '소용되는' 대상이 아닌 겁니다. 또 바로 그 점이 그리스도교의 큰 장점이기도 하고요.

아인슈타인 얘기로 돌아가보죠. 자연과학 없는 종교는 정말 눈먼 종교일까요?

마이어 아비히   저는 오히려 자연과학이 종교를 눈멀게 한다고 생각합니다. 현재 주류를 이루고 있는 자연과학이 자연을 연구할 때 동원하는 종교적인 전제라는 것들이 정말 그리스도교적인 전제인지는 한번 생각해볼 문제예요. 오늘날 자연과학의 주도로 행해지고 있는 자연에 대한 우리의 행동, 그와 관련하여 기술과 산업 그리고 경제가 자연을 대하는 자세, 이런 것들은 그리스도교적이라고 하기에 무리가 있습니다. 우리가 자연에 대해 저지르는 그 모든 파괴행위를 생각한다면 말입니다.

판넨베르크 우리가 자연을 어떻게 대하느냐와는 무관하게 그리스도교적인 신과 우리의 연관성은 언제나 남아 있습니다. 자기 뜻대로 무슨 짓을 하건 인간은 여전히 신의 피조물일 따름이에요. 바울로가 〈로마서〉 1장에서 쓰고 있듯이, 인간이 신과의 연관을 왜곡하고 뒤집을 수는 있습니다. 그러나 그 연관이 사라지지는 않습니다. 그 연관이 아무리 왜곡된다 해도 인간이 신의 피조물이라는 사실만큼은 결코 부정될 수 없습니다.

자연과학으로 신을 증명할 수 있을까?

언젠가 신의 존재가 자연과학에 의해 증명될 날이 올까요?

뒤르 아뇨, 절대로 불가능할 겁니다. 자연과학은 외적인 것, 관찰 가능한 것을 조사하는 과정으로 이뤄져 있죠. 근대 과학의 근간은 사물을 나누고 풀어헤치는 작업입니다. 과학자는 사물이나 현상을 분리하고 구별하고 분석하고 나서 그것들 사이에 어떤 관계가 있는지를 묻습니다. 그 관계를 알아내기 위해서 과학자는 분리된 것들의 상호 작용을 관찰합니다. 이렇게 해서 우리는, 사실이나 사물을 각각의 부분으로 쪼갤 수 있고 복잡한 것을 간단한 것으로 추려낼 수 있으리라고 생각하게 되지요. 하지만 이건 관찰 대상을 전체적인 연관성으로부터 고립시키는 무자비한 과정입니다. 이런 관점은 세계를 '서로 연결된 전체'로 이해하는 사고와는 어울리지 않아요. 그리고 그런 과정 속에는 신이랄 만한 것이 등장하지 않을 테고요. 저 역시 자연의 법칙에, 그리고 그 법칙이 아주 간단한 공식으로 표현된다는 사실에 이루 말할 수 없을 정도로 흠뻑 매료됐었지요. 그렇지만 그런 법칙들을 신적인 것과 연결시킬 수는 없어요. 그저 그 안에 담겨 있는 아름다움에 감동할 뿐이지요. 제게 신을 생각하게 하는 것이 있다면, 그건 바로 그런 감동일 겁니다. 우리를 신적인 것에 더 가까이 데려가 주는 건 기구로 측정한 결과가 아니라, 우리의 생생한 체험이에요.

자연과학이 제시하는 외면의 모습은 정말이지 너무도 무미건조합니다. 과학으로부터 우리가 발견하는 것은 더 이상 '전체'와는 아무 상관이 없어요. 세계의 내면으로부터 세계를 바라볼 때만 비로소 신적인 것을 체험할 수 있는 겁니다. 그래서 저는 유대교와 그리스도교에서 말하는 신, 즉 세계의 바깥에 있는 신을 믿지 않습니다. 신적인 것을 제 자신으로부터 분리할 순 없다고 생각하니까요. 양자물리학자로서 제가 가지고 있는 세계관 또한 마찬가집니다. 이 우주 안에 완전히 분리되어 있는 것은 없으며, 모든 것이 서로 연결되어 있다고 생각해요. 나누고 구별짓고 분석하는 일은 사물을 인식하기 위해 하는 일입니다. 하지만 신에 관해서라면, 신이 거기 있다고 인식하기보다는 체험하는 쪽을 택하고 싶군요. 또 세계의 내면은 관찰을 허용하지도 않아요. 그런데 자연과학적 방법은 세계의 외면과 그 외면에 대한 관찰자를 필요로 합니다. 그 때문에라도 자연과학은 결코 신의 존재를 증명하지 못할 겁니다.

판넨베르크 자연과학이 과연 신을 증명할 수 있는가에 대해서는 여러 가지 상이한 견해가 있습니다. 《불멸의 물리학》(The Physics of Immortality)이라는 책으로 유명한 미국의 물리학자 프랭크 티플러 (Frank Tipler)[13]의 경우를 예로 들어보죠. 지은이는 그 책에서 물리학이 영생과 신의 존재를 증명할 수 있다고 주장합니다. 신학자인 저로서는 그의 견해에 문제가 많다고 봅니다만, 어쨌거나 그런 목소리들이 있는 건 사실입니다. 저 자신 역시 그런 견해에 대해 생각을 열어놓고 있지요. 물리학을 통해 신의 존재를 증명할 수 있다는 아리스토텔레스의 믿음이 그리스도교 신학에서도 수백 년 동안 정설로 받아들여지지 않았습니까.

그런 증명이 근본적으로 불가능하다고 보진 않습니다. "당신은 왜 하느님 아버지를 믿는가?"라는 질문에 대해 마르틴 루터는 그의 교리문답에서 "다른 그 무엇은 하늘과 땅을 창조할 수 없기 때문에"라고 대답하고 있습니다. 이 말은 엄청난 선언이라고 생각합니다. 하느님 말고는 어느 누구도 하늘과 땅을 창조할 수 없기 때문이라! 그리고 앞에서도 잠깐 언급했지만, 50년대 초에 빅뱅 이론이 등장하자 교황 비오 12세는 물리학이 드디어 창조주의 존재를 증명했다고 말했습니다. 세계가 그 시작이 있었고 언젠가 만들어졌다고 하니, 만든 주체가 있다는 것도 증명되었다는 얘기지요.

무횔러 확신컨대, 물리학이 추론해낸 그런 신이란 동정을 자아내리만치 딱한 모습일 겁니다. 티플러가 만들어낸 신도 마찬가지예요. 티플러의 주장처럼 신이란 것이 모든 정보의 총합, 말하자면 우주 전체의 정보를 담고 있는 하드 디스크 같은 것이라면, 저는 그런 하드 디스크상에서 부활하고 싶지 않아요. 아리스토텔레스가 신의 존재를 증명했고, 현대 물리학 역시 그럴 수 있으리라는 판넨베르크 선생님의 의견에도 동의할 수 없고요. 아리스토텔레스의 물리학은 목적론(目的論, teleology: 모든 것은 제각기 무엇인가 목적을 위해 존재한다는 견지에서 사물을 생각하는 입장 – 옮긴이)[14]을 통해 신을 증명한다는 전혀 다른 구조를 가지고 있었습니다. 다시 말해, 그의 물리학은 의미의 범주를 바탕으로 하고 있다는 뜻이지요. 아리스토텔레스의 물리학에서 바라보는 세계란 의미의 질서정연한 결합, 바로 코스모스였던 거죠. 따라서 그런 세계 안에서 의미의 구조를 파악하면 최고의 의미까지 추론해갈 수 있고, 그랬기 때문에 그의 물리학은 신의 존재를 증명할 수 있었던 겁니다.

　그러나 현대 물리학은 의미의 범주를 바탕으로 하지 않아요. 현대 물리학의 법칙들은 순전히 사실에 근거하는 기능적인 연관만을 말해주고 있을 뿐이죠. 이를테면 맥스웰 방정식이 가지고 있는 의미를 물을 수는 없잖습니까? 반면에 아리스토텔레스의 물리학에서는 모든 것이 목적론으로 구성되어 있습니다. 목적론으로 구성되어 있다는 것은 예를 들면 이런 겁니다. 돌멩이 하나가 땅에 떨어졌다고 합시다. 아리스토텔레스의 물리학은, 애초부터 그 돌멩이가 자신이 떨어진 그 장소에 있기를 원했다고 해석합니다. 그 돌멩이가 자신이 마땅히 있어야 할 곳, 고향 같은 곳으로 돌아가기를 원한다는 것이고, 이 경우 그 돌멩이의 고향은 지구의 중심이라는 것입니다. 그래서 그곳으로 돌아가기 위해서 아래로 떨어진다고 해석하지요. 목적론적 물리학은 자연계의 모든 것이 선(善)을 지향한다고 전제합니다. 즉 모든 자연현상은 궁극적으로 의지의 충족이라는 이데아를 지향한다는 것이지요. 현대 물리학은 그 점을 도외시합니다. 자연 속에 의미가 들어 있다는 목적론적 관념은 현대 물리학엔 들어 있지 않아요.

　간단한 예를 들어볼까요? 어쩌면 이 간단한 예가 오히려 더 많은 것을 시사할지도 모르겠군요. 우리가 세탁기의 사용설명서를 읽는다고 칩시다. 그 사용설명서에는 세탁기를 만든 기술자가 구체적인 인물로 등장하지는 않습니다. 사용설명서에 기술자에 대한 얘기가 쓰여 있다면 그게 더 어리둥절할 노릇이죠. 우리의 관심사는 누가 그 세탁기를 만들었느냐가 아니라, 그것을 어떻게 사용하느냐입니다. 물리학자들도 마찬가집니다. 그들은 세계가 어떻게 움직이는가에 대해서만 관심을 가질 뿐, 구체적으로 누가 세계를 만들었느냐는 것은 그들에게 전혀 별개의 문제예요. 어쨌거나 물리학에서 신을 전혀 다루지 않는다고 해서 애석해할 일은 없다고 생각합니다. 신의 입장에서도 자신이 물리학에 등장할 이유가 전혀 없을 테니 말입니다.

부케티츠 자연과학이 신의 존재를 증명하는 문제에 대해서는 저도 몹시 회의적입니다. 세계를 체험하는 방식에는 여러 가지 형태가 있습니다. 자연과학적으로 체험하는 세계에서는, 앞서 인용한 라플라스의 말처럼, 신은 다만 불필요한 과정일 뿐이죠. 자연과학과는 다른 형태로 세계를 체험하는 경우로는 종교적인 체험이 있겠고, 그밖에도 미적인 체험을 생각할 수 있겠군요. 그러니까 세계를 체험하는 데는 세 가지, 아니 적어도 두 가지 서로 다른 차원이 있다고 하겠습니다. 장미 한 송이를 보고 아름답다고 말한다면, 그것은 과학적인 언명이 아닙니다. 같은 장미를 보고 다른 사람이 아름답다고 생각할지 흉하다고 생각할지 알 수 없으니까요.

그렇지만 우리가 아름답다고 생각하는 대상도 얼마든지 과학적으로 설명할 수 있습니다. 우선 대상을 분자에 이르기까지 분해합니다. 그러고 나면 우리가 대상에서 지각하는 색깔이라는 것이 특정한 주파수를 가진 전자기파에 불과하고, 그 전자기파가 우리의 망막을 자극해서 예를 들어 '붉다'는 감각을 갖게 한다는 사실을 알게 되죠. 그 이상도 그 이하도 아닌 거예요. 그렇지만 우리는 장미를 보고 아름답다고 느낍니다. 음악의 경우에도 마찬가지입니다. 물리학자가 어떤 곡을 구성하는 소리의 요소를 완전히 분석해냈다고 할지라도, 그 물리학자는 그 곡을 여전히 아름답다고 생각할 수 있는 겁니다.

생물계와 무생물계를 포함한 세계의 질서야말로 신의 존재를 증명하는 증거라는 주장도 있더군요. 과연 그렇게 생각할 수 있을까요?

플라톤은 세계와 존재하는 모든 것들에 내재하는 '질서'가 창조의 건축사인 데미우르고스에 의해 만들어진 것이라고 했다. 데미우르고스가 혼돈상태의 질료를 가지고 영원한 이데아의 형상을 따라 질서정연한 우주를 만들었다는 것이다. 중세에는, 세계의 질서가 신에 의해 만들어졌고 신이 모든 사물에게 존재의 질서 안에서 있어야 할 자리를 정해준다는 생각이 지배적이었다. 근대 과학이 등장하면서 질서와 신 사이의 그런 관계가 사라졌다. 칸트는 질서가 주체에 속하는 것이라고 생각했다. "우리가 자연이라고 부르는 모든 현상에 나타나는 질서와 규칙성은 우리 스스로가 부여하고 있는 것이다."

중세 서양사상사의 중심은 넓게 보자면 신앙과 지식의 관계에 관한 논쟁이었다. 그리스도교와 철학이 결합되어야 했던 것이다. 당시의 학자들, 특히 12~13세기에 전성기를 맞은 스콜라 철학의 추종자들은 플라톤과 아리스토텔레스의 철학에 의거하여, 주장과 그에 대한 반론으로 이루어지는 대화(disputationes)를 자신들의 생각을 입증하기 위한 방법으로 사용했다. 아우구스티누스, 토마스 아퀴나스, 윌리엄 오컴(William of Ockham) 등이 2~14세기에 이르는 중세 전반에 걸쳐 커다란 영향을 미친 인물이었다. 그러나 스콜라 철학은 시간이 지날수록 공리공론과 사변에만 빠져 있다는 비판을 받게 되었다.

그러다가 르네상스가 도래했고, 나침반과 인쇄술을 비롯한 여러 가지 발명이 이루어졌다. 코페르니쿠스에 이르러서는 지동설에 입각한 세계상이 옳다는 사실이 입증되었는데, 이는 인류의 사상사에 일어난 가장 큰 변혁 가운데 하나였다. 20세기 초 프로이트는, 코페르니쿠스의 지동설이 인류가 겪은 가장 고통스러운 세 가지 경험 중 하나라고 말했다. 코페르니쿠스의 지동설에 의해 인류는 세계의 중심으로부터 밀려났고, 그와 함께 새로이 등장한 과학과 그리스도교 신앙의 길고 긴 대립의 역사도 시작된 셈이다.

무칠러 고대와 중세 때에는 질서라는 개념, 그리고 그 질서를 통해 우리가 신을 발견할 수 있는가라는 문제가 근대와는 전혀 다른 방식으로 다루어졌습니다. 중세에 쓰이던 오르도(ordo: 라틴어로 '질서'라는 뜻 – 옮긴이)라는 낱말은 '의미 있는 질서'를 가리키는 말이었지요. 고대에는 '코스모스'가 '장식'이라는 말과 동음이의어였습니다. 중세인들은 우주를 하나의 집으로 생각했어요. 어떤 집을 보면 우리는 자연스럽게 누군가가 그 집을 지었으리라는 추론을 하게 됩니다. 그러니까 질서란 누군가에 의해서 만들어졌어야 한다는 것이지요. 그러나 근대 물리학자들이 이해하는 질서는 그 자체가 신을 떠올리게 하진 않습니다. 이해를 돕기 위해 간단한 예를 들어보죠. 원의 둘레와 직경을 여러 번 측정해서 그 둘 사이의 관계를 알아보면 $\pi=3.1415\cdots$라는 수치를 얻게 됩니다. 그렇다고 해서 누구도 신이 원주율을 만들었다고 생각하진 않죠. 왜냐하면 원주율은 순수하게 기능적인 질서일 뿐이지, 목적을 정하고 그를 향하여 섭리하는 신을 우리에게 보여주는 이른바 초월적인 증거력 같은 건 가지고 있지 않으니까요.

제 생각에는 이렇게 자연과학자들이 실제로 신이라는 전제를 필요로 하지 않는다는 사실이, 신학과 자연과학 사이의 대화를 어렵게 만드는 가장 큰 장애물인 것 같습니다. 자연과학자는 순수하게 기능적이고 언어적인 의미의 질서를 구축해나갈 뿐이고, 그런 질서는 우리에게 신을 보여주지 않습니다. 그렇다고 해서 신이 한

갓 하나의 낱말에 불과하다는 뜻은 아니에요. 물리학자가 탐구하는 질서라 할지라도 얼마든지 그로부터 신에 대한 암시를 받을 수 있다고 봅니다. 질서는 그런 가능성을 언제나 열어놓고 있다는 거지요. 원의 둘레와 지름의 관계가 언제나 일정하다는 사실이 신의 질서를 보여주는 것이라고 제가 주장한다고 해서 아무도 그것을 막을 순 없습니다. 그런 주장은 잘못되거나 모순된 것이 아니라, 명백하지 않을 뿐이죠. 근대 자연과학은 종교적인 입장과 직접 연결되기에는 너무 중립적인 세계를 구축하고 있어요.

부케티츠 세계의 질서가 반드시 신이나 창조자의 존재를 입증해야 하는 것은 아닙니다. 과학과 신학의 역사를 살펴보면, 19세기에 등장한 이른바 자연신학의 주창자들은 자연은 창조자가 자신을 표현한 것이며, 따라서 자연 자체가 신의 존재를 보여주고 있다는 기본 관념을 가지고 있었지요. 하지만 오늘날의 신학에서는 그런 생각이 더 이상 진지한 이론으로 받아들여지지 않습니다.

마이어 아비히 역사적으로 보면 사실은 정반대였지요. 사람들이 자연에서 질서를 보았기 때문에 그 질서 뒤에 신이 있다고 생각하게 된 것이 아니라, 이 세계가 신에 의해 창조되었다고 믿었기 때문에 세계가 지니고 있는 질서를 파악할 필요가 있다고 생각하게 된 겁니다. 세계가 신에 의해 창조되었다면, 그 세계는 일정한 질서에 따라 구성되었을 테니까요. 바로 이런 생각이 근대 자연과학이 탄생하는 데 근본적인 동기가 되었습니다. 사람들의 관심은 신이 세계를 만든 질서를 인식하는 데 있었고, 그런 식으로 수백 년 동안을 이어져 내려온 거죠.

자연과학도
종교적 바탕을
갖고 있을까?

**자연과학자들의 작업이 우리에게 종교적인 심성을
불러일으킬까요?**

부케티츠 '종교적'이라는 말을 생명에 대한 경외, 경탄, 생명체가
가지고 있는 지극히 기묘한 구조와 신기한 행태에 대한 감탄 등과
같이 아주 광범위한 의미로 이해한다면, 그렇다고 대답할 수도 있
겠지요.

뒤르 자연과학은 저 같은 사람에게 종교적인 심성을 불러일으키
기에는 너무나 대상 자체에 매달리고 있어요. 저는 관계의 구조가
모든 것의 근본이라고 생각하는데, 그 관계의 구조를 파악하기란
여간 어려운 일이 아니죠. 사물들의 관계 속에 들어가서 그 관계
의 구조에 대해 생각하면 그 즉시 관찰자로서의 객관성을 잃고 전
체의 일부가 되어버려, 자연과학과는 거리가 먼 관찰 방법에 도달
하게 됩니다. 자연과학의 관찰 방법은 관찰 대상을 '바깥에 머무는
무엇'으로 만들어버려요. 한데, 사물들의 관계의 구조를 중요시하
다 보면, 우리는 그 한가운데로 빨려 들어가서 어느 순간부터는 전
체에 속하게 됩니다. 바로 그렇게 될 때 우리는 내면에서 관찰하는
입장이 되고, 그런 관찰이 이루어지는 영역이야말로 종교적인 영
역이라고 말하고 싶군요.

자연과학의 모든 분야가 종교적인 바탕을 가지고 있나요?

뮈흘러 물리학에는 종교가 들어 있지 않아요. 하지만 제가 경험을 통해 주목하게 된 사실이 있죠. 20년 전만 해도 저는 모든 것이 유물론에 의해 설명될 수 있다고 믿었지요. 제가 접한 유물론은 물리학과 그 밖의 과학에 근거를 두고 있었습니다. 사람들은 과학이 모든 것을 설명할 수 있으니 신은 더 이상 필요치 않다고 믿었지요. 그러다가 저는 위대한 물리학자들의 삶이 사실은 그들이 가지고 있던 종교적인 심성을 낱낱이 증거하고 있다는 것을 깨닫게 되었습니다. 갈릴레이부터 막스 플랑크와 알베르트 아인슈타인에 이르기까지 모두가 마찬가지였지요. 이런 사실을 보면, 물리학자도 자신의 구체적인 삶과 경험에 있어서만큼은 과학이라는 울타리를 넘어 종교적인 것에 대해 얼마나 깊이 사색하는지를 잘 알 수 있습니다.

뒤르 대부분의 물리학자들은 종교적인 사람들이랍니다. 하지만 우리가 물리학의 연구 방법을 따르려면 종교와 관계된 어떤 흔적도 논문에 남겨선 안 되지요. 그렇지 않으면 논문의 주제는 입증이 불가능해지고, 따라서 이데올로기로 취급되고 말 테니까요. 그렇지만 그렇게 입증 가능성에만 매달리게 되면, 정작 중요한 명제는 세울 수가 없게 됩니다. 그러니 과학자가 자신의 연구 과정에서 직관(直觀)과 비과학적인 상상을 가지고 떠나는 '방랑'이 오히려 훨씬 더 깊은 통찰을 가져다줄 수 있는 거죠. 말 그대로 경제적 사고의 시대인 오늘날 과학을 움직이는 건 더 이상 종교적인 동기가 아니라, 국가의 경제적 경쟁력 확보라는 대의명분입니다. 이렇게 되면 과학은 정말 종교와는 더더욱 멀어지게 됩니다. 경제적 경쟁력이라는 기준에는 무엇이 인간에게 중요하며 근본적인 질문인지에 대한 고민이 조금도 들어 있지 않으니까요.

부케티츠 물리학과 마찬가지로, 생물학에도 종교가 끼어들 틈은 거의 없습니다. 그렇지만 많은 생물학자의 사고 속에는 종교적인 무엇이 스며들어 있죠. 찰스 다윈 같은 사람도 창조에 대해 거듭 이야기할 뿐 아니라, 자신이 바라는 것도 결국 종(種)의 탄생이라는 위대한 신비를 푸는 데 일조하는 것이라고 말하고 있습니다. 그는 종의 기원에 대한 자신의 책 말미에서, 창조자가 자연선택이라는 과정을 통해 다양한 생명체를 만들어냈다는 생각을 하면 숭고함을 느끼게 된다고 쓰고 있지요. 그렇지만 결과적으로 다윈은 종교에 깊은 상처를 입혔습니다.

늘 '창조'라든지 '창조자'라는 말을 썼던 콘라트 로렌츠(Konrad Lorenz: 오스트리아의 동물학자. 1903~1989 – 옮긴이)를 생각해보세요. 신이나 종교는 과학과 아무런 관계가 없으므로 과학자인 자신도 그에 대해 할 말이 전혀 없다는 견해를 가지고 있었던 그도 창조에 대해서만큼은 언제나 경외심을 표현했습니다. 물론 그의 개인적인 심성 탓이었을 수도 있겠습니다만. 생물학이라는 과학에는 종교가 개입되어 있지 않지만, 어쨌든 많은 생물학자에게 종교가 중요한 동기가 되었던 것은 틀림없습니다.

마이어 아비히 저는 물리학에도 종교적인 면이 있다고 생각합니다. 그에 앞서 우선 여기서 말하는 종교가 무엇인가라는 문제를 짚어봐야겠군요. 종교라는 단어를 들으면 저는 그리스도교뿐 아니라, 세계관, 인간관, 그리고 인간으로 하여금 이 세계 안에서 자신이 있어야 할 올바른 위치를 찾아갈 수 있도록 인도해주는 행동 지침 등을 떠올리게 되니까요. 저는 세계 안에서의 우리의 삶에 대한 전체적인 지식을 종교라고 부르고 싶습니다. 이렇게 본다면 자연과학은 종교적인 내용으로 가득 차 있어요. 과학이 답하고 있는 문제들은 모두 종교적인 동기에서 나온 것이고요. 자연과학이 던지는 질문이 다 어디를 향하고 있습니까? 예상되는 현상을 실험을 통해서 유도해낼 수 있는가에 집중되어 있지 않습니까? 그렇게 해서 그때그때 문제가 되는 현상을 유도해낼 수 있으면, 그제야 우리가 던진 질문이 '옳은' 것이 되고 옳은 대답을 한 것이 됩니다. 이렇게 본다면 물리학은 '자연을 장악해나가는 학문'이라고 일컬어도 좋을 것입니다.

오늘날 통용되는 자연과학은 인간중심적입니다. 이 말은 과학이, 세계 속에서 가장 중요한 존재라고 자부하는 인간을 세계의 중심에 놓고, 과학기술을 통하여 끊임없이 자연을 지배하고 자신의 욕망을 채우려는 인간에게 봉사한다는 뜻이에요. 이런 의미에서 자연과학은 대단히 종교적이라고 할 수 있습니다. 다만 잘못된 방향으로 종교적일 뿐이죠.

이렇게 자연과학의 뒤에는 언제나 일정한 세계상, 인간상이 숨겨져 있고, 그런 뜻에서 늘 종교와 무관하지 않다고 할 수 있습니다. 따라서 자연과학에서도 언제나 신에 대한 이해를 전제로 한다고 해야 옳아요. 이건 단순히 연구 결과가 신에 대한 이해를 간접적으로 드러낸다는 차원의 얘기가 아니라, 연구 과정부터 이미 종교가 인식의 중요한 도구로 사용된다는 얘기예요. 대부분의 물리학자는 이에 대해 더 이상 말하지 않지요. 하지만 실제로 자연과학을 하려고 들면 누구나 일정한 종교적인 이해나 신에 대한 관념 같은 것을 전제하게 됩니다. 그래서 저는 신학자들이 자연과학에서 정설로 받아들여지고 교과서에 실려 있는 내용을 무비판적으로 수용하는 것이 상당히 못마땅해요. 물론 역사적으로 보면 충분히 그럴 만도 하죠. 갈릴레이 시대에 있었던 논쟁으로 신학자들은 큰 상처를 입었으니까요. 그러나 과학자들의 연구에 종교적인 이해가 전제되어 있다면, 신학자들은 그 종교적인 이해가 그리스도교의 입장에서 볼 때 합당한 것인지, 그들이 자연을 이해하는 관점이 그리스도교에서 허용될 수 있는 것인지를 물어야 하지 않겠습니까?

오늘날과 같이 세계가 과학과 기술에 의해 무참히 짓밟히고 있는 상황에서는 과학과 기술에 전제된 그런 종교적인 이해가 과연 그리스도교적인가 하는 의문을 가지게 됩니다. 그 점에서 신학과 과학의 관계는 완전히 새로운 국면을 맞게 되는 겁니다.

일반적으로 신학자들은 자연과학에 대해 두려움을 가지고 있어요. 여기서 우리는 다음의 여러 가지를 구분해서 생각해야 할 겁니다. 먼저 자연과학, 둘째로 자연과학이 가지고 있는 종교적 전제, 셋째로 그리스도교 신앙, 넷째로 우리가 가지고 있는 유대교-그리스도교적 전통을 전제로 할 때 진정 그리스도교적이라고 일컬을 만한 '자연과의 관계'는 어떤 것인지 등을 하나하나 짚어봐야 합니다. 글쎄요. 오늘날 통용되는 물리학이 과연 그리스도교적인 것인지는 의문스럽군요.

판넨베르크   그 점에 대해서는 우리 모두가 대체로 같은 의견일 겁니다. 자연과학은 근대의 어느 분명한 시점부터 의미를 묻는 질문을 도외시하게 되었다는 거지요. 자연과학이 이미 17세기에 자연을 목적론적으로 이해하는 아리스토텔레스의 방법론과 결별한 것은 사실입니다. 그러나 뉴턴[15]이 자연과학의 수학적 원리에 관한 책을 쓴 것은, 데카르트[16]의 철학에 대항하여 자연현상에 내재되어 있는 신의 역할을 입증하기 위해서였죠. 뉴턴은 정신이 우리의 사지를 움직이는 것처럼 신도 우주를 움직이지만 그것이 기계적인 방법으로 이루어지진 않는다고 생각했습니다. 그런 뉴턴이 엉뚱하게도 기계론적인 자연 이해의 창시자 또는 완성자로 둔갑한 것은 18세기에 이르러섭니다. 그가 추구하던 것과는 완전히 반대되는 평가였지요. 뉴턴은 분명히 '의미를 묻는 질문'을 던지고자 했어요. 18세기 이래로 그처럼 의미를 묻는 질문은 점점 묻혀 갔고, 그런 상태는 20세기 중반까지 계속되었습니다.

그런데 놀라운 일은, 지난 몇십 년간 다름 아닌 바로 그 물리학자들이, 의미를 묻는 질문을 외면해온 것에 대해 불만을 나타내면서 세계를 설명하기 위한 새로운 모델을 찾아나서게 되었다는 사실입니다.

뒤르 물리학 한편에는 물리학으로는 파악할 수 없는 무엇이 분명 있어요. 하지만 이 세상엔 물리학으로 설명할 수 있는 것만 존재한다는 것이 많은 사람들의 생각이죠. 그런 사람들에게는 다른 세계란 전혀 존재하지 않아요. 그네들은 자신들이 발딛고 선 그 작은 세계에서 얼마든지 잘살 수 있겠지요. 하지만 저는 그렇지가 못합니다. 제게는 물리학으로 채울 수 없는 세계가 있고, 그래서 과학의 방법이 미치지 못하는 곳에서도 쓸 수 있는 도구를 가진 사람들과 힘을 모으지 않을 수가 없어요. 과학의 방법은 분석과 분해입니다. 우리에게는 순수하게 과학적인 방법 말고도 다른 방법들이 절실하게 필요해요. 또 우리가 그런 새로운 방법들을 개발해낼 수 있으리라 믿어 의심치 않고 말입니다.

비록 우리 모두 주관적인 시각으로 세계를 보지만, 함께 대화를 나누다보면 공통점, 새로운 판단의 기준과 책임 같은 것들을 이끌어낼 수 있다고 봅니다. 모든 사람이 자신만의 '주관의 창'으로 세계를 보면서도 서로의 가정(假定)에 유사한 내용이 있다면, 과학적인 방법이 손을 쓰지 못하는 바로 그곳에서 해결의 실마리를 발견할 수 있을 것입니다.

판넨베르크 저는 우리가 칠판에 쓰는 등식이나 증명과 같이 가장 좁은 의미의 과학이 종교적인 성격을 띠고 있다고 생각하지, 과학에 종교적인 내용이 의도적으로 개입된다고는 보지 않아요. 물론 그런 경우에도 주변상황과 동기는 분명히 종교적일 수 있겠지요. 우리는 등식이 쓰여 있는 칠판을 주변상황으로부터, 또는 뒤르 선생의 말처럼, 결론으로 우리를 인도하는 '길이 아닌 길'로부터 따로 떼어낼 순 없습니다. 그런 점에서 과학도 종교로부터 완전히 자유롭지는 않아요. 능력 있는 과학자들이 업적을 쌓아가는 기반이 되는 그 '직관과 상상의 방랑'이나 관점, 질문들을 생각해보면, 아주 넓은 의미에서 '종교적'이라고 할 만한 그 무엇이 거기에 스며 있다는 사실을 알게 됩니다. 그렇지 않다면 우리가 지금 하고 있는 것과 같은 과학자와 철학자와 신학자 사이의 대화는 아무런 의미도 없겠지요.

저는 우리의 대화를 위해서, 수학적으로 엄밀하게 표현할 수 있는 지식만이 지식이라는 식으로 과학의 범위를 지나치게 좁게 생각하지 말자고 제안하고 싶군요. 만일 과학을 그런 식으로 편협하게 이해하면서 동시에 우리에게 뭔가 다른 것이 필요하다고 말한다면, 바로 그 '뭔가 다른 것'은 임의의 어느 것이나 다 가능하지 않겠습니까? 그렇게 되는 것은 절대로 피해야 합니다.

뒤르 제가 말씀드리고 싶은 것도 그겁니다. 우리의 능력으로 요령부득일 뿐인 그런 정밀한 지식만을 학문적인 지식으로 인정한다면 별 의미 없는 사소한 것들만을 말하게 될 겁니다. 그만큼 정밀한 지식을 얻으려면 서로 연결된 전체에서 조금 벗어나야 하거든요. 그래야만 부정확한 내용을 임의로 말하는 것을 피할 수 있을 테니까요. 하지만 이렇게 되면 우리는 관계의 구조를 잃어버리게 됩니다. 의미 있는 이야기를 하고 싶다면, 정확성을 얼마간 희생하지 않고선 불가능합니다.

자연과학의 성과는 상당 부분 자연과학이 동원하는 방법에 힘입은 것이라고 할 수 있다. 자연과학의 방법은, 관찰 대상으로부터 관찰자를 엄격하게 분리시키고, 관찰 과정을 명백하게 정해진 조건에서 실험을 통해 마음대로 반복하는 데 학문적인 토대를 두고 있다. 그로부터 수학적인 형태의 법칙성이 도출되는데, 이 법칙성을 가지고 우리는 무엇인가에 대하여 합리적인 예측을 내놓을 수 있게 된다. 이렇게 하여 과학적인 설명이 간단한 형태의 모델로 제시되는 것이다.

이에 대해 우리는 아리스토텔레스의 물리학, 갈릴레이와 뉴턴에 의해 시작된 근대 초기의 고전 물리학, 그리고 관찰자와 관찰 대상의 연관이라는 혁명적인 사실을 발견한 양자물리학을 구분하여 이야기할 수 있을 것이다. 아리스토텔레스에게는 관찰 가능한 물리적 변화가 관찰 대상의 본질과 연결되어 있었다. 그에 따르면 돌멩이는 깃털보다 빨리 떨어지는데, 이는 돌멩이라는 사물의 본질이 그렇기 때문이라는 것이다. 돌멩이가 깃털보다 빨리 떨어진 다는 생각은 우리의 일상적인 경험과 일치하는 것이다. 그와는 반대로 갈릴레이는 모든 물체가 같은 속도로 낙하한다는 사실을 진공관 실험을 통해 증명해 보였으며, 이것을 자신의 낙하법칙의 근거로 삼았다.

이로써 일상의 경험이 실험을 통한 관찰로 대치되기 시작했다. "측정할 수 있는 모든 것을 측정하고, 측정할 수 없는 것을 측정할 수 있는 것으로 만들어라!"라는 모토 또한 갈릴레이한테서 나온 것이다. 무엇보다도 자연과학의 작업에 수학을 동원하는 방법은 뉴턴에 의해 널리 알려진 것으로, 시간이 흐를수록 자연과학 안에서 확고한 자리를 차지하게 되었다. 이는 모든 자연현상을 인과론과 기계론으로 설명할 수 있다는 과학자들의 믿음을 더욱 부채질했다. 18세기~19세기에 걸쳐 자연과학의 엄청난 성과를 경험한 사람들은 모든 현상을 빈틈없이 과학적으로, 다시 말해서 인과론과 기계론을 통해서 설명할 수 있으리라고 믿게 되었다. 그러나 원자의 차원에서는 원인과 결과라는 관계가 생각처럼 치밀하지 않을 뿐 아니라 오히려 느슨하고 부정확하다는 사실이 양자물리학을 통해서 드러나게 되었다.

뒤르　과학은 크게 두 가지로 나눌 수 있습니다. 한 가지는 교과서에 실려 있는 과학이고, 또 한 가지는 과학자들 사이에서 실제로 행해지는 과학입니다. 이 둘은 서로 아주 다른 종류의 과학이에요. 과학자들이 행하는 과학은 교과서에 실려 있는 것과는 거의 공통점이 없다고 봐야 합니다. 교과서의 과학은 과학자가 과학적인 인식을 획득해나가는 과정의 흔적을 조금도 담고 있지 않죠. 그런 탓에 과학이란 완벽하게 객관적인 것이라는 인상을 줍니다. 오늘날 과학자들은 뭔가 새로운 것을 발견해 내는 데 필요한 그 '직관과 상상의 방랑'에 대해서 말할 때 예전처럼 그렇게 주저하지 않아요. 그 '방랑'의 여행길에서는 교과서의 과학과는 전혀 다른 일들이 벌어지지요. 그 길에서는 종래의 과학과는 전혀 관계가 없는 관념들이 과학자를 인도합니다. 이런 노력이 대단히 효과적인 이유는 그것이 경험적인 측정으로는 결코 다다를 수 없는, 우리가 가지고 있는 막연한 상상을 통해서만 볼 수 있는 길로 우리를 인도하기 때문입니다.

교과서의 과학은 가장 빠른 길로 결과에 도달하는 것이 가장 과학적인 것이라고 주장합니다. 우리는 목표에 도달하기까지 어떤 직관의 방랑을 거치는지를 객관화해서 다루진 않아요. 그렇게 하면 어떤 체험이 어떤 결과를 가져오는지 누구나 알게 될 테니 이해하는 데 훨씬 도움은 되겠지만, 그렇다고 해도 나는 왜 다른 무엇도 아닌 이것을 연구 대상으로 삼았는가, 이것이 왜 나에게 중요한가 등의 의미를 묻는 질문으로 얻은 지식은 오로지 개개인의 주관적인 체험 속에만 녹아 있을 뿐입니다.

무휠러 그렇기는 하지만, 과학에 대한 교과서적인 입장을 버릴 순 없다고 봅니다. 과학을 한다면서 시를 쓰는 건 곤란하니까요. 물리학자가 객관적인 법칙을 말하지 않고 자신의 주관적인 소감을 이야기해서는 안 됩니다. 물리학의 장점은 바로 결과를 객관화하고, 그럼으로써 자신을 둘러싸고 있던 세계관들로부터 해방될 수 있다는 데 있어요. 그래서 불교 신자건 그리스도교 신자건 불가지론자건 간에 모두 같은 물리학을 할 수 있는 겁니다. 바로 이 점이 물리학을 비롯한 모든 자연과학의 장점이라고 생각합니다.

마이어 아비히　유대교-그리스도교적 전통 속에 살고 있는 우리는 세계의 바깥에 있는 창조자가 세계를 만들었다는 창조신화를 가지고 있습니다. 그리스도교만 놓고 보자면 양상이 좀 다른데, 이때 창조자는 그리스도라는 지상의 아들을 만듦으로써 세계와 연결되지요. 그러나 그리스의 종교에서는 하늘과 땅이라는 두 신이 있고, 그 사이에 둘을 연결하는 힘인 에로스가 있어요. 모든 것이 이렇게 하늘과 땅과 에로스라는 구성으로부터 비롯되지요. 세계의 탄생도 신의 역사(歷史)의 일부였는데, 이는 우리의 전통과는 전혀 다른 것입니다. 태초에는 하늘과 땅이 세계를 주관하는 두 신이었고, 그 사이를 연결하는 성애(性愛)로부터 모든 것이 생겨났다는 신화에는 눈여겨볼 만한 게 있어요. 그런 신화에서는 우리가 이 세계 안에 살고 있는 동시에 이 세계에 속해 있다는, 세계와의 또 다른 관계가 생겨나거든요. 반면에 우리 산업사회는 어떤가요. 마치 자신이 어쩌다가 이 행성에 착륙해 세계를 계속 지배하고는 있지만 이곳에 전혀 속하지 않는, 우주로부터 온 정복자인 양 행동하고 있다고나 할까요? 그리고 그런 태도는 우리의 종교적인 배경과 무관하지 않아요.

판넨베르크　세계에 대한 그런 관점을 무조건 유대교-그리스도교적 전통에 뿌리를 두고 있는 것으로 생각할 순 없습니다. 성서의 앞부분에 나오는 "창조된 모든 것을 지배하라"(창세기 1:28)는 권한 부여는 전혀 다른 의미를 가지고 있으니까 말입니다. 그것은 인간이 마음대로 자연을 파괴해도 좋다는 게 아니라, 인간 자신이 자연 안에서 창조자를 대변하라는 뜻입니다. 그와 동시에 인간이 창조된 사물에 대해 책임을 진다는 의미도 포함되어 있지요. 그 외에는 신과 세계의 관계에 관한 유대교-그리스도교적 전통과 다른 종교들의 관점을 비교한 마이어 아비히 선생의 의견에 전적으로 동감합니다. 하지만 창조에 대한 성서의 기술(記述)에 관해서는, 그것을 쓴 유대교의 제사장들이 당시의 자연관에 바탕을 두고 있었고, 그래서 이 세계의 원천이 세계 바깥에 있는 신이라는 믿음을 가지고 있었다는 사실을 고려해야겠지요. 그렇기에 창조론을 다루는 신학은 세기가 바뀔 때마다 재구성되어야 한다고 생각합니다. 다시 말해, 세계 바깥에 있는 신이 이 세계의 창조자라는 성서의 믿음은 자연에 대한 우리 시대의 인식을 토대로 다시 서술되어야 한다는 얘깁니다.

부케티츠 창조론을 받아들인다면, 우리는 정말 좀 더 책임 있는 자세로 자연을 대해야 합니다. 철저한 진화론자인 저도 인간의 진화가 다른 생명체의 진화와 연계되어 있다고 생각하면 어떤 책임감을 느낍니다. 역사를 돌이켜볼 때, 우리가 다른 생명체와 종(種)을 파괴해서는 안 된다는 교훈에 이르게 하는 예들이 얼마나 많습니까? 우리 역시 진화의 산물이란 사실을 생각한다면 피조물, 즉 다른 생명체에 대해서도 책임 있게 행동해야 합니다.

자연과학과 신학의 관계

신학이 자연과학에 대해 개방적인 것인가요, 아니면 자연과학이 신학에 개방적인 것인가요? 그리고 양자의 대화는 어디까지 와 있는지요?

갈릴레이와 코페르니쿠스 이래로 교회의 가르침과 과학의 연구 사이에는 여러 번 심각한 갈등이 있었다. 자연과학에서 세계를 설명하는 모델은 종교적인 믿음들을 밑바닥부터 뒤흔드는 듯이 보였다. 예를 들어 지구가 더 이상 우주의 중심이 아니라는 코페르니쿠스의 혁명적인 이론이 등장하면서, 이에 동조하던 조르다노 브루노(Giordano Bruno, 1548~1600)는 화형을 당했고 갈릴레이는 자신의 주장을 공식적으로 번복해야 했다. 또한 '피조물의 왕'이라는 인간의 위상에 이의를 제기하면서 인간의 조상은 원숭이라고 선언한 다윈의 진화론도 마찬가지였다. 갈릴레이 이래로 근대 자연과학이 발달하면서 불거진 교회와 자연과학의 갈등은, 두 분야의 경계를 분명히 하고 서로의 영역을 침범하지 않기로 다짐함으로써 일단 잠잠해지는 양상을 보였다. 그러다가 20세기에 들어와서 양자물리학 쪽에서 신학과 자연과학의 접근에 관심을 보이기 시작했고, 오늘날은 두 분야의 대화가 활발하게 이루어지고 있다.

판넨베르크 저는 신이라는 주제가 앞으로 자연과학자들 쪽에서 더욱 심도 있게 받아들여질 것 같다는 인상을 받고 있어요. 오히려 신학자들이 지난 수십 년간, 혹은 지난 두 세기 동안의 경험 때문에 조심스러워하지요. 그런데 단지 개인적인 견해일 수도 있겠지만, 오늘날에 와서는 자연과학자들이 갑자기 신이라는 주제를 진지하게 받아들이고 있습니다. 이 사실은 신학으로 하여금 창조신앙과 같은 주제를 다룰 때 자연과학은 존재하지도 않는 것처럼 치부하던 종래의 태도를 버리도록 요구합니다. 무엇보다도 천체물리학의 발전을 통해 지난 수십 년에 걸쳐 물리학적 세계관과 유대교-그리스도교의 창조신앙을 바탕으로 하는 신학 간에 상호 교류가 이루어지게 되었습니다. 이제는 100년 전이라면 상상조차 할수 없었을 공동작업이 이루어지고 있을 정도예요.

뒤르 오늘날 자연과학이 신학에 대해 개방적인 태도를 취하고 있는 건 사실이에요. 그러나 저는 자연과학이 유대교-그리스도교의 사고방식에 접근해가는 것이라기보다는, '바깥에 있는 신'이라는 사고방식으로부터 떨어져나가는 것이라고 생각합니다. 양자물리학과 같은 새로운 자연과학에서는 모든 것들이 서로 밀접하게 연결되어 있다는 생각이 지배적이니까요. 이처럼 어떤 것도 서로 떨어져 있지 않은 세계에서는 신의 모습도 이전과는 다르게 나타납니다. 저는 신을 '외적인 그 무엇'으로 생각할 수가 없어요. 우리 인간을 자신 안에 내포하고 있는 모습으로밖에는 신을 인정할 수 없습니다. 그리고 그런 신이라면 유대교-그리스도교에서 말하는 신은 아니겠지요.

판넨베르크 뒤르 선생의 주장은 옳지 않다고 봅니다. 그건 유대교-그리스도교에서 이야기하는 신을 잘못 이해한 거예요. 성서의 〈시편〉 139장을 읽어보면 분명히 알 수 있어요. 〈시편〉에서는 신이

기도하는 인간을 모든 방향에서 완전히 감싸고 있고, 인간은 신이 없는 그 어디로도 도망칠 수 없으며, 인간의 가장 깊은 내면에 신이 현존한다고 말합니다. 신이 이 세계와 분리된 저편에 있다고 상상하는 것은 유대교-그리스도교가 가지고 있는 신에 대한 이해를 지나치게 단순하고 빈약하게 표현한 거예요. 신은 세상 저편에 있지만, 동시에 피조물의 현실을 포용하고 그 안에 개입하고 있어요. 이것이 바로 유대교-그리스도교에서 말하고 있는 신과 세계의 관계입니다. 신학자 카를 라너(Karl Rahner)는, 우리가 말하는 신이란 우리의 삶을 모든 방향에서 감싸고 그 안에 스며들어 있는 신비를 일컫는 것이라고 합니다.

〈시편〉은 신의 이런 모습을 잘 표현하고 있지요. 〈시편〉 139장의 신은 세상의 저편에 마주서 있는 어떤 구체적인 인격이나 물질적인 실체가 아니라, 세상에 마주서 있으면서도 동시에 모든 방향에서 우리를 감싸고 우리 안에 스며들어 있는 신입니다. 신은, 그 안에 우리의 삶이 자리 잡고 있고 그래서 우리가 아버지라고 부를 수 있는, 뭐라 이름할 수 없는 신비입니다. 게다가 신은 아버지일 뿐 아니라 아들이고 성령이며, 아버지와 아들과 성령의 관계가 우리를 감싸고 있는 '장'(場)이 됩니다. 우리는 신앙을 통해 신과 예수의 부자관계에 참여하고, 그럼으로써 삼위일체인 신의 내적인 생명을 함께 나누게 됩니다.

부케티츠 신학자들과 과학자들 간의 개방도 중요하지만, 물리학과 생물학 간의 차이점에 대해서도 짚어봐야 할 것 같군요. 제가 보기엔 생물학보다 물리학이 종교적인 것에 훨씬 더 열려 있어요. 거기엔 여러 가지 이유가 있을 수 있겠지만, 물리학자, 특히 천체물리학자라면 언젠가 한번은 "세계는 어떻게 생성되었을까?"라는 질문에 부딪히게 된다는 것이 가장 큰 이유겠죠. "도대체 누가 빅뱅을 일으켰을까?"라는, 비엔나 출신의 물리학자 로만 젝슬(Roman Sexl)의 질문은 정곡을 찌르고 있습니다. 이렇게 되면 우리는 이미 아주 복잡하고 어려운 문제를 건드린 게 돼요. 그런데 생물학자들은 다행스럽게도 이런 의문을 가질 필요가 없습니다. 왜냐하면 생물학자들은 물질이 이미 '원시 수프'에 들어 있는 상태에서 비로소 요리를 시작하니까요. 그 수프 안에는 이미 무엇인가가 준비되어 있어요. 따라서 그 '원시 수프'(이 책 88~89면의 내용을 참조할 것 ─ 옮긴이)에서 어떻게 생명체를 구성하는 최초의 분자들이 만들어졌는가는 종교적인 전제들을 끌어들이지 않고서도 얼마든지 설명할 수가 있습니다.

무칠러   저도 생물학에서는 사정이 다르다는 부케티츠 선생의 의견에 동의합니다. 그 점은 신체와 정신의 문제를 다루는 생리학에서도 마찬가지예요. 두뇌생리학자들은 대체로 종교적인 질문들에 대해 논의할 용의가 없어요. 반면에 물리학에서는, 100년 전이라면 상상조차 못했을 신에 관한 문제를 다루고 있지요. 그런데 신학 쪽에서는 유감스럽게도 소수의 신학자만이 그런 대화에 참여하고 있을 뿐입니다.

마이어 아비히   그런 문제라면 철학자들도 어느 정도 힘을 보탤 수 있을 것 같군요. 대부분의 철학자는, 자신들이 다루어야 할 것은 사회적인 문제, 인간의 근본적인 문제이므로 자연에 관한 문제는 전적으로 과학자들의 몫이라고 생각하지요. 그러나 이제 그런 시대는 지났습니다. 물론 지금까지 진행된 물리학과 신학의 대화도 여전히 분야 간의 '분업'이라는 면모가 없진 않아요. 지금 우리는 자연에 대한 문제를 단순히 과학자들과 기술자들에게만 맡겨놓을 수 없는 형편에 처해 있습니다. 물리학을 반대해서가 아니라, 세계를 세련되게 다루는 일까지 물리학 혼자서 떠맡을 순 없기 때문이에요. 그런 일은 신학자들과 우리네 철학자들은 물론이고 다른 분야의 인문과학자들도 함께 고민해야 할 과제예요. 그게 바로 우리의 임무고, 또 실제로도 그런 요구의 목소리가 높습니다.

판넨베르크 독일에서 지난 수십 년간 진행된 물리학과 신학의 대화에서 부족했던 것이 바로 철학의 참여입니다. 철학은 자연에 대한 고찰이라는 면에서 탁월한 전통을 가지고 있는데도 말입니다. 애석하게도 20세기의 물리학자들은 철학적인 문제에 그다지 밝지 못해요. 신학과의 대화를 위해 필요한 물리학의 역사에 대해서도 마찬가지고요. 독일의 경우 신학과 물리학의 대화가 어느 단계에 이르러 더 이상 진전을 못 보고 정체되어 있는 것도 의미 있는 대화를 위한 필수조건이라 할 철학의 참여가 부족한 탓이 크다고 생각합니다. 미국에서는 상황이 좀 다르죠. 미국의 이른바 '과정의 철학'(philosophy of process)은 원래는 19세기 말 프랑스에서 시작된 것인데, 미국에서는 화이트헤드(Alfred North Whitehead)[17]가 그 전통을 이었습니다. 뛰어난 수학자이기도 했던 그는 철학적인 우주론을 쓴 20세기의 몇 안 되는 철학자 가운데 한 사람이었지요. 화이트헤드가 제기한 문제들은 미국의 자연과학자들 사이에서 진지하게 검토되었고, 이것이 기폭제가 되어 미국에서 분야 간의 대화가 열리게 되었습니다.

독일에서는 제2차 세계대전 이후 바이츠제커(Carl Friedrich von Weizsäcker)와 같은 사람들의 노력으로 신학과 물리학의 대화 모임이 생기게 되었지요. 물리학자들이 신학자들과 대화를 하게 된 직접적인 원인은 핵무기로 야기된 문제들이었습니다. 처음에는 괴팅겐에서 여러 해 동안 대화가 지속되어 많은 성과를 거두었고, 하이델베르크와 카를스루에에서 그 뒤를 이었지요. 독일에서는 최근 들어 이런 대화의 열기가 수그러든 반면, 미국에서는 자연과학과 종교의 대화를 지원하는 대규모 기금의 주도 아래 곳곳에 연구소가 세워지고 있습니다.

뒤르 몇십 년 전부터 물리학자들이 철학에 관심을 가지게 된 것은 그들이 받은 충격 때문이에요. 과학자들은 기계론적 세계관으로 모든 것을 설명할 수 있다고 믿었지만, 그렇게 되지 않았지요. 이제는 생물학자들이 그와 비슷한 자신감에 가득 차, 머지않아 생물과 관계된 모든 것을 완벽하게 설명해낼 수 있으리라고 생각하고 있어요. 그러나 그들도 조만간 같은 충격을 경험하게 될 겁니다.

마이어 아비히 신학자들이 자연과학자들에 대한 두려움을 떨쳐버리고, 자연과학자들 역시 종교에 대해 갖고 있던 생각의 틀을 활짝 열어 신학자들과 대화를 나누는 단계에 우리가 와 있기를 바랍니다. 저는 신학이 좀 더 비판적인 입장에 서고, 자연과학이 그런 비판에 귀기울여주었으면 해요. 아직은 그런 단계라고 할 순 없지만, 그 직전에 와 있다고 봅니다.

자연과학으로
인식할 수 있는
세계의 범위

**자연과학이 도저히 넘을 수 없는 인식의 한계가 있을까요?
자연과학의 인식이 미치지 못하는 부분과 종교에서
이야기하는 '세계의 저편' 사이에는 어떤 관계가 있을까요?**

뒤르   저는 자연과학이 넘을 수 없는 인식의 한계가 있다고 확신합니다. 제가 보는 자연과학의 한계는 거의 본원적인 거예요. 어떤 질문이 우리 과학자들에게 주어지면, 우리는 우선 그 질문이 검증할 수 있는 것인지, 다시 말해 과학으로 설명할 수 있는 범위에 있는지를 판단해야 하지요. 질문이 그런 범위를 넘어선다면 우리는 그 질문에 답할 수가 없게 되고, 다른 누군가가 대신 답변을 떠맡아야 합니다.

마이어 아비히   지식의 한계를 묻는 질문은 긴 역사를 가지고 있지요. 한 예로 뉴턴과 벤틀리 주교 사이에 맺어졌던 약속을 들 수 있겠군요. 두 사람은 물리학이 어디까지를 담당하고 신학이 무엇을 다루어야 하는지에 대해 합의를 본 적이 있습니다. 당시 뉴턴은, 태양계가 어떻게 생성되었는지를 물리학적으로 설명하기란 불가능하고 또 앞으로도 그 문제를 결코 해결할 수 없으리라고 생각했지요. 그래서 그는 태양계의 생성에 관한 한 신학자들이 담당해야 할 문제라는 뜻을 밝혔습니다. 우주가 현재 '어떻게 움직이고 있는지'는 물리학자가 설명해야 할 일이지만, 이 아름다운 우주가 '어떻게 생겨났는지'는 신학의 창조론이 간단히 설명할 수 있다는 것이었지요. 그 뒤 몇십 년이 지나지 않아 칸트는 태양계의 생성에 관한 최초의, 그리고 그 근본적인 내용에서는 오늘날까지도 유효한 이론을 내놓았지요. 신학자와 물리학자의 관계는 언제나 그런 식이었습니다. 얼마 동안은 물리학자가 물리학과 신학의 영역 간의 일정한 경계를 인정하다가, 어느 순간에 가면 다시 그 경계를 넘어서고 마는 것이지요. 이런 식으로 신학자 쪽이 계속 수세에 몰렸던 겁니다.

그렇지만 저는 과학의 한계가 있는가라는 문제의 제기 자체가 잘못되었다고 봐요. 이런 질문을 받았을 때, 이러이러한 것까지는 우리가 설명할 수 있고, 나머지는 신학자들의 몫이라는 식으로 말할 수는 없는 거예요. 과학의 한계는 바로 그것이 과학이라는 데 있습니다. 과학은 대상을 객관화하는 과정을 바탕으로 하는데, 바로 대상을 객관화한다는 단순한 사실이 과학이 안고 있는 한계라는 거지요. 과학은 인간이 객관화할 수 있는 모든 것을 인식할 수 있고, 따라서 객관화가 가능하지 않으면 인식의 대상이 될 수 없어요. 말하자면, 과학의 한계란 과학이 안고 있는 근본적인 한계란 뜻이지요. 그렇다고 해서 과학의 모든 분야가 대상의 객관화만을 통해서 이루어진다는 뜻은 아닙니다. 객관화가 아닌 다른 원칙을 가진 과학도 얼마든지 상상해볼 수 있겠죠. 오늘날에는 종래의 물리학이나 자연과학처럼 세계를 객관화하지 않고 총체적으로 세계를 관찰하는 일종의 대안 과학에 대해서도 논의가 되고 있고요. 물론 그런 과학도 언젠가는 종래의 과학이 했던 똑같은 질문을 또다시 던지게 되겠지만 말입니다.

무췰러 글쎄요. 벤틀리와 뉴턴의 문제는 그렇게 간단하게 넘어갈 문제가 아니라고 생각합니다. 그건 다음과 같은 이유 때문이죠. 뉴턴은 태양계가 생성될 당시의 초기 조건을 설명할 수 없었습니다. 그런 사정은 오늘날에도 마찬가지고요. 태양계를 포함하고 있는 더 큰 규모의 천체조직을 출발점으로 한다면 태양계가 생성될 당시의 상태를 추론해낼 수 있겠지요. 하지만 그 경우 우리가 규모가 더 큰 그 천체조직에 대해 완전히 알지 못한다면, 태양계 생성의 필연적인 과정은 불확실해지고, 모든 조건들은 우연한 것이 되고 맙니다. 이렇게 초기 조건에 대한 질문을 그보다 상위에 있는 천체조직에 대한 질문으로 미룰 수는 있지만, 그런다고 문제가 완전히 해결되지는 않습니다. 어느 시점에선가는 또다시 태양계 생성의 필연적인 과정을 설명할 수 없게 되니까요. 바로 이런 점이 물리학적으로 세계를 설명하려 할 때 부딪히는 한계지요. 말하자면 우리는 한계를 넘어선다기보다는 옮겨 놓고 있을 따름입니다.

마이어 아비히 어떤 사물의 생성을 둘러싼 '최초의 상태'를 알 수 있다면, 자연과학은 우리가 알고 있는 법칙을 동원해서 그 사물의 발생을 설명할 수 있습니다. 그러나 그 최초의 상태가 왜 그런 모습이었는지는 설명할 수 없어요. 어떤 사물의 생성을 둘러싼 최초의 상태에 도달하면, 우리는 무췰러 선생이 이야기한 대로 그 '초기 조건' 또한 전혀 필연적이지 않다는 사실에 부딪히게 됩니다. 그러나 그 초기 조건을 설명할 수 없다고 해서, 그 문제를 신학자에게 맡길 필요는 없다고 봅니다. 그 대신 우리는 그 문제를 '우연한 조건으로 이루어진 상태'로 내버려두면 되는 것이지요. 그것이 곧 과학의 한계를 뜻하는 것은 아니라는 점은 우리가 이미 지적한 바 있고요.

무췰러　여러분도 아마 요즈음 한창 회자되는 인간 원리(anthropic principle)에 대한 논쟁을 알고 있을 줄 압니다. 그 법칙은, 우연한 '자연의 상수(常數)들'을 물리학 법칙들로부터 유도해낼 수 없다고 말하지요. 그런 상수들의 값이 조금이라도 달랐다면, 지금과 같은 세계는 있을 수 없었을 거라는 얘기지요. 생명이고 뭐고 아무것도 없었으리라고 말입니다. 그런 견해를 가진 사람들은 현재와 같은 상태를 가능하게 한 것은 신의 섭리라고 주장합니다. 저는 그 인간 원리를 대변하는 입장은 아닙니다만, 세계의 우연성 뒤에 신의 역사(役事)가 있다고 보는 견해도 존중해야 한다고 생각해요. 물론 그런 생각이 사실이라고 증명할 수는 없지만, 그렇다고 모순이라고 증명할 수도 없으니까요.

판넨베르크　오랫동안 사람들은 자연법칙이 영원불변하다고 믿었습니다. 그러나 시간에 관계없이 언제나 타당한 수학공식을 두고서나 그렇게 말할 수 있겠지요. 자연의 법칙이란, 그에 앞서 있어야 하는 초기 조건을 응용함으로써 얻을 수 있는 것입니다. 이 말은, 자연법칙은 영원불변한 것이 아니라, 그런 초기 조건이 주어져 있는지 여부에 따라 좌우된다는 뜻이죠. 적용되는 영역도 없이 그 자체로 존재하는 자연법칙은 없어요. 어떤 법칙이 적용되는 영역은 우주의 역사가 흘러가는 과정에서 생겼다고밖에 말할 수 없다고 봅니다. 그 말은, 수학공식들이 영원히 옳기는 하지만 그 공식들 역시 적용되는 영역을 갖는 자연법칙이기 때문에 자신이 관계를 맺고 있는 구체적인 영역으로부터 완전히 독립되어 있진 않다는 뜻이지요.

뒤르 글쎄요, 판넨베르크 선생님의 의견에 저도 동의하고 싶긴 하지만, 입증된 이야기들은 아닌 것 같군요. 저도, 자연법칙들이 원래부터 있었다기보다는, 결국에는 진화의 과정 속에서 세계가 스스로를 만들어나가는 가운데 형성되었다는 의견에 상당히 마음이 끌리는 게 사실입니다. 그러나 그럴 수 있다고 생각은 합니다만, 지금으로서는 꼭 그렇다고 말하기는 어렵군요. 그건 하나의 가능성이 아닐까요?

왜소하기 그지없는 우리 인간들이지만 이렇게 질문을 던지다 보면 그래도 언젠가는 그 거대한 우주를 온전히 파악할 수 있을까요?

뒤르 영원히 불가능할 겁니다. 인간은 작은 하위체계에 지나지 않고, 모든 체계는 자신보다 하위에 있는 체계만을 파악할 수 있을 뿐, 상위에 있는 체계를 이해한다는 것은 불가능합니다. 그게 바로 우리의 한계예요. 우리는 우리의 사고에 의존할 수밖에 없는데, 우리의 사고는 우주라는 문제를 다루기에는 너무나 유치합니다. 그렇다고 저는 인간이 그런 큰 문제를 해결할 수 없다는 사실에 낙담하고 싶진 않군요. 마이어 아비히 선생께서 지적했듯이, 우리의 바람은 우리 주변의 문제를 해결하는 일이고, 그 정도의 과제라면 우리의 이성만으로도 충분할 테니까요.

판넨베르크 우리가 스스로를 얼마나 위대한 존재로 생각하든 간에—사실 위대한 면이 없는 건 아닙니다만—우리 인간들은 어디까지나 아주 제한된 존재예요. 이 점을 잊어서는 안 됩니다. 우리가 이렇게 제한된 존재임에도 불구하고 끊임없이 우주 전체에 대한 질문을 던지는 이유는, 그것이 인간의 본능이기 때문이죠. 그렇지만 우리가 우주에 대한 질문을 던질 때 어디까지나 제한된 존재로서 묻고 있다는 사실을 간과해선 안 됩니다. 어차피 우리는 신이 아니니까요. 인간이 자신을 신이라고 착각할 때 불행이 따르기 마련이지요. 그렇게 착각하는 것 또한 우리 인간들의 타고난 성향이기도 할 테지만요.

신학과 과학이 반드시 대립적인 것은 아니다

로마 교황청은 1891년에 로마 근교의 카스텔 간돌포(Castel Gandolfo)에 천문대를 세워 운영해오고 있다. 이 천문대를 세운 목적은, 바티칸이 자체적으로 천문학을 연구하고, 그를 통해서 신앙과 과학 사이에 반드시 갈등이 있어야 하는 것은 아님을 보여주려는 것이다. '신, 과학, 인간'을 주제로 하는 이 대화가 토스카나에서 시작되기 전에, 천문대의 책임자인 조지 V. 코인(George V. Coyne) 신부는 신과 과학에 대해 다음과 같은 견해를 밝혔다.

조지 V. 코인 신부 바티칸 천문대가 세워지게 된 건 어떤 장기적인 계획을 통해서가 아니라 역사적 사건들의 결과였습니다. 교회가 과학자들을 신앙으로 끌어들이기 위해 과학이라는 분야에 진출하려고 한 것은 결코 아니었고, 그런 의도를 가져본 적도 없습니다. 천문대를 설립하는 계기가 된 역사적인 사건은 1582년 교황 그레고리오 13세에 의해 시행된 달력의 개혁이었어요. 소위 오늘날 사용하는 그레고리력이 시작된 거지요. 교황은 부활절, 성주간(그리스도의 수난을 기념하는, 부활절 전의 한 주간 – 옮긴이), 회교의 라마단(Ramadan: 이슬람력의 제9월로서, 이슬람교에서 '코란'이 계시된 달 – 옮긴이) 등과 같이, 원래는 봄에 돌아와야 하는 종교행사들이 겨울에 치러지고 있었기 때문에 이를 바로잡기 위해서 달력을 개혁하도록 했습니다. 이를 계기로 해서 교회가 천문학의 연구에 참여하게 되었지요. 그뒤 400년 동안 교황들은 교회의 천문학 연구를 지원해왔습니다. 그러다가 1891년에 이르러 교황 레오 14세가 바티칸 천문대를 설립하도록 했어요. 그래서 먼저 성 베드로 대성당의 뒤편에 천체망원경이 설치되었지요.

레오 14세가 천문대를 설립하도록 한 것은 선임 교황들의 오랜 전통을 이어나가려는 목적도 있었지만, 무엇보다도 이를 통해서 종교와 과학의 갈등을 극복할 수 있기를 기대했기 때문입니다. 그래서 교황은 성직자들에게 천문학 연구의 과제를 맡겼고, 그럼으로써 과학과 종교가 공통의 합의점에 도달할 수 있으리라는 희망에 힘을 보탰습니다. 레오 14세의 시대는 유럽에서, 그중에서도 특히 이탈리아에서 교회에 대한 반감이 강하게 일어나고 있던 때였습니다. 교회와 시민사회 간에는 팽팽한 긴장이 흐르고 있었고, 교회의 반지성적 행태를 비난하는 여론이 들끓고 있었죠. 그런 비판의 상징적인 근거가 된 것이 바로 갈릴레이의 지동설 사건이었습니다. 레오 14세는 교회가 물질적인 세계에 대해 새로운 관점을 가지게 되었음을 보여주려 했습니다. 그래서 몇몇 성직자에게 천문학을 연구하라는 책무가 맡겨졌고요. 갈릴레이, 뉴턴, 데카르트를 비롯해서 근대 과학이 태동하던 시기의 천재들의 삶을 살펴보면, 그들이 상당히 종교적인 사람들이란 사실을 알게 됩니다.

바티칸 천문대는 바티칸이 운영하는 유일한 과학연구 기관입니다. 천문대에는 조금 구식인 망원경이 두 대 있는데, 교육용으로도 사용되고 있지요. 여름에는 젊은 천문학도들을 위한 연수과정을 개설하고 있고, 학생들이 정기적으로 단체관람을 오기도 합니다. 1995년에는 목성 근처를 지나는 슈메이커-레비 혜성을 관측하기도 했지요.[18] 해가 질 때 녹색의 섬광을 발하는 이른바 '그린 플래시'(green flash) 현상을 발견하기도 했고요. 그 현상이 착시에 의

한 것이 아님을 증명하는 최초의 사진도 우리 망원경으로 찍은 겁니다. 그 이래로 '그린 플래시'는 지구 대기가 빛을 차단해서 일어나는 현상으로 설명되고 있지요. 몇 해 전 우리는 미국의 애리조나 주에 있는 사막에 초현대식 망원경을 설치하고, '바티칸 첨단기술 망원경'(Vatican Advanced Technology Telescope)이라고 이름 붙였습니다. 이제 그 망원경을 통해서 해상도가 아주 높은 사진을 찍을 수 있게 되었어요.

우리는 과학자입니다. 따라서 우리의 가장 큰 관심사는 연구이지요. 예를 들어, 저는 소위 이중성(二重星, double star: 육안으로 보면 하나로 보일 정도로 서로 가깝게 붙어 있는 두 개의 항성 – 옮긴이)과 그 질량을 연구합니다. 제 동료 한 사람은 천체물리학이 전문인가 하면, 은하계의 구조를 연구하는 친구도 있습니다. 그런 연구가 우리의 직무 중에서 가장 중요한 것들이에요. 우리는 신학과 철학도 아울러 배웠기 때문에 거기서 제기되는 종교적인 질문들에 대해서도 무관심하지 않습니다.

역사적으로 과학과 종교 사이에는 언제나 대립이 있었어요. 그런 대립은 근대 과학의 출발과 더불어 시작되었지요. 당시 종교적인 심성을 가진 과학자들은 과학을 연구하는 것처럼, 합리적이고 결정론적인 법칙들을 통해서 신앙의 근거를 설명하려고 했어요. 그러나 그것은 불가능한 시도였습니다. 그런 노력이 실패에 부딪히자 무신론이 고개를 들었고, 교회와 과학 간의 대립의 골은 더욱 깊어졌지요. 저는 신부인 동시에 과학자이기 때문에, 신학뿐만 아니라 과학에서도 극적인 변화들이 있었다는 걸 잘 압니다. 이제 과학은 우주를 더 이상 자연법칙과 같은 신이 부여한 계획에 따라 한 치의 오차도 없이 움직이는 기계라고 생각하지 않게 되었지요.

오늘날 양자물리학에서는 '불확정성 원리'(uncertainty principle: 독일의 물리학자 하이젠베르크가 제창한 것으로, 입자의 위치와 운동량을 동시에 정확하게 측정할 수 없다는 원리 – 옮긴이), 복잡성(complexity: 유기체의 자기조직화 과정에는 수많은 화학반응이 비선형적으로 연결되어 일어난다는 사실을 설명하는 신과학 용어. 복잡성 이론은 종래의 과학적 인식의 틀을 벗어나, 선형이 아닌 비선형, 부분이 아닌 전체, 기계론이 아닌 관계와의 상호 작용, 연속성이 아닌 불연속성, 환원이 아닌 종합을 통해서 사물을 인식하고자 하는 것이 특징이다 – 옮긴이), 카오스 등과 같은 개념이 관심을 끌고 있습니다. 이런 것들이 오늘날 과학의 세계에서 중요하게 다루어지고 있는 개념인데, 이들 개념에 따르면 진화는 이미 정해진 길이 있어 그 길을 그대로 따라가는 게 아니라고 합니다. 물리학적으로뿐만 아니라, 생물학적으로도 말이죠.

진화는 어떤 방향으로 진행되다가 벽에 부딪히고, 그러면 다시 다른 방향을 택해서 계속 전진하다가 또다시 막히고 하는 과정을 수없이 거쳤습니다. 진화가 진행되는 동안에는 급격한 성장의 단계도 있었고 완만한 발달의 시기도 있었지요. 지구가 존재한 이래로 유성과의 충돌이나 그 밖의 천재지변에 의해서 생명체가 전멸한 사건이 적어도 세 번 이상 있었습니다. 다시 말해서, 생명체의 탄생은 결정론에서처럼 미리 정해져 있는 과정에 따른 것이 아니라는 이야기예요. 그것은 오히려 우연의 힘에 좌우되는 혼돈스러운 발생이었어요. 진화에는 일정한 방향이 있기도 하지만, 우연히 일어나는 일도 많습니다. 따라서 진화가 어떻게 진행될 것인가에 대해서는 우리가 믿는 것처럼 그렇게 많은 것을 예측할 수는 없습니다.

다른 한편으론 신학도, 신앙을 순수하게 합리적인 바탕 위에 구축할 수 없다는 사실을 깨달으면서 방향을 새로이 하게 되었습니다. 그러니까 신학과 과학 양측 모두 개방적인 자세를 취하게 된 거지요. 그동안 두 분야 간의 대화는 많은 결실을 맺어왔고, 이제는 아주 다양한 내용으로 전개되고 있습니다. 우리 학자들은 그 대화가 학문적인 수준을 유지하도록 노력하고 있어요. 그 대화가 서로 다른 종교 사이에서 벌어지는 논쟁처럼 흘러가지 않도록 주의하고 있다는 뜻이지요. 과학 쪽에서는 생물학, 물리학, 천체물리학 등을 연구하는 학자들이 대화에 참여하고 있습니다. 그리고 신학자와 철학자도 이 모든 분야가 공동으로 관심을 가지고 있는 질문을 논의하기 위해 자리를 함께하고 있고요. 모든 분야가 공동으로 관심을 가지고 있는 질문이란, 예를 들면, 과학에서 생각하는 우주의 기원과 종교적인 혹은 성서적인 관점에서 주장하는 우주의 창조에 대한 질문 같은 거죠. 마찬가지로 진화라는 주제 또한 예전처럼 일방적으로 과학의 입장에서만 관찰하는 것이 아니라, 신이 인간을 창조했다고 믿는 사람들의 관점에서도 다루어집니다.

이 두 가지 서로 다른 관점이 어떻게 합의점에 도달할 수 있을까요? 어떻게 하면 우리가 양쪽 모두에게 도움이 되는 관점을 이끌어낼 수 있을까요? 우리가 추구하는 게 바로 그런 겁니다. 그렇지만 자신의 분야에서 탁월한 능력을 가지고 있으면서 동시에 다른 분야에 대해서도 관심을 가지고 있는 사람을 찾기란 여간 어렵지가 않지요. 그런 종류의 대화를 만만찮은 수준으로 끌고갈 수 있을 만큼 여러 학문에 두루 통달한 사람은 극소수에 불과하니까요. 하지만 어쨌거나 그런 대화는 매력적인 작업이고, 그런 전통을 계속 가꾸어가는 게 우리의 바람입니다.

2

생명

우리는 짙은 초록의 자연으로 둘러싸인 토스카나의 별장, '팔라초 디 피에로'(Pallazo di Pierro)의 풍요로운 정원에 앉아 있다. 멀리 풀을 벤 들판이 밝게 빛나고, 건초더미들 사이로 개양귀비가 붉고 여린 꽃잎을 숨기며 바람을 피한다. 이어지는 들판에는 해바라기들이 해를 향해 꼿꼿이 서 있다. 오래된 나무 한 그루가 유유히 허리를 굽혀 우리가 앉은 자리 위를 덮고 있다. 대화에는 간간이 새소리가 끼어들고, 금방 깎은 풀냄새를 맡으며 우리는 자연의 힘찬 생명력에 휩싸여 있음을 느낀다. 무모하리만치 용감한 모험가들만이 그런 생명력을 느낀다던가. 그러나 생명력이란 그런 극한상황에서만 드러나는 것은 아니다. 우리가 의식하는 일상의 작은 순간들에도 원초적이면서도 뭐라 이름할 수 없는 생명력이 숨쉬고 있어서 우리가 세상을 경험하는 바탕이 된다. 하지만 이미 너무나 많은 사람들이 이런 생명력을 감지하기에는 지나치게 둔감해진 것은 아닐는지.

생명은 우리를 기쁨으로 들뜨게 하고, 우리의 내면에 소용돌이를 일으키며, 우리로 하여금 행동하고 즐기게 한다. 누군가 죽으면 우리는 생명이 사라져가는 것을 보며 슬퍼한다. 생명은 한 줌의 숨결이고 힘이며, 우리의 육체를 떠날 때 오히려 자신의 권능을 강하고 당당하게 증명해 보인다. 그런 모습을 보며 우리는 "영혼이 육신을 떠난다"는 말이 무슨 뜻인지 이해하게 된다. 그렇지만 그것은 두려워할 일은 아니다. 생명은 왔다가 가는 듯 보이지만, 사실은 늘 우리 곁을 보호막처럼 감싸고 있다. 생명은 우리가 믿을 수 있는 힘, 우리를 이끌고 가는 힘, 그래서 고맙게 받아들여야 하는 힘이다. 생명의 힘은 봄에는 힘차고 당당하게 자신을 드러내다가 가을이 오고 겨울이 되면 뒤로 물러서는 듯 보이지만, 그것은 오히려 새봄의 놀라운 등장을 위한 준비일 뿐이다. 그 누구도 생명의 숨을 막을 수 없다. 생명은 강하고, 확고하며, 모든 것을 끌어안는다.

생명은 우리를 다른 모든 사물과 이어준다. 그래서 주위의 사물들이 향유하는 삶의 기쁨은 전염되듯 금방 우리에게로 전해진다. 우리는 공원에서 천진난만하게 놀고 있는 강아지들을 보며 절로 웃음 짓고, 작은 벌들이 꽃가루를 모으는 모습에 감동하며, 개미떼의 질서정연한 움직임에 놀라움을 금치 못한다. 우리는 천성적으로 많은 것을 부지런히 느끼고 체험하는 사람을 두고 "생기가 넘친다"고 말한다. 우리는 작고 하찮아 보이는 생물을 관찰하면서, 식물이 싹을 틔우고 꽃을 피워 흐드러지다가 시드는 모습을 보면서, 생명을 경험한다.

이렇게 생명을 느끼고 꿈을 펼쳐가면서 삶의 행복을 경험하고 싶다면, 우리 자신도 생명에 숨어 있는 기본법칙을 받아들여야 한다. 생명의 시작과 형성에 어떤 비밀이 숨어 있든, 그 생명에 어떤 이름을 붙이든, 개인적으로 생명을 어떻게 이해하고 대하든 간에, 생명은 가장 위대하고 매혹적이며 불가사의한 현상이다. 생명이 무엇을 뜻하는지를 내면으로 느끼게 된다면, 그것은 일생일대 최고의 경험이 될 것이다. 이제 독자들도 다섯 학자들이 토스카나에서 나눈 사흘간의 대화로부터 영감을 얻어, 헤아릴 수 없이 다양한 모습으로 우리 앞에 펼쳐져 있는 생명을 이해해보자.

생명은 '무'(無)가 '무엇인가'로 되려는
노력이다.

_크리스티안 모르겐슈테른

생명의 발생이야말로
모든 신비 가운데
가장 신비스러운 것이다.

_찰스 다윈

생물학자들에게
생명이란?

생명이란 무엇인가요?

부케티츠　생물학의 관점에서 생물과 무생물을 구분하는 데는 몇 가지 기준이 있습니다.

첫째는 유전의 원리입니다. 자신을 만든 '설계도'를 다음 세대에게 전달해주는 체계를 갖추고 있어야 생물이라고 할 수 있다는 것이죠.

둘째는 생육의 원리, 셋째는 그와 연결된 대사(代謝)의 원리입니다. 생물은 주변의 물질을 섭취해서 에너지로 바꿉니다. 생물은 이른바 '열린 조직'이에요. 이 말은, 생명이 외부의 물질을 섭취함으로써 생명으로서의 기능을 유지하고 성장한다는 뜻이죠.

넷째는 그 구조가 목적에 맞게 조직되어 있는가 하는 겁니다. 생물체를 구성하는 모든 기관과 세포는 서로 일정한 기능을 나눠 갖도록 짜맞추어져 있습니다. 각각의 기관은 전체 조직 안에서 꼭 있어야 하는 바로 그 자리에 있지요. 그렇지 않으면, 생물체 전체가 뒤죽박죽이 되어 제대로 기능을 발휘할 수 없습니다. 그래서 사람들은 '생물 목적론'[19]이라는 이야기를 합니다. 한 생물체의 모든 기능과 행동은 자기 자신을 유지한다는 목적에 맞게 이루어진다는 거지요. 이렇듯 계획에 따라 기능을 수행할 수 있게 해주는 것이 바로 유전자 정보입니다.

　다섯째로 자기조절의 원리를 들 수 있습니다. 생물은 어느 정도까지 자기 스스로를 조절해서 외부의 방해 요소를 차단하는 능력이 있지요.

　이런 것들이 오늘날 생물과 무생물을 구분할 때 핵심이 되는 기준입니다. 이밖에 '성장'을 하는가도 기준에 넣을 수 있겠지만, 그러면 수정이나 고드름도 자란다고 할 수 있으니 이의가 제기될 수 있겠지요. 물론 수정과 고드름의 성장은 물질이 단순히 축적되는 것인 반면, 생물의 성장은 유전자 안에 있는 설계도에 따라 내면으로부터 이루어지는 것이라는 차이가 있습니다. 이러한 생물학적인 생물의 정의는 이미 알려진 기준들을 토대로 생물과 무생물을 구분하고 있습니다. 물론 이것은 철학적인 생명의 정의와는 다릅니다. 그저 우리가 생명체에서 경험적으로 확인할 수 있는 속성들일 뿐이지요.

　생물학이 연구하는 것은 '생명 그 자체'—이 말이 무슨 뜻이든 간에 말이죠—가 아니라, 생명 현상 가운데 우리가 경험적으로 파악할 수 있는 내용입니다. 생명의 발생을 설명하려는 노력은 이미 수천 년 전부터 내내 있었어요. '최초의 탄생'을 둘러싼 고대의 이론들, 생명이 땅이나 진흙, 모래 등에서 돌발적으로 발생했으리라는 생각 등이 그런 노력의 출발이지요. 그런 추측에서 출발하여 오늘날 생화학이나 생물물리학에서 설명하는 생명의 기원에 대한 모델이 만들어지게 되었습니다. 물론 우리는 살아 있는 세포가 최초로 탄생하는 광경을 지켜보진 못했죠. 따라서 자연과학자인 우리로서는 자연과학의 방법으로 재구성한 모델을 토대로 생명의 기원을 설명할 수밖에 없습니다.

생명의 탄생을 설명하는 모델 가운데 오늘날 가장 널리 통용되는 모델이 그 모습을 드러낸 것은 지난 1920~30년대였다. 러시아의 생물학자 알렉산드르 오파린(Aleksandr I. Oparin)은 생명이 물리학적, 화학적 과정을 거쳐 자연적으로 발생했으리라는 생각을 밝힌 최초의 사람이었다. 메탄, 암모니아, 수소 등의 혼합물이 벼락, 화산 폭발의 열, 자외선, 방사선 등으로 생겨난 대량의 에너지와 합쳐져서 생물체를 구성하는 기본물질이 만들어졌고, 이 혼합물이 원시 바다 속에서 합성 작용을 일으킴으로써 마침내 최초의 유기체가 탄생했다는 것이다. 그로부터 몇 년 뒤 영국의 생물학자 홀데인(J. B. S. Haldane)도 비슷한 이론을 발표하면서, 이 원시 바다를 "뜨겁고 묽은 죽"으로 표현했다. 두 과학자가 가정한 생명 탄생의 초기 상황은 나중에 "원시 수프 이론"이라는 재미있는 말로 불리게 되었다.

이 이론을 실험으로 증명한 것은, 화학을 전공하던 스탠리 밀러(Stanley Miller)와 그의 박사과정 지도교수인 해럴드 유리(Harold Urey)가 1953년에 행한 이른바 '밀러-유리 실험'이었다. 두 사람은 원시 대기가 메탄, 암모니아, 수증기, 수소로 이루어져 있었으리라고 추정하고, 이들을 섞어 '원시 대기'를 복원했다. 그리고 이 혼합물을 인공 번개에 노출시킨 다음 냉각기에 통과시켜 응결시켰다. 이렇게 만들어진 액체를 가열하여, 바다 표면에서 이루어지는 수분 증발 현상이 재현되도록 했다. 실험이 일주일쯤 진행되자 붉은 색의 액체가 만들어졌는데, 이 액체에는 아미노산이라고 불리는 다량의 유기 분자가 들어 있었다. 유기분자는 탄소를 가지고 있고, 탄소는 수소 원자 등과 결합하여 복잡한 구조의 분자를 만드는 성질이 있다. 그래서 탄소 원자는 생물체의 기본물질로 통한다. 밀러-유리 실험에서와 같은 과정이 지구상에서 약 40억 년 전에 일어났고, 그 결과 생명이 탄생했을 것이다.

'원시 수프' 이론을 바탕으로 하는 생명 이론 가운데 가장 최근의 것은 독일의 노벨상 수상자인 만프레트 아이겐(Manfred Eigen)의 이론일 것이다. 그의 이론은 이미 분자가 형성되는 단계에서부터 '자연선택'이 이루어진다는 생각에서 출발한다. 이 이론에 따르면, 분자 간의 경쟁, 그리고 분자 형성 단계에서 일어나는 자기 강화 과정이 장기간 계속되어 핵산(核酸, nucleic acid)이 생겨나게 된다. 이런 일련의 과정을 아이겐은 '초사이클'(hypercycle)이라고 부른다. 이 이론의 난점은, 현존하는 생명체들은 분자의 화학반응을 위해 핵산이 아닌 단백질이나 효소를 촉매로 사용한다는 데 있다. 따라서 핵산은 처음부터 단백질 생성에 필요한 정보를 가지고 있어야 하는데, 그럴 경우 핵산이 거의 생명체의 조건을 갖춘 것이라는 결론이 나온다. 이렇게 보면, 초사이클의 생성은 거의 상상할 수도 없는 우연의 결과가 된다.

원시 수프 이론에 맞서는 것으로는 뮌헨 출신의 화학자 귄터 베히터스호이저(Günter Wächtershäuser)의 이론이 있다. 그의 이론에 따르면, 생명은 유기 분자를 함유한 '원시 수프'에서 생기는 것이 아니라, 핵산이나 단백질 어느 것도 필요 없는 단순한 화학반응에서 만들어진다. 분자들이 이산화탄소와 결합해서 덩치가 커지다가 어느 시점부터 다시 분열하는 화학반응 과정이 되풀이되는 가운데 최초의 생물체가 생겼다는 것이다. 이 과정은 촉매의 작용으로 유지, 가속된다고 한다. 베히터스호이저는 이런 화학반응에서 개체의 '증식'(增殖)과 개체 간의 '상이'(相異)라는, 생명체의 최소 기준이 되는 현상을 발견했는데, 이것은 일종의 자연선택의 시작이라고 볼 수 있다.

유황 성분의 해저 온천수 또한 원시 유기체의 형성을 위한 환경이 된다고 한다. 과학자들은 뜨거운 온천수에서 그런 추측을 입증해주는 '원시 박테리아'를 발견하기도 했다.

생명체가 우주에서 온 것이 아닐까 하는 추측도 우리의 대화 중에 짚고 넘어가기로 한다. 우주에는 단순한 형태의 유기분자들이 있고, 이것이 운석이나 혜성 등에 묻어 지구에 떨어졌을 수도 있다는 것이다. 이 이론은 1969년 오스트레일리아에서 유기물질을 함유한 운석이 발견됨으로써 각광받게 되었다. 또 최근에는 화성의 암석에서 박테리아와 유사한 것이 발견되었다는 보고도 있어서 이 이론뿐 아니라 다른 별에도 생명체가 있다는 추측에 설득력을 더해주고 있다.

부케티츠   생명이 어떻게 탄생했는지를 정확하게 안다고 자신하는 사람은 아무도 없습니다. 문제는 자연과학이 어떤 방법을 동원하느냐에 달려 있을 따름이죠. 자연과학에서 행하는 실험은 양자택일의 성격을 가지고 있습니다. 그러니까 먼저 모델을 만들어놓고 그 모델로 어디까지 설명할 수 있는지, 더 설득력 있는 모델은 없는지를 가늠한다는 뜻이지요. 대안이 없으면 만들어진 모델을 고수하고 말입니다.

이런 모델 가운데는 어느 실험실에서나 가능한 실험을 통해서 만들어진 것도 있습니다. 이 실험은 특정한 화학물질들이 어떤 조건에 놓이면 서로 결합해서 자신들보다 훨씬 복잡한 물질이 된다는 사실을 보여주지요. 우리가 알고 있는 모든 생명체는 단백질과 핵산이라는 두 종류의 물질을 근간으로 하고 있습니다. 단백질은 생명을 유지하는 기능을 맡고 있고, 핵산은 유전자 정보를 저장하지요. 따라서 이 두 가지 물질만큼은 '원시 수프' 속에 들어 있어야 합니다. '자연선택'이 일어나게끔 하는 특정한 에너지 조건에서는 그런 물질들이 결합해서 더 상위의 구조물을 형성합니다. 노벨상 수상자인 화학자 만프레트 아이겐이 말하는 '초사이클'도 같은 맥락입니다. 초사이클[20]이란, 단백질과 핵산의 결합과정이 되풀이되면서 생명체의 최소 기준을 만족시키는 물질이 탄생하는 현상을 가리키지요. 오늘날 이렇게 실험실에서 만들어진 생명 탄생의 모델에 실제로 생명을 탄생시키는 조건이 포함되어 있을 가능성도 무시할 순 없습니다.

뒤르   그렇지만 자연과학의 방법으로는 생명 탄생의 본질을 파악할 수는 없어요. 우리 자연과학의 방법으로 시(詩)를 한 편 분석한다고 해봅시다. 그러면 탄소가루로 된 점들이 모여서 글자를 만들고 있는 모습이라든지, 글자가 모여 낱말이 되는 순서 같은 것들은 알 수 있겠지만, 이렇게 글자를 열심히 뜯어보는 방법을 가지고선 시의 뜻을 도저히 이해할 수가 없어요. 생명도 마찬가지입니다. 생명이란 결국 순수한 '형식'(form)이라고 생각합니다. 정말로 중요한 건 물질이 어디에 있느냐가 아니라 물질에서 무엇이 나오느냐예요. 음반에 녹음된 교향곡이 좋은 예가 되겠군요. 음반에 새겨진 홈을 현미경으로 아무리 들여다봐도, 그 홈에 교향곡이 담겨 있다는 것은 절대로 이해할 수 없어요. 그 홈에는 교향곡이 물질이 아닌 '형식'으로 담겨 있으니까요.

이것은 그대로 생명이라는 현상에 적용해볼 수 있어요. 생명체란 원래 순수한 '형식'입니다. 생명체를 두고 '상위'니 '하위'니 하는 것은, 음반에 교향곡이 실려 있느냐 유행가가 녹음되어 있느냐 하는 것과 같습니다. 음반의 홈 속에서는 결코 그것을 파악할 수 없어요. 비물질적인 것들과 마찬가지로 우리 인간은, 연약하고 신뢰하기 힘든 데다 행동을 예측하기가 어렵습니다. 그러나 바로 그렇기 때문에 우리는 창조적인 존재가 될 수 있지요. 인간은 자신보다 상위에 속하는 존재 또는 현실을 구성하는 기본요소입니다. 그런데 생명체가 왜 이런 방향으로, 왜 이런 자기해방과 자립성의 확보라는 방향으로 발달하는지는 알 수 없어요. 어쨌거나 생명은 늘 새로운 차원으로 깊이를 더해가며 발달하고 있고, 이에 우리 인간도 한몫을 하고 있습니다. 이런 방향으로 발달하다 보면, 언젠가는 우주가 스스로를 '바깥쪽'에서 관찰할 때가 올 겁니다. 신도 자신을 '바깥쪽'에서 관찰할 수 있으려면 자기 스스로가 곧 세계가 되어야 하는 건 아닐까요? 그렇게 되면 신의 존재를 증언할 증인들이 생기겠지요.

판넨베르크 저는 생물학이 유기체의 특성이나 속성을 제대로 설명해낼 수 있다고 생각합니다. 물론 그런 설명이 생명의 과정까지 밝혀내지는 못하지만 말입니다. 오래 전부터 사람들은 생명을 촛불에 비유하곤 했지요. 현대의 과학자들도 촛불이 그 외양만이 아니라 실제로 생명이라는 현상과 닮은 점이 많다는 사실을 재삼 확인했습니다. 미국의 생화학자 제프리 위큰(Jeffrey Wicken)[21]도, 유기체가 영양을 섭취해서 연소시켜야 생명이 유지된다는 점에서 생명현상이 물질의 연소과정과 닮았다고 말합니다. 촛불에서 일어나는 것과 같은 연소과정이 생명을 유지시킨다는 거지요. 초가 탈 때 생기는 불꽃만큼 우리에게 생명이 무엇인지를 생생히 보여주는 것도 아마 없을 겁니다.

신학자들에게
생명이란?

신학자들은 생명을 어떻게 이해하고 있는지요?

무횔러　신학자가 생명현상을 받아들이는 관점은 생물학자와는 다르겠지요. 물론 신학자라고 해서 우리 자신이, 살아 있음을 체험하고 생명에 대한 생물학적인 기준을 만족시키는 하나의 생명체란 사실을 도외시할 수는 없어요. 성서에서는, "나는 길이요 진리요 생명이다"(요한복음 14:6)라고 하거나 성령을 생명의 원천이라고 하면서 생명에 대한 새로운 개념을 제시하고 있지요. 바로 여기서 뒤르 선생님께서 말씀하신 "내적인 관점과 외적인 관점의 이원성"이 의미를 가지는 게 아닐까 싶군요. 우리는 스스로가 생명체이고, 따라서 신학자건 철학자건 상관없이 우리 바깥의 자연과 연결되어 있어요. 그렇지만 자연과 연결되어 있다는 것은 너무 상대적인 속성인 탓에, 그것으로 대충 자족하고 넘어갈 수가 없습니다. 생명이란 개념은 가장 어려운 개념 중의 하나입니다. 그것은 '정신의 양태'(res cogitans)와 '물질의 양태'(res extensa) 사이 어디쯤인가에 속하는 현상이니까요.[22] 기하학과 물리학으로 설명할 수 있는 순수한 물질도 아니고, 그렇다고 우리 자신에게 일어나는 정신적인 현상을 통해서 쉽게 파악할 수 있는 '정신'도 아니라는 말이지요. 이 두 극단 사이에서 헤매다보면 어느새 생명이란 개념은 저 멀리 달아나버립니다.

판넨베르크　모든 생명은 하느님의 영(靈)에서 나옵니다. 하느님의 영이라고 할 때 이 영은 '의식'이나 '이성'을 뜻하는 것이 아닙니다. 성서의 영은 '숨결' 또는 '바람'을 뜻합니다. 〈창세기〉, 그 가운데서도 2장을 보면, 하느님은 진흙으로 사람의 형상을 만들고, 거기에다 숨을 불어넣지요. 그러자 진흙으로 빚은 형상이 생명체로 바뀝니다. 무기물에 불과하던 진흙덩어리가 신의 숨결을 받자 호흡을 시작하고 생명체가 되는 겁니다. 인간뿐 아니라 모든 생명체가 그렇게 생깁니다. 성서의 〈시편〉 104장은 이렇게 노래합니다. "당신이 얼굴을 숨기시면 만물이 놀라고, 당신이 숨결을 거두시면 만물이 멸망하여 먼지로 돌아갑니다. 당신은 숨을 불어넣으시어 만물을 살리시고 땅의 모습을 새롭게 하십니다."[23](시편 104:29~30) 봄이 되면 우리 앞에 펼쳐지는 장관을 생각해보세요. 모든 것이 갑자기 자라나기 시작하지 않습니까? 그것이 바로 신의 숨결이 하는 일입니다.

　〈시편〉 104장은 또 신의 숨결을 통해서 우리 안에 들어온 생명도 영원하지 않음을 암시하고 있습니다. 신이 그 숨결을 거두어가면 우리의 생명도 다합니다. 지상에서 우리에게 허락된 생명이 신의 숨결과 영원히 이어져 있지 않기 때문이지요. 사도 바울로는 〈고린토인들에게 보낸 첫째 편지〉에서, 신의 숨결이 온전히 스며들어 있어 영원히 소멸하지 않을 생명에 대해 이야기하고 있습니다. 그런 영원한 생명은 우리가 얻고자 소망하는 생명, 그리스도교 신자들이 예수의 부활과 더불어 이미 실현되었다고 믿는 그 생명을 가리킵니다.

"야훼 하느님께서 땅과 하늘을 만드시던 때였다. 땅에는 아직 아무 나무도 없었고, 풀도 돋아나지 않았다. 야훼 하느님께서 아직 땅에 비를 내리지 않으셨고, 땅을 갈 사람도 아직 없었던 것이다. 마침 땅에서 물이 솟아 온 땅을 적시자 야훼 하느님께서 진흙으로 사람을 빚어 만드시고 코에 입김을 불어 넣으시니, 사람이 되어 숨을 쉬었다."(창세기 2:5~7)

마이어 아비히 '신의 숨결'이라는 말은 생명의 원천에 대한 아름다운 표현이에요. 그런데 제가 직접 경험하는 생명의 원천이라고 한다면, 우리를 감싸고 있는 태양의 빛과 온기를 들겠습니다. 구약성서가 '등불' 정도로 격하시키기 전까지 태양은 오랫동안 신의 눈, 심지어는 신 자체로 여겨졌지요. 신의 눈인 태양이 세계에 눈길을 주자, 그와 더불어 생명이 탄생했다는 식으로 생명의 원천을 설명할 수도 있겠고요.

신의 영이 땅에서 자라나와 나무로 들어가고, 우리가 앉은 이 자리에 그늘을 드리우고 있는 삼나무 속으로 들어가 우리 인간과 같은 생명을 나무에게 불어넣고는 우리에게 생명이 무엇인지를 묻고 있는 것은 아닐까 하는 생각이 듭니다. 간단히 말하자면, 생명은 자랍니다. 생명은 땅에서부터 자라나오고, 땅을 살아나게 합니다. 이런 모든 일이 태양의 빛 아래 이루어지지 않는다면, 나무 한 그루도 자라지 못할 것입니다. 나무는 물과 공기를 얻지 못하면 살 수 없습니다. 땅, 물, 빛이나 에너지, 공기야말로 식물이 자라는 데 꼭 필요한 것들이지요. 그런 것들이 생명의 기본요소가 됩니다. 그러니까 신도 태양의 빛 속에 살아 있고, 여기 우리를 에워싸고 있는 나무들 안에도 살아 있다고 할 수 있습니다. 자연이 온통 신의 권능으로 가득 차 있고, 우리는 그 권능을 내면으로 체험합니다. 신의 영은 돌 하나에도 살아 있고, 모든 사물에게 존재할 힘을 주며, 우리 인간에게는 그 모든 사물을 어떻게 대해야 할지 생각하게 만듭니다.

인간은 모든 피조물과의 공존을 깨뜨리지 않는 방법으로 사물을 대해야 해요. 이 잘 다듬어진 전원 저 먼 어딘가에서 하늘을 날아가는 비행기의 엔진 소리라도 들린다면, 그것은 일종의 '폭력'이 행해지고 있다는 뜻입니다. 저는 비행기를 탈 때마다, 우리가 얼마나 무지막지한 폭력을 휘두르고 있는지 생각하지 않을 수 없어요. 공기처럼 부드러운 물체를 그렇게 무자비하게 다뤄서는 안 될 텐데 말입니다.

부케티츠 철학과 생물학의 역사를 살펴보면, '생명'이라는 현상 뒤에는 '생명의 본질'이 있으리라는 견해가 끊임없이 제기되어왔다는 것을 알 수 있어요. 이 '생명의 본질'을 표현하기 위해서, 엔텔레케이아(entelecheia: '완성된 현실성'을 의미하는 아리스토텔레스의 용어. 후에는 생명체의 활력, 정신을 표현하는 말로 쓰이다가, 생물학자 한스 드리슈가 생명체 안에 있는 비물질적이고 목적론적인 힘을 가리키는 용어로 사용하여 다시 주목을 받았다 – 옮긴이), 스피리투스(spiritus: 호흡, 숨결이라는 어원을 가진 라틴어. 중세를 거치면서 물질에 포함된 비물질적인 요소, 정신, 영혼, 활기, 성령 등으로 뜻이 확대되었다 – 옮긴이), 프네우마(pneuma: 공기, 호흡을 뜻하는 그리스어. 스토아학파 철학자들에 의해, 생명과 이성을 가지고 자기 운동을 하며 모든 것을 만들어 내는 물질, 즉 모든 존재의 원리라는 뜻으로 쓰이게 되었다. 그밖에도 신, 로고스, 불 등으로 해석되기도 했다 – 옮긴이), '엘랑 비탈'(élan vital: 생명의 비약이라는 뜻의 프랑스어. 베르크손이 자신의 저서 《창조적 진화》(L'Évolution créatrice)에서, 생물의 진화가 외적, 기계적 요소의 결합을 통해서가 아니라 단순 유일한 내적 충동을 통해서 이루어짐을 설명하는 데 사용하여 유명해진 용어 – 옮긴이) 같은 말들이 동원되었습니다. 하지만 이런 표현들은 설명해야 할 대상을 자칫 비밀스럽고 모호한 차원으로 옮겨놓을 우려가 있죠.

가령, "잠이란 무엇일까"라는 단순하고도 생물학적인 질문을 받고, "잠은 잠을 자는 능력으로 설명할 수 있다"고 대답한다고 해 봅시다. 그런 대답이 옳을 수도 있겠지요. 그렇지만 '잠을 자는 능력'이란 무엇이고, 또 그것을 어떻게 이해할 수 있을까요? 그렇게 대답하면, 설명해야 할 대상은 모호한 영역으로 숨어들고 말아요. 그와 마찬가지로, '생명의 뒤에는 역동성이 있다'는 식으로, 실제로는 아무것도 설명해주지 않는 개념을 끌어들여서 생명을 설명할 수는 없습니다.

무휠러　생명의 비밀을 한마디로 요약하기 위해 사람들은 부케티츠 선생이 이야기한 엔텔레케이아라는 개념을 동원하곤 합니다. 생물학자들이 생명이라고 일컫는 것 뒤에는 신비로운 뭔가가 있음에 틀림없다고 말하기 위해서 말이죠. 한스 드리슈(Hans Driesch)의 경우가 단적인 예가 되겠군요. 그는, 살아 있는 모든 것이 자신 안에 엔텔레케이아, 즉 '스스로 목적을 가지고 있는 그 무엇'을 포함하고 있다고 생각했습니다. 엔텔레케이아라는 말은 아리스토텔레스가 만든 인공적인 개념이지요. 엔텔레케이아가 의미하는 바는, 생명이 그 자체 안에 자신의 목적을 가지고 있으며, 이 목적이 생명의 본질에서 가장 중요한 부분이라는 것입니다. 이렇게 보면 생명은 일종의 형이상학적인 힘이며, 생물학으로는 밝혀낼 수 없는 대상이 되죠.

어쨌거나 엔텔레케이아라는 표현을 그 의미를 살려 설명하려고 노력하다 보면, 모호한 개념을 동원하지 않고도 뭔가를 얻어낼 수 있을 겁니다. 뒤르 선생님께서 생명을 시에 빗대어 설명하신 것도 같은 맥락이겠지요. 한 편의 시가 가지고 있는 의미가 드러나려면 그것이 읽을 수 있는 상태여야 하니까, 눈으로 볼 수 있는 시의 형태라는 구체적인 요소도 문제가 됩니다. 엔텔레케이아라는 말은 생명에 대한 과학의 설명을 대신하기 위해 만들어진 것이 아니라, 생명체인 우리 인간들에게 생명 자체가 어떤 의미가 있는가를 깨닫게 해주기 위해 동원된 도구였습니다.

생기론(生氣論, vitalism)은, 생명이 만들어지고 유지될 수 있는 것은 특별한 '생명력'(vis vitalis)이 있기 때문이라고 설명한다. 이 이론은 18~19세기의 기계론에 바탕을 둔 세계관에 대한 반동으로 등장했다가, 자연과학적 지식의 발달로 점차 쇠퇴해갔다. 그러나 생기론은 20세기 초에 들어와 부흥을 맞게 되었다. 예를 들어 한스 드리슈 같은 생물학자는, 씨눈이 형성되는 과정에는 생명의 근본원칙이라 할 엔텔레케이아가 개입하고 있고, 그를 통해서 생명의 '가능태'가 생명이라는 '현실태'로 완성된다고 보았다. 생기론이 완전히 밀려난 것은 최근이다. 분자생물학이 DNA에 포함된 유전정보를 해독할 수 있을 정도로 발달하면서, 생명이란 화학반응으로 일어나는 현상이고, 그런 현상은 무생물에서 이루어지는 화학반응과 근본적으로 다르지 않다는 사실이 밝혀졌다. 이렇게 되자, 생명이 있는 물체와 생명이 없는 물체 사이의 경계가 흐려지게 되었다.

뒤르 우리가 사용하는 언어는 언제나 특정한 사물에 대해서만 이야기하도록 되어 있어요. 그래서 수없이 많은 중간 단계, 사물들이 차지하고 있는 미묘한 위치, 사물들 간의 섬세한 관계를 표현하는 말을 찾지 못하고 '힘'이라는 식의 표현을 동원하게 되는데, 이런 표현은 앞서 말한 중간 단계나 미묘한 관계를 설명하기에 적합하지가 않아요. 그러나 우리 앞에 존재하는 현실이라는 것이 곧 모든 것을 긴밀하게 연결하고 있는 '관계'라는 사실을 알게 되면, 현실을 과학의 언어로 표현하기가 왜 어려운지를 이해할 수 있지요. 문제는 그런 관계의 구조를 나타낼 수 있는 어휘가 우리에게는 없다는 겁니다. 외면적이고 눈에 보이는 것을 표현하기는 그다지 어렵지 않아요. 이 점은 생명현상을 묘사하는 경우에도 마찬가지죠. 생명현상에는 유기적 조직성이 무생물에서보다 훨씬 뚜렷하게 드러납니다. 그러나 생명현상을 유기적 조직성으로 설명해서는 생명을 제대로 이해할 수 없어요. 다시 말해, 생명은 기존의 설명을 뛰어넘는 완전히 새로운 방법으로 파악해야 하는 무엇인가를 담고 있다는 얘깁니다.

우리는 스스로가 생명체인지라 이 생명이라는 대상을 우리 자신을 통해 내면적으로 인식하는데, 바로 그렇기 때문에 생명에 대한 우리의 인식은 주관적인 것이 되고 맙니다. 생명에는 완전히 새로운 차원이 있다는 걸 알지만, 막상 그 생명을 '설명하려' 들면 생명이 가지고 있는 새로운 차원을 어떤 식으로든 손상하게 되지요. 그래서 그런지, '생명은 생명이다'라는 동어반복으로 만족하는 이들이 많은 듯해요. 그렇게 말하는 생명은 물질을 구성하는 원형을 의미하고, 그렇기에 생명 없는 무생물이 존재한다는 사실이 오히려 신기하게 느껴지게 됩니다.

판넨베르크 뒤르 선생님의 말씀은 그리스도교의 생각과 아주 가깝네요. 그렇게 주관적인 인식을 뛰어넘고자 하는 노력의 궁극적인 목표는 신의 의지를 파악하는 것입니다. 다시 말해, 그 어떤 것으로도 설명할 수 없었던 생명의 자립성이 실은 바로 신과 인간의 합일을 지향하고 있다는 것이지요. 그렇다고 피조물이 그 자립성을 잃게 되는 건 결코 아닙니다. 오히려 신과의 합일을 통해 신의 영원성에 참여함으로써 궁극적인 자립성을 확보하게 되지요. 이때 피조물은 홀로 고립되거나 자신의 원천으로부터 분리되는 것이 아니라, 자신의 원천과 하나가 됩니다.

부케티츠 이 자리에는 생명이란 무엇일까 하는 의문에 대해 두 가지 입장이 있는 것 같군요. 그렇다고 그 둘이 반드시 서로 대립하는 건 아니겠습니다만. 생명에 대한 생물학적 판단기준에 대해서는 앞에서 이미 자세히 이야기했고, 어느 분도 그 점에 대해서 이의를 제기하지는 않으실 겁니다. 결국 우리가 관심을 가지고 논의해야 할 접근방법은 생명에 대한 자연철학이나 신학의 입장이겠지요. 그러나 생명을 물질의 원형으로 전제할 경우 여러 가지 오해가 생기게 됩니다. 우리는 생물학이나 진화론의 관점을 따라서 어떤 현상이 무엇으로부터 나오는지를 묻는 일에 익숙해져 있고, 또 질문을 할 때는 현재의 상태는 이전과 다르다는 것을 전제로 하지요. 예를 들어, 우리 앞에 펼쳐진 이 풍경이 이전의 풍경과는 다르고, 풀이나 나무도 현재의 모습과는 다른 종류로부터 진화해왔고, 인간도 옛날에는 지금과 달랐다는 식으로 말이죠. 우리도 종이 발달해온 역사 속에서 지금과는 사뭇 다른 조상으로부터 진화해왔다는 거지요. 이런 생각에는 생명이 없는 물질로부터 생명이 생겨났으리라는 전제도 포함되어 있습니다.

물질은 어떤 물리적인 조건이 주어지면 일정한 '구조'를 형성해서, 아무런 사전계획 없이도 점점 더 복잡하게 발달해가는 성질을 가지고 있다. 이런 과정을 '자기 조직화'(self-organization)라고 한다. 이때 주어진 조건에 맞지 않는 구조는 형성될 수 없다. 다시 말해, 비누 거품이 면도용 거품이나 비눗방울이 될 수는 있지만, 솜이나 나비가 되지는 않는 것이다. 많은 물리학자나 생물학자들은 생명의 탄생을 물질이 스스로를 조직하는 과정으로 이해하고 있다. 만프레트 아이겐의 '초사이클 이론'도 그런 생각에 바탕을 두고 있다.

바로 이런 전제하에 자기 조직화 현상과 생명이 '왜' 존재하는가를 묻는 종교적이고도 형이상학적인 질문이 제기된다. 천체물리학자 에리히 얀치(Erich Jantsch, 1929~1980)를 비롯한 많은 과학자가 자기 조직화의 원리를 우주의 발전과 현상을 설명하는 데 적용한다. 이제는 인간의 이성과 감정의 형성, 모든 종류의 사고방식, 정치적인 사건과 문화 현상에도 자기 조직화의 원리가 적용되고 있다.

부케티츠 '자기 조직화'란 한 시스템이 외부로부터 조종되지 않고 자체의 역동성을 가지고 발전하는 과정을 뜻합니다. 이것은 생명체든, 아니면 경제체계나 기후든 간에 어느 경우에나 마찬가지예요. 카오스계 또한 자기 조직화의 원리를 따르는데, 예를 들면 날씨가 그렇습니다. 기상학자는 날씨의 형성과 변화에 대한 인과관계와 기본원칙을 알고는 있지만, 앞으로 두 시간 뒤의 날씨가 어떻게 될지 정확하게 예측하기란 불가능하죠. 기상학자가 기상의 변화를 예측하려고 애쓰는 동안 날씨는 다시 그만큼 바뀌기 때문에, 기상 예측은 확률에 의지할 수밖에 없게 됩니다. 다시 말해, 날씨는 스스로를 조직해가고 있는 겁니다. 날씨가 자연법칙을 벗어 나는 건 아니지만, 변화를 정확히 예측해내기엔 그 과정이 너무 복 잡하고 변화무쌍합니다.

무휠러 저는 이렇게 경고하고 싶어요. 요즘에는 사회변화 과정 에까지 이 자기 조직화 이론을 적용하려는 경향이 있습니다. 사회 변화 과정은 다른 종류의 법칙에 따라 움직인다고 봐요. 물리학에 서는 실험자가 자기 조직화 현상을 일으키는 대상에 대해 전체적 인 조건을 설정해줍니다. 그러면 자기 조직화 현상 자체가 그 조 건을 바꿀 수는 없어요. 말하자면, 자기 조직화란 주어진 조건 안 에서만 이루어진다는 거죠. 그런데 사회현상에서는 사정이 다릅 니다. 사회는 자신의 조건을 스스로 바꿀 수 있으니까요. 사회는 간단히 무시할 수 없는 역동성과 자율성을 가지고 있어요. 따라서 사회변화와 자연적, 물리적 변화 간의 차이를 소홀히 여겨서는 안 될 겁니다.

뤼르 자기 조직화에서는 아주 독특한 현상을 볼 수 있어요. 하나 의 자기 조직화의 결과는 다음에 일어나는 자기 조직화를 위한 최 선의 조건을 마련해주고, 이런 과정을 반복함으로써 자기 조직화 의 과정이 강화됩니다. 자기 조직화의 과정에는 이런 자기 재생산 현상이 끊임없이 일어나죠. 하천의 흐름을 예로 들어봅시다. 하천 은 자신이 흘러갈 길을 찾을 때, 흐름을 유리하게 해줄 요소라면 지극히 작은 것이라도 놓치지 않고 이용해서 강바닥을 파나가다 가 결국 제 길을 찾게 됩니다. 말하자면, 자신의 흐름을 통해서 생 긴 결과가 이후의 흐름을 용이하게 만들어주는 거지요. 이러는 동안 흐름은 점점 더 빨라집니다. 이것은 서로를 도와서 더욱더 유리한 상황을 만들어가는 협력 과정이라고 할 수 있지요.

마이어 아비히   놀라운 사실은, 그 하천이 이전에는 존재하지도 않았다는 겁니다. 그러니까 애초부터 엄청난 양의 물이 있어서 자신이 흐를 길을 찾은 것이 아니라, 흐를 길이 생겨나면서 비로소 하천의 규모가 커졌다는 거예요.

판넨베르크   성서의 첫 장, 그 가운데서도 11~13절을 보면, 하느님은 땅에게 말을 걸어 온갖 식물을 내라고 명합니다. 그리고 24절에서는 짐승들도 내라고 합니다. "하느님이 말씀하시기를, 땅은 갖가지 살아 있는 동물을 내어라"[25]라고 되어 있지요. 이렇게 땅에서 모든 동물이 탄생한다면 그것은 무기물에서 생명이 생긴다는 말인데, 신학에서는 오랫동안 이 점을 간과하지 못하고 있었습니다. 신학은 그런 사실을 받아들이지 않으면서, 생명은 직접 하느님의 손으로 만들어진 것이므로 무기물에서 탄생한 것이 아니라고 고집했습니다. 그래서 자기 조직화 이론이 성서의 믿음에 반하는 것이라고 생각한 것이지요. 하느님 당신께서 땅에서 모든 동물이 탄생했다고 말씀하고 계신데도 말입니다. 성서에서는 이렇게 피조물이 동시에 창조의 수단이 되고 있어요. 그렇다고 해서 하느님의 역사(役事)가 지닌 의미나 그 위대함이 손상되는 건 결코 아닙니다.

생명은 왜
생겨났을까?

생명은 왜 생겨난 것일까요?

부케티츠　오늘날의 생물학자나 생물철학자들 가운데 생명의 발생에 경의를 표하지 않는 이들은 거의 없을 겁니다. 생명이 발생하기 위해서는 특정한 물리적인 조건들이 만족되어야 합니다. 생명이 발생할 행성이 태양으로부터 너무 멀리 떨어져 있어도 안 되고, 너무 가까워서도 안 됩니다. 또 그 행성이 그렇게 적절한 위치에 있다고 해서 반드시 생명이 발생해야 할 이유도 없지요. 지금까지 우리에게 알려진 우주 안에는 생명체가 없고, 지구상에 있는 형태의 생명체는 더더욱 없다고 합니다. 물론 이 광대무변한 우주 어디에도 생명이 발생하지 않았다는 뜻은 아니에요. 어쨌든 저는, "인간이란 우주 한 모퉁이를 떠도는 집시"라고 한 프랑스의 화학자 자크 모노(Jacques Monod)[26]의 표현에 공감합니다. 그는 우리 인간의 의무나 운명이 우주 어디에도 적혀 있지 않다는 점을 지적하고 있어요. 자연의 역사가 '왜' 적혔는지를 알아내기 위해 자연의 역사책을 도로 들춰볼 수는 없는 것처럼 말이지요.

무칠러　'집시' 이야기는 자크 모노의 저서 《우연과 필연》(Le hasard et la nécessité)에 나오죠. 이 책에서 모노는, 생물학이라는 자연과학에서 얻은 지식이 우리로 하여금 우리 자신이 우주의 한 구석을 떠

돌아다니는 집시라는 사실을 깨닫게 해준다고 말합니다. 모노의 우주는 인간 세상의 기대, 고통, 범죄에 대해서는 무심한 채 그저 존재할 뿐입니다. 우주에 대한 모노의 이런 표현에는 스스로의 주장을 부정하는 요소가 포함되어 있어서 관심을 끌어요. 이 표현은, '내던져진 존재'라는 우리의 느낌과 통하는 상당히 실존철학적인 뉘앙스를 풍깁니다. 실제로 모노는 프랑스의 실존철학에서 정신적인 영향을 받았지요.

그런데 '우주의 한 모퉁이'란 무엇을 의미할까요? 우주에 중심이 없다면, 모퉁이랄 만한 곳도 있을 수 없어요. 우리가 우주의 모퉁이에 있다고 말하는 사람은 우주의 중심을 염두에 두고 있고, 따라서 여전히 인간중심적인 사고방식을 가지고 있다고 하겠습니다. 또 '무심한 우주'란 무슨 말일까요? 돌을 보고도 "그것 참 무심하구나"라고 말할 수 있을까요? 말을 알아들을 수 있는 능력이 있는 것만이 '무심할' 수 있지 않겠어요? 모노의 말에는 우주가 인간을 탄생시켰고 따라서 우리 인간과 무관하지 않다는 기대나 의미에 대한 한가닥 동경이 남아 있어요. 이렇게 보면, 과학이 발달한다 해도 의미를 묻는 물음을 완전히 거둘 수 없다는 결론에 도달하게 됩니다. '의미' 자체를 인정하지 않는 사람들조차도 알게 모르게 그 의미를 묻고 있어요.

판넨베르크 성서와 신학 역시, '왜' 생명이 생겨났는가에 대해 대답해주지 않습니다. 그저 하느님이 생명의 탄생을 원했기 때문이라는 정도로 대답하고 지나갈 뿐이지요. 이 대답은 우리 인간의 능력으로는 생명 탄생의 이유를 이해할 수 없음을 내비치고 있습니다. 저는 '하느님이 생명의 탄생을 원했기 때문'이라는 대답에 아주 만족해요. 하느님의 거룩한 의지를 찬양하고 있으니까요. 인간은, 그 실체를 완벽하게 이해하지는 못하지만 놀라운 무엇인가를 불러일으키는 대상을 찬양하는 경향이 있습니다. 생명이라는 문제도 마찬가집니다. 생명은 인간의 이해를 뛰어넘을 정도로 현란하고 다양하고 아름다울 뿐 아니라, 소멸과 죽음이라는 무자비한 면모도 있지요. 그렇다면 생명의 탄생에는 도대체 어떤 의미가 있을까요?

생명이 유기체의 형태로 생성되었다는 사실은 피조물이 새로운 차원의 자율성을 가진 존재로 창조되었다는 것을 의미합니다. 피조물 가운데서도 유기체는 그다지 지속적이거나 강인하지 못한 편에 속해요. 유기체보다 훨씬 더 지속적이고 강인한 것들이 많지요. 하지만 그 대신 유기체는 가장 자립적인 존재로 발달해왔고, 바로 여기에 엄청난 의미가 숨겨져 있어요. 생명체가 점점 더 자립적인 존재로 발달해 마침내 인간의 탄생에까지 이른 것은 분명히 창조자가 원한 바일 겁니다. 생명 탄생의 의미란 이렇게 무언가가 창조되었다는 사실, 신 말고도 어떤 자립적인 존재가 탄생했다는 사실 자체에 있는 게 아닐까요?

부케티츠 저는 생명, 생명체, 진화라는 현상이 근본적으로 우리의 이해력을 뛰어넘는 것이라곤 생각지 않습니다. 생물학은 '원시 수프'에서 인간에 이르는 복잡한 발생 과정을 인과관계로 이해하려고 노력하고 있고, 또 상당한 성과를 거두기도 했지요. 저로선 진화가 '하느님의 뜻'이었다고 간단히 설명하고 지나가고 싶지 않군요. 우리가 다윈의 이론을 진지하게 받아들인다면, 그의 이론에 담겨 있는 결정적인 내용도 받아들여야 합니다. 물론, 생명이 왜 그토록 다양한 형태로 발달했는지는 여전히 의문으로 남아요. 생명의 진화가 1,000가지 정도의 종(種)으로 발달하기만 했어도 충분하지 않을까 싶은데 말이죠. 그런데 왜 1,500만에서 2,000만에 이르는 종으로까지 분화되었을까요? 또, 진화가 진행되는 동안 8억에서 10억 정도의 종이 탄생하고 사멸한 이유는 도대체 무엇일까요? 진화의 결과가 2,000만 종으로까지 확대되었어야 하는 것일까요?

이 점은 진화라는 것이 엄청난 다양성을 가지고 진행되었다는 사실, 즉 종의 다양성을 토대로 할 때만 진화가 가능하다는 사실을 보여줍니다. 이미 진화의 초기부터 종의 다양성이 존재했을 가능성은 아주 많고요. 진화 초기에 이미 '선택'의 조건이 주어져 있었을 테고, 따라서 분자 단위에서 아주 간단한 생체구조를 가진 생명체들이 다양하게 생겨났을 것입니다. 생명은 그렇게 일정한 조건과 법칙이 주어짐에 따라 탄생할 수 있었던 겁니다. 그런데 제가 '왜'라는 질문에 답하려면, 우리의 이해를 뛰어넘는 근본적인 이유를 전제하든가, 생명이 생성되지 않을 수 없었다고 믿어야 합니다. 하지만 저는 그렇게 믿지 않아요. 제가 믿는 건, 생명은 다만 일정한 법칙에 따라 생겨날 수 있었을 뿐이고, 그 법칙은 얼마든지 재구성해낼 수 있는 겁니다.

마이어 아비히 '필연'이라는 문제에 대한 과학적 입장을 고려한다면, 생명이 '필연적으로' 탄생했다고 말할 수 없을 것 같군요. 앞서 판넨베르크 선생님께서는 그리스도교의 전통에서 할 수 있는 한 가지 대답을 제시해주셨지요. 그렇지만 이 세상에 유대교-그리스도교의 전통만 있는 것은 아닙니다. 다른 종교들에선 유일신 혹은 여러 신들이 직접 세계가 됨으로써 생명이 존재하게 되었다고 설명합니다. 이런 설명 또한 그렇게 간단히 무시할 수는 없어요. 저 자신부터도 신이 곧 세계가 되었다고 믿으니까요. 물론 이런 믿음은 신에 대해 우리가 가지고 있는 관념을 다시 생각해보게 합니다. 신이 곧 세계가 되었다면, 우리는 지금까지처럼 그 신이 전능하다거나 먼 하늘 어디엔가 자리 잡고 있는 존재라고 주장할 수 없게 되지요. 예로부터 신의 본성이라고 여겨왔던 '전지(全知), 전능(全能), 전선(全善)'이라는 수식어들 모두가 신에게 속하지 않는다고 주장하는 사람들도 있습니다. 전지, 전능, 전선하면서도 그토록 끔찍한 일들이 세계에 일어나도록 용납하는 그런 신을 믿기는 어려우니까요.

제가 그려보는 신이란, 세계사가 겪어나가는 운명에 참여함으로써 우리 인간세계에서 벌어지는 일과 함께 고통을 겪는 그런 신 정도예요. 그런 신이라면 아우슈비츠를 비롯해 세계 각지에서 일어난 대학살의 현장에서 그 고통을 함께했을 것입니다. 그런 신이라면 인간의 고통을 막지 못한 자신 때문에라도 괴로워했을 테고요. 선하기 그지없는 신이 인간의 잘못으로 생겨난 악이 횡행하는 세계를 굽어본다는 식의 그리스도교의 신관과 비교한다면, 이런 생각은 받아들이기가 그리 쉽진 않겠지요.

판넨베르크 그리스도교의 신도 분명히 우리와 함께 고통을 나누고 있습니다. 그리스도교에서는 신이 사람이 되셨다고 말하지요. 신이 스스로 인간이 됨으로써 피조물과 관계를 맺고, 이를 통하여 모든 인류를 자신 속으로 받아들인다고 말입니다. 이런 가르침은 초대 교회 때부터 만들어진 겁니다. 신은 인류를 자기 안에 받아들임으로써 실재하는 모든 피조물을 끌어안습니다. 그래서 사도 바울로는 〈로마서〉 8장에서 모든 피조물이 무상하게 사라져가는 자신들의 운명을 슬퍼하고 있다고 말합니다.[27] 그 무상함이란 고통이나 죽음과 같이 창조된 모든 것들이 겪어야 하는 어두운 면을 일컫지요. 모든 피조물은 우리 인간과 마찬가지로 무상함을 탄식하고, 신의 아들이 가져다줄 자유를 우리와 함께 기다리고 있습니다. 사도 바울로의 말을 빌리면, 피조물은 성령을 통해서 신과 하나가 되고, 영원한 생명을 나눠받기를 기다리고 있습니다.

영국의 천문학자 프레드 호일(Fred Hoyle)은 이런 비유를 했죠. 분자들이 모여 갑자기 세포가 형성된다는 것은, 고철집하장에 돌풍이 불어닥쳐서 '우연히' 점보 제트기 한 대가 조립되는 것만큼이나 불가능한 일이라고요. 그렇다면 생명체의 진화는 미리 마련되어 있는 구체적인 계획에 따라 이루어지는 걸까요?

무휠러 생명이 우연의 산물인지, 아니면 의도적인 창조의 결과인지에 대한 질문은 지금까지 끊임없이 제기되었어요. 그러나 우연과 창조, 둘 중 하나여야 한다는 생각은 옳지 못하다고 봅니다. 어떤 목적을 달성하는 데 '우연'이 수단이 되는 경우도 드물지 않으니까요. 산탄총으로 토끼를 쏘는 사냥꾼의 예를 생각해봅시다. 산탄이 어떤 모습으로 퍼져나갈지는 순전히 우연에 달려 있죠. 이렇게 산탄이 무작위로 퍼져나간다는 사실이 바로 토끼를 맞추는 수단이 됩니다. 우연을 통해서 목적이 달성되는 거지요. 우리는 이 '목적'과 '우연'의 이분법이 서로를 배척하는 것으로 이해해선 안

됩니다. 그러면 앞에서 제기된 질문은 상당 부분 정확성을 잃게 돼요. 저는 생명의 탄생에는 수없이 많은 우연한 사건들이 개입되어 있다는 생물학자들의 주장에 반대하고 싶지 않아요. 바로 그렇기 때문에 신의 창조 계획이 진화의 바탕을 이룬다고 할 수 있는 겁니다. 적어도 논리적으로는 이 점을 배제할 수 없을 것입니다.

판넨베르크 전에는 진화가 일정한 목표를 향해, 그리고 미리 만들어져 있는 계획에 따라 진행된다는 생각이 진화에 대한 논의의 중심이 되어 있었습니다. 이를 반대하는 견해는 어떤 것이든 간에, 신이 모든 것을 예정에 따라 이끌어간다는 생각에 대한 비판으로 여겨졌지요. 오늘날에 와서 우리는 그런 식으로 신을 이해하는 것이 얼마나 인간적인 사고방식인가를 깨닫게 되었습니다. 신을 영(靈)이라고 할 때 그 영은 인간의 이성처럼 의지를 가진 최고 이성을 의미하는 게 아닙니다. 또한 모든 것이 애초부터 인간의 발생을 지향하고 있었다는 주장도, 지금까지 진행된 진화를 거꾸로 짚어 보는 과정에서 얻게 된 관점일 뿐이에요. '인간 원리'에 대한 논의의 바탕을 이루고 있는 것도 바로, 지금까지의 진화를 돌이켜보면 그 모든 것들이 인간의 출현을 목표로 하고 있었다는 우리의 해석이지요.[28]

신학자인 제가 이해하는 '우연'이란 신의 창조 행위를 일컫는 다른 표현일 뿐입니다. 무엇이든 우연한 것은 신의 자유가 표출된 거예요. 한순간 한순간이 우리의 예측을 불허하고, 그렇기 때문에 모든 것이 우연하다고 할 수 있어요. 하지만 그렇다고 해서 모든 사건이 서로 아무런 연관도 없이 따로따로 일어난다는 뜻은 아닙니다. 그렇다면 지속적인 창조가 이루어지는 대상이란 있을 수 없을 테니까요. 창조 행위는 바로 그 지속적이고 자율적인 피조물을 대상으로 하는 것입니다. 그리고 그런 지속적인 창조 행위는 우연한 사건들이 일정한 연관성 안에서 일어날 때에만 가능하고요. 이 연관성은 우리가 자연법칙이라고 말하는 것을 통해 생겨납니다. 자연법칙 자체도 우연의 산물입니다. 자연법칙이란 어떤 일이 일어나는 과정에서 비로소 형성되는 것이니까요. 이런 맥락에서 최근에는 '일이 진행됨에 따라 생기는 자연의 습관'이 바로 자연법칙이라고 말하는 사람도 있을 정도지요. 그러나 여기서 근본이 되는 것은 모든 개개의 사건에 포함된 우연성은 신의 자유가 창조 행위를 통해 드러난 것이라는 사실입니다.

부케티츠 자연계에서 이루어지는 진화의 과정은 일정한 목표를 지향하고 있지만, 그 목표 자체가 생명체 안에 미리 주어져 있는 건 아닙니다. 예를 들어, 병아리가 닭으로 성장하는 과정은 일정한 목표를 지향하고 있습니다. 그러나 그 모든 과정이 예외 없이 보편적인 목적을 향하고 있지는 않아요. 닭이 되기까지 일정한 발달단계를 거쳐야 하는 병아리는, 보편적인 목적을 향해서 발달해 가는 게 아닙니다. 그 발달은 유전자 속에 있는 정보를 가지고 얼마든지 설명할 수 있습니다. 병아리로서는 정해진 방향에 따를 수밖에 없는 거지요.

아무리 원시적인 형태의 생명체일지라도 그것이 순전히 우연에 의해 생성되었을 수도 있다고 믿는 사람은 오늘날 아무도 없습니다. '우연'이라는 것이 진화에서 중대한 의미를 갖는 건 사실이지만, 이 우연 또한 자연법칙의 지배를 받습니다. 만프레트 아이겐의 저서 《우연을 지배하는 자연법칙》(Das Spiel – Naturgesetze steuern den Zufall)도 이 점을 설명하고 있는데, 그의 설명은 지금 봐도 여전히 설득력이 있어요. 진화와 우연과 자연법칙을 이렇게 이해하면 어떨까요. 우선, 이른바 '원시 수프' 안에 이미 '자연선택'의 조건이 어느 정도 준비되어 있었고, 따라서 처음부터 진화의 가능성이 상당히 내포되어 있었다고 말입니다. 그렇다고 해서 처음부터 진화의 가능성 전부가 마련되어 있던 건 아니겠지요. 진화의 모든 과정, 그러니까 지구상에서 일어난 생명 발달의 모든 역사를 잘 들여다보면, 진화론자들이 '경로화'(經路化)라고 일컫는 현상이 끊임없이 일어났음을 알 수 있어요. 도로를 만들 때의 배수로를 떠올려보시면 이해가 빠를 것 같군요.

말하자면, 진화는 일정한 경로를 따라 이루어지기 때문에 역행이 불가능하다는 것이죠. 물론 간혹 어떤 변화가 일어나기도 하지만, 그것조차도 미리 주어져 있는 전체적인 조건에 의해 일정한 방향으로 유도되고 맙니다. 예를 들면, 아무리 '우연'이 작용한다고 해도, 코뿔소에게 날개가 생겨서 날아다니게 되지는 않으리라는 거죠. 코뿔소의 전반적인 구조가 그런 변화를 허용하지 않으니까요. 또 육면체 모양의 5톤짜리 물고기가 우연히 생겨나는 일도 없을 겁니다. 그런 무게와 모양을 가진 물체는 유연하게 움직일 수 없고, 따라서 물속에서 살아남을 수 없을 테니까요. '우연히' 무게가 몇 톤이나 나가는 물고기를 탄생시키는 엄청난 돌연변이란 있을 수 없습니다. 물리학, 기체역학, 유체역학 등에 관계된 일련의 자연법칙이 진화 전체를 일정한 방향으로 이끌고 가니까요. 간단히 말해, 우연은 일어나지만 일정한 법칙의 범위 안에서 일어나기 때문에 우연의 영향은 상당 부분 약화되고 만다는 겁니다. 게다가 그러한 우연조차도, 단세포로 되어 있는 생명체가 갑작스런 돌연

변이를 통해 갑자기 코뿔소나 새 같은 복잡한 생물로 바뀌는 식으로는 일어나지 않아요.

우리가 알고 있고 또 알 수 있는 한도 내에선, 진화의 모든 과정에서 생명체 자체가 진화를 결정짓는 요소가 되고 있습니다. 생명체 자신이 스스로 진화를 제한하고 있는 거예요. 지나치게 우연이 자주 일어나면, 오히려 진화에 방해가 될 겁니다. 상당수의 종(種)이 진화 과정에서 생겨났다가는 사라집니다. 수억 년을 거쳐 오면서 추측컨대 약 8억~10억 가지의 종이 사라졌습니다. 물론 이 모든 일이 35억 년이라는 장구한 세월 동안 일어났다는 사실을 염두에 두어야겠지요. 더구나 진화는 예외 없이 막다른 길을 향해서 진행될 뿐이에요. 다시 말해서, 어떤 생명체, 어떤 종도 영원히 발달해가도록 되어 있지 않다는 겁니다. 어쨌거나 생명체는 엄청나게 다양한 형태로 발달해간다는 점만큼은 분명합니다. 현재 알려진 동식물은 약 150만 종입니다. 그러나 지구상에 존재하는 모든 종의 수는 실제로 1500만~2000만에 달하리라고 추측되고 있죠. 그것은, 종의 발생을 지배하는 보편적인 원칙—종의 법칙이라고나 할까요—에 따라 수백만이 넘는 종이 발생했다는 뜻입니다.[24] 그리고 이 사실만큼 생명현상에서 우리의 관심을 끄는 내용도 없을 겁니다.

DNA(deoxyribo nucleic acid, 디옥시리보 핵산)는 1869년 스위스의 생화학자 미셔르(J. F. Miescher)가 발견했다. 그러나 이중 나선 모양으로 잘 알려진 DNA의 입체구조는 1953년 케임브리지의 프랜시스 크릭(Francis Crick)과 제임스 왓슨(James Watson) 두 사람이 밝혀냈다. 1953년은 밀러-유리 실험이 행해진 해이기도 하다. 크릭과 왓슨의 발견은 지구상에 존재하는 모든 생명체의 기계적 구조를 해명할 수 있는 열쇠를 제공했다. DNA는 생명체의 모든 세포가 장차 어떻게 구성될 것인지에 대한 정보를 담고 있다. DNA의 이중 나선 구조는 나선형으로 연결되어 있는 핵산으로 만들어지고, 핵산들은 아데닌, 티민, 구아닌, 시토신의 네 가지 염기로 연결된다. 이때 아데닌과 티민, 구아닌과 시토신이 쌍을 이루며 결합된다. 그리고 바로 이 네 가지 기초 물질이 연결되어 있는 순서(염기 서열)가 유전정보를 결정한다. 유전자는 인간을 포함하여 모든 생명체의 '행태'를 결정짓는 정보도 포함하고 있는데, 그렇다고 해서 사람들의 태도나 행동이 전적으로 그 정보에 좌우되는 것은 아니다.

유물론과 기계론의 영향을 강하게 받은 생물학 이론으로는 리처드 도킨스(Richard Dawkins)를 예로 들 수 있다. 그는 인간의 감정, 생각, 행동을 결정하는 유전정보가 후대에 전달된다는 사실에서 생명의 의미를 찾고 있다. 그는, 생물의 유전자는 '이기적인 성향을 가지고 있으며', 그에 의해 '유전자에 의해 정해진 대로 움직이는 기계'인 인간의 생명도 유지된다고 주장한다. 적응능력이 가장 뛰어난 생물이 살아남는다는 다윈의 생각(survival of the fittest, 적자생존)과는 달리, 도킨스는 유전자들이 벌이는 경쟁이 바로 생존경쟁이라고 생각한다.

부케티츠 유전자를 유기체와 따로 떼어 생각할 수는 없어요. 유전자 없는 유기체도 없고, 유기체 없이는 유전자 또한 있을 수 없으니까요. 유전자는 유전정보를 가지고 있습니다. 유전자 안에는 우리의 행동이나 태도가 어느 정도까지 예정되어 있는데, 그렇다고 그것이 결정적인 것은 아닙니다. 한 인간의 행동이 그렇게 간단하게 정해지지는 않죠. '이기적인 유전자'나 '유전자의 도덕성' 같은 표현을 만들어낸 이들이 바로 저 같은 생물학자들입니다만, 저는 그런 표현이 기껏해야 설득력 있는 비유에 지나지 않는다고 생각합니다. 우리의 머리카락이 자라는 것은 유전정보 안에 결정되어 있지만, 그 머리카락을 짧게 자를지 자라도록 내버려둘지, 염색을 할지 말지 등은 각자가 가지고 있는 문화와 관습으로 결정되지요. 우리 인간이 가지고 있는 여러 특징도 마찬가집니다. 그러니까 유전자는 일정한 테두리를 정해두고, 우리는 그 테두리 안에서이긴 하지만 스스로 행동을 조절해나가는 겁니다. 유전자는 지구상에서 이루어진 화학적 진화의 결과물입니다. 요즘은 진화를 우주의 진화, 화학적 진화, 생물의 진화, 인류문화의 진화의 네 단계로 구분해서 말합니다. 진화의 각 단계마다 특정한 구조가 생겨났고, 그 구조는 또다시 뒤이어 출현한 더 복잡한 구조의 전제조건이 되었지요.

마이어 아비히   신과 우연 사이에 도대체 무슨 관계가 있을까요? 우리는 지금 삼나무 그늘 밑 풀밭에 앉아 있습니다. 우리 주변에는 수많은 종류의 풀과 야생식물이 자라고 있어요. 이 식물들이 분포되어 있는 모습은 얼핏 보기에는 우연히 이루어진 것 같지요. 이 식물이 왜 다른 곳이 아닌 바로 여기 있는지는 아무도 모르는 일이에요. 그렇지만 우리 가운데 누군가가 이 풀이 왜 바로 여기에서 자라는지, 이 풀의 씨앗이 어디에서 왔는지, 그 씨가 어떤 바람을 타고 왔는지 등을 조사해보면, 왜 그 씨앗이 다른 곳이 아닌 바로 여기까지 왔는지를 이해하게 될 겁니다. 그뿐 아니라 그 씨앗이 이곳에서 싹을 틔울 수 있도록 적당히 비를 내려준 당시의 날씨까지 재구성할 수 있을 겁니다. 그리고 당시의 날씨가 유체역학적으로 그리고 기체역학적으로 어떤 조건이었는지 완전히 알아낼 수 있다면, 이 풀이 다른 어떤 곳이 아닌 바로 여기에서 자라도록 만든 요인들을 모두 규명해낼 수 있겠지요.

우리가 정확히 밝혀내려고만 하면 자연법칙이 지배하는 '질서'는 결국 드러나기 마련입니다. 물론 어느 경우에나 그 자연법칙을 찾아내고 재구성할 수 있는 건 아니에요. 이렇게 모든 것을 자연법칙으로 설명할 순 없는 탓에 우리는 어쩔 수 없이 '우연'이라는 말을 동원하게 됩니다. 그러니까 우연이란 인간의 인식이 한계에 부딪혀 상상하게 되는 개념이지, 신의 자유와는 상관없는 문제예요.

판넨베르크 우연과 법칙은 서로 연결되어 있어요. 대립되는 개념이 아니죠. 우연이란 우리가 어떤 일에 내재하는 법칙을 미처 찾아내지 못한 탓에 동원하는 용어일 뿐이라는 생각은 19세기식 사고의 유물입니다. 양자물리학은 우리에게 세계가 순간순간 새롭게 탄생한다는 사실을 가르쳐주었어요. 말하자면, 규칙적으로 일어나는 듯이 보이는 모든 일이 실상은 우연하게 이루어진다는 겁니다. 나아가 우연히 일어나는 사건이 다시금 어떤 일을 규칙적으로 일어나게 하는 바탕이 되고요.

뒤르 바로 그거예요. 규칙은 불규칙이 허용되는 상황을 토대로 생기고, 또 이른바 '경로화'가 이루어지려면 일정한 조건들이 충족되어야 합니다. 그러나 저는 그 자연법칙이라는 것도 발달이 진행됨에 따라 달라진다고 생각해요. "풀 한 포기가 우연히 바로 이 자리에서 자라게 되었다"고 말한다면, 창조란 마치 읽을 수 없는 시와 같은 것이 되어버립니다. 말하자면, 시에서 어떤 철자가 왜 바로 그 자리에 있는지를 알 수 없는 것과 마찬가지죠. 우리가 시를 읽고 이해할 수 있다면, 왜 바로 이 자리에 'ㄱ'이 아니라 'ㄴ'이라는 철자가 있어야 하는지도 이해하게 되지 않겠습니까?

무칠러 그런 의미에서 사람들이 '카오스 결정론'이라는 말을 하는 것이겠지요. 여기 이 삼나무에서 지금 씨앗 하나가 떨어지면서 공기 중에 작은 소용돌이를 일으킨다고 가정해봅시다. 그 씨앗이 공간의 어떤 경로를 통해 떨어질지는 전혀 예측할 수가 없어요. 씨앗이 떨어지면서 일으키는 공기의 소용돌이가 씨앗의 움직임을 결정하게 되는데, 어떤 규칙을 동원하더라도 그 움직임을 예측할 순 없으니까요.

카오스 이론은 원칙적으로는 모든 것이 예측 가능하다고 간주되는 '결정론적 계'에서조차도 우연한 일이 일어난다고 설명한다. 최초의 조건이 아주 조금만 달라져도 결국에는 예측에 커다란 장애가 발생한다는 것이다. 이런 일은 자연계의 여러 분야에서 일어나며, 흔히 '나비 효과'라고 일컫는다. 날씨라는 것도 카오스적 역동성을 가지고 있어서, 브라질 어느 곳에서 나비 한 마리가 날갯짓을 하면 멀리 떨어진 어느 곳에서는 회오리바람이 일어난다는 식이다. 카오스 이론은 결정론에 얽매인 세계상을 양자물리학보다도 강력하게 상대화하고 있다. 이 이론에 따르면, 장래에 일어날 일들은 어떤 경우에도 예측할 수 없다.

뒤르 '우연'이라고 하면 흔히들 도박을 연상하게 됩니다. 도박에서 일어나는 일들은 서로 아무런 연관이 없다고들 하죠. 그런 식으로 생각하면, 우연한 일이 반복되다가 우연히 '인간'이 탄생하려면 30억 년으로도 모자랄 것입니다. 소위 '경로화'란 서랍에 비유할 수 있지 않을까 싶은데요. 서랍을 열거나 닫으려면 공간이 필요합니다. 그리고 서랍은 일정한 통로를 따라 드나드는데, 바로 그런 운동이 경로화라고 하겠습니다. 물리학자인 저는 양자(量子)의 운동을 보면서, 자유로운 움직임이란 절대 불가능하다는 것을 알게 되었어요. 현실계는 그 자체로 온전히 전체를 이루고 있어서 부분부분을 따로 떼어낼 수 없기 때문이지요. 마찬가지로 원자 안의 입자들 또한 서로 완전히 독립해 있지 않아요. 이건 모든 현실에 적용되는 원칙입니다.

인간은
'창조의 꽃'
일까?

인간은 정말 '창조의 꽃'일까요?

부케티츠　인간이 창조의 꽃이라면, 다른 생물들 또한 창조의 꽃입니다. 모든 종(種)은 제각기 유일무이한 속성을 가지고 있으니까요. '인간이 자연계에서 차지하는 특별한 위치'가 무엇인지는 예로부터 신학과 생물학이 자주 다루던 문제죠. 좀 더 신랄하게 말해볼까요? 우리 인간이 생물학적으로 특별한 위치를 차지한다면, 판다곰도 마찬가지일 겁니다. 판다는 하루에 열여섯 시간을 죽순을 먹으며 보내는데, 이런 예는 다른 어떤 동물에서도 찾아볼 수 없습니다. 따라서 판다는 자연계에서 나름대로 유일무이한 존재라고 할수 있죠. 판다가 그렇다면, 외모로 치면 그 역시 더할 나위 없이 별난 동물인 오리너구리도 자연계에서 유일무이한 존재고, 따라서특별한 위치를 차지한다 할 수 있겠지요. 말하자면, 인간이라고 해서 생물학적으로 별다른 동물은 아니라는 거예요. 다른 동물과 구별되는 인간의 고유한 특성을 내세워서, 인간이 자연계에서 특별한 위치를 차지하는지를 논의해볼 순 있겠지요. 어쨌거나 저는 인간이 창조의 꽃이라기보다는 그저 진화의 도중에서 생겨난 여러 생물 가운데 하나라고 생각합니다. 생물학적으로만 따지자면, 어느 것 하나 특별하지 않은 생물이 없으니까요.

무횔러 그렇지만 지금 여기서 우리가 하고 있는 것처럼, 자신이 누구인지, 이 세상 모든 것이 어떤 의미를 가지고 있는지를 묻고 고민하는 그런 동물이 사람 말고도 또 있으리라고 생각하지는 않아요. 동물은 목적을 달성하기 위해서만 행동할 뿐, '전체'에 대해서는 묻지 못합니다. 식물은 말할 것도 없고 원숭이들조차도 그런 능력을 갖고 있지 않다면, 인간에게 특별한 위치를 부여해도 좋을 겁니다.

마이어 아비히 그 문제에 관해서라면 저는, 모든 피조물이 제각기 나름의 우주를 가지고 있다고 한 니콜라우스 쿠사누스[29]의 말에 공감합니다. 판다는 판다대로, 인간은 인간대로 자신의 우주를 갖고 있어요. 인간에겐 다른 생물이 갖고 있지 못한 고유한 특성들이 있지만, 다른 생물 또한 인간에게 없는 고유한 특성을 가지고 있습니다. 인간보다 산을 훨씬 잘 타거나 헤엄을 더 잘 치는 동물들이 얼마나 많습니까? 인간이 세계를 하나의 '전체'로 관찰하는 것은 사실이지만, 그런 능력조차도 인간이라는 종이 가지고 있는 한 가지 특성에 지나지 않습니다. 인간이 세계 안에서 특별한 지위를 차지하고 있고, 따라서 모든 것이 인간을 위해서 존재한다는 생각은 그다지 바람직하지 못한 전통이에요. 인간이 특별하다는 생각은, 인간이 신의 모습대로 창조되었다고 하는 그리스도교 신앙 때문에 더욱 굳어져왔지요. 그런 사고방식이 어떤 결과를 낳았는지 생각한다면, 이제 인간만이 특별하다는 생각을 포기해야 할 겁니다.

인간이 이 세계에 커다란 불행을 가져온 장본인임을 뻔히 알면서도, 우리는 여전히 착각을 버리지 못하고 있습니다. 인간이 다른 동물보다 더 우월한 존재가 될 능력이 없다고까지 말할 건 없겠지만, 인간이 하는 행동을 보면 그렇게 어리석을 수가 없어요. 오늘날 서구사회는 인간이 자연으로부터 어떤 혜택을 누리고 있는지는 조금도 생각하지 않고 자연으로부터 무엇을 얻어낼 수 있는지에 대해서만 열중할 뿐입니다. 짧지 않은 인류 역사 속에서 이렇게까지 이기적인 사회는 일찍이 없었습니다. 인간을 돌보아준 대가로 자연이 인간에게 기대할 수 있는 게 뭐가 있을까요? 무엇보다 우리의 의식이 뿌리부터 바뀌지 않으면 안됩니다. 무엇이든 소유하고 소비하려고 아우성치지 말고, 어떻게 하면 인간으로 해서 세계가 더 아름답고 좋은 곳이 될 수 있을지를 생각해봐야 합니다.

무칠러   저는 모든 생물 가운데 인간이 가장 발달된 존재라고 생각합니다. 물론 그렇기 때문에 오늘날처럼 자연을 대해도 좋다는 뜻은 절대 아닙니다. 모든 생물 가운데 인간이 가장 높은 지위를 차지한다는 사실이 자연을 대하는 인간의 잘못된 태도를 정당화해줄 순 없어요. 오히려 자연에 대한 겸허한 태도가 인간을 특별하게 해주는 게 아닐까요? 바로 그런 태도야말로 인간에게 주어진 의무이고, 자연에 대한 겸허한 태도와 인간의 특별한 지위가 반드시 서로 대립되는 것은 아니라고 생각합니다.

뒤르   생물이 발달하고 분화해오는 동안, 인간이 생물의 위계질서 안에서 전에 없이 특별한 단계에 이르게 된 건 분명한 사실이에요. 물론 인간이 창조의 성공사례인지 아닌지는 별개의 문제지만 말입니다. '개념'을 만들어 내는 능력, 즉 대상을 추상화하고 그렇게 만들어진 개념들을 서로 연결하는 능력과, 그런 개념들에 대해 객관적으로 사고할 줄 아는 능력은, 모든 생물들의 능력을 놓고 순위를 매긴다면 분명 상위에 들어갈 만한 능력입니다. 그리고 그런 능력을 가진 생물은 인간밖엔 없어요.

이처럼 인간은 생물학적인 능력 말고도 다른 능력을 더 가지고 있고, 또 그런 능력을 가지고 있다고 해서 생물학적인 능력이 감해지는 것도 아닙니다. 인간이 상위에 속하는 생물이라는 사실은, 하위의 생물이 파괴될 때 상위에 속하는 인간도 무너져내리고 만다는 점에서 알 수 있어요. 이 세계는 우리 없이도 살 수 있지만, 우리는 우리를 떠받치고 있는 하부구조 없인 살 수 없어요. 하부를 파괴하면 우리도 따라서 쇠락의 길을 걷게 됩니다. 인간에겐 미래를 내다보는 능력이 있는데, 그런 능력을 저는 '이성'이라고 부르고 싶군요. 이렇게 미래를 내다보는 능력을 진화의 과정에 끌어들여야 우리 인간이라는 종을 보존할 수 있음에도 이런 노력을 소홀히 할 때 문제가 생기기 시작합니다. 더구나 인간 생존의 근원이 되는 피조물을 인간 스스로 파괴한다면, 결과는 더 말할 필요도 없겠지요.

마이어 아비히 '이성이 명하는 바에 따라 행동하는 능력'만이 문제 해결의 열쇠일까요? 인간 스스로가 자연의 일부라는 사실을 제대로 느끼는 일 또한 그에 못지않게 중요하다고 봅니다. 저는 요즘 사람들이 몇천 년 전에 살았던 조상들과 달리 옛날에 없던 방법과 도구를 갖게 된 탓에 더 심각한 잘못을 저지르고 있는 거라곤 생각지 않아요. 오랜 옛날로 거슬러올라갈 것도 없이, 서양에 속하지 않는 문화들만 살펴봐도 알 수 있어요. 옳든 그르든 세상에서 인간이 하는 모든 행동은 자신이 속한 문화의 영향을 받습니다. 우리 서양인들이 향유하는 문화만이 유일한 문화 형태는 아니죠. 우리가 이룩했고, 또 그 때문에 엄청난 불행을 가져온 과학기술 문명이 다른 문화권에선 발생하지 않았어요. 물론 다른 문화들은 과학과 기술을 발달시킬 계기를 갖지 못했고, 그래서 우리와 같은 과오를 저지르지 않았을 뿐이라고 주장할 수도 있겠지요. 그러나 그런 문화에는 옳지 않게 전개될 발달을 애초부터 수정하는 어떤 요소가 있어서 애초부터 서양과 같은 과학기술을 지향하지 않았고, 그 때문에 과학기술에 따르는 과오를 피할 수 있었던 건 아닐까요? 무엇보다 아시아에서 발달한 문화를 보면 그런 생각이 듭니다.

무칠러 서양문화를 제외한 다른 문화들이 정말 그렇게 온순하고 자연친화적이었는지 의문스럽군요. 그건 이른바 '품위 있는 미개인'이란 환상에 지나지 않아요. 자세히 관찰해보면, 아메리카 원주민들에게는 우리보다 자연을 착취할 가능성이 적게 주어져 있었을 뿐입니다. 만일 그들이 자연을 멋대로 파괴했다면 살아남지 못하고 모두 굶어죽었을 거예요. 그들의 생활에서는 자연에 대한 인간의 행동이 생활에 훨씬 더 확실하고 직접적으로 영향을 미치게 되어 있었으니까요. 서양에서는 기술을 동원하여 이루어지는 행위와 그 행위의 결과 사이에 너무 많은 단계가 개입되어 있어서, 우리가 어떤 잘못을 저지르고 있는지 쉽게 파악하기가 어렵습니다. 인간의 행동도 근본적으로 다른 동물과 다를 바가 없어요. 동물과 마찬가지로 인간도 되도록 많은 것을 소유하려 애쓰고, 자신의 종을 번식시키고 싶어하지요. 우리가 화석연료를 채굴해 쓰지 않았다면 사정이 정말 지금보다 나았을까요?

　말하자면 우리 인간은 자기 손에 곤봉이 쥐어져 있는데 그걸 어떻게 사용해야 할지 몰라 좌충우돌을 겪고 있는 거예요. 우리의 생존을 위협하는 상황을 변화시키기 위해 우리가 동원할 수 있는 도구는 '이성의 통찰'인데, 그 이성은 다른 생물에겐 없는 겁니다. 따라서 현재의 어려운 상황을 벗어나고자 한다면, 인간이 특별하다는 사실을 굳게 믿어야 합니다. 인간을 동물과 같은 위상에 놓으면, 그 인간은 동물과 다를 바 없이 행동하게 되고, 상황을 이성적으로 처리할 수 없게 될 것입니다. 인간은 되도록 많은 것을 취하고 자신의 종을 번식시키고 싶어 하지요. 특히 번식이라는 면에서 인간이 거둔 성공은 실로 가공할 정돕니다.

판넨베르크 '창조의 꽃'이라는 표현은 성서의 〈창세기〉에는 전혀 등장하지 않습니다. 하지만 〈창세기〉가 실제로 인간에게 특별한 지위를 부여하지 않았다면, 그런 말은 생겨나지도 않았겠지요. 인간의 특별한 지위는 인간이 신과 특별한 관계에 있다는 사실에서 비로소 드러나게 됩니다. 그런 관계는 신이 한 인간으로 육화(肉化)하여 세계 안으로 들어온 사건에서 더욱 분명해지지요. 신은 당나귀나 침팬지나 판다 곰을 통해서가 아니라 바로 인간을 통해서 자신을 창조와 결부시킵니다. 인간이 특별한 존재란 사실이 바로 여기서 분명해집니다. 이런 사실은 이미 구약성서의 창세기에 암시되어 있지요. 창세기에서 "하느님의 모습대로 사람을 지어내셨다"(창세기 1:27)고 하는 말은, 인간이 신과 한몸을 이루고 있고, 따라서 피조물 안에 창조주가 현존한다는 뜻입니다. 인간이 특별한 지위를 차지한다는 말도 그런 맥락에서 나온 것이고 말입니다. 그런데 인간의 특별한 지위는 신과 상관없는 일이며 인간 스스로 '창조의 꽃'이 되었노라고 믿게 되는 순간, 신과 인간의 관계는 뒤틀리기 시작합니다. 인간이 인류와 자연에 대해서 저질렀거나 저지르고 있는 끔찍한 일들은, 신과 인간이 한몸이라는 관계를 인간 스스로 저버렸다는 증거예요.

마이어 아비히　　그렇다면 문제는 그리스도교 신앙이 앞으로 '신의 모습대로 창조된 인간'이라는 말을 어떻게 이해해야 할 것인가가 되겠군요. 그 말로 인해 일어난 일들을 생각하면 더더욱 그렇습니다. 구약성서에서 말하는 '신의 모습'대로 창조된 인간이란 인간이 다른 피조물에게는 허용되지 않은 일을 할 수 있는 '특권'을 가지고 있다는 말이 아니라, 어떻게 행동하는 것이 옳은가에 대한 지침과 기준을 제시하는 말입니다. 그게 구약성서의 참뜻이에요. 신의 모습을 따라 창조되었다는 생각 때문에 우리는 갖가지 상상을 하게 되었는데, 교회를 예로 들어보지요. 고대 그리스 사람들은 신을 예비하는 행사를 노천에서 열었고, 신전을 그야말로 신이 거하는 집으로 여겼습니다. 사람들은 기껏해야 신전의 전실(前室)까지만 들어갔지, 신전에는 발도 들여놓지 않았지요. 그때까지는 인간이 자연의 일부였어요. 그러다가 그리스도교에 와서는 사정이 달라졌습니다. 사람들은 직접 교회에 들어가서 바깥으로 통하는 문을 모두 닫았습니다. 이제 사람들은 신 앞에 나아가서 신의 면전에서 예배를 올리게 된 거죠. 그 밖의 다른 세계는 철저하게 배제되었고요.

　세월이 흐르면서 우리는 이제 그런 그리스도교의 배타성이 어떤 결과를 가져왔는지를 깨닫게 되었습니다. 이제는 세상을 향해 교회의 문을 다시 열고, 인간만이 신의 모상(摸相)이라는 생각에서 벗어나야 할 때입니다. 창조는 인간에게 무엇인가를 기대하고 있습니다. 창조는 인간이 이 세계 속에 희망과 자유의 징표를 가져다주기를, 우리를 둘러싼 모든 생물과, 우리가 그토록 참혹하게 짓밟고 있는 산, 강, 계곡, 바다를 위해 그런 징표를 보여주기를 간절히 기다리고 있습니다.

판넨베르크 교회가 바깥 세계와 차단된 건축물이 되고 만 것은, 그것이 천상의 예루살렘, 즉 장차 완성될 신의 나라를 상징적으로 표현하기 때문입니다. 다른 피조물들을 배제하고 있어서가 아니라는 거지요. 인간이 신의 모습대로 만들어졌다는 말을 이해하는 데는, 사도 바울로의 말이 길잡이가 될 수 있을 듯싶군요. 사도 바울로가 말하는 신의 모상은 구약성서의 의미와 일치합니다. 그는 창조주와 모든 피조물 간의 결합을 유지할 의무가 인간에게 있음을 강조하지요. '창조의 꽃'이라는 식으로 인간이 스스로를 특별한 존재라고 생각하고 그 때문에 과오를 범하는 일은, 역사 속에서 신과 인간의 연결이 끊어졌을 때마다 일어났어요. 이는 결코 그냥 넘어갈 수 없는 사실입니다. 인간은 이성을 타고났지만, 인간의 행동은 비이성적이고 무책임합니다. 그런 비이성적이고 무책임한 행동을 신학자들은 '죄'라고 부르지요. 〈창세기〉에서 인간의 의무로 규정하고 있는 '신과 인간의 합일'을 그런 행동으로 깨뜨리는 일을 성서는 '죄'라는 말로 표현합니다. 신으로부터 떨어져 나와서 인간 스스로가 신이 되려 하고 신 대신 자신이 창조의 주역임을 참칭(僭稱)할 때, 인간은 죄를 범하게 되는 것입니다.

부케티츠 지금까지 이야기한 인간의 행동에 꼭 '죄'라는 말을 붙여야 하는지 모르겠군요. 태초부터 인간이 해온 일이 뭡니까? 다른 종(種)들과 마찬가지로 필요한 자원을 확보하고 살아남으려고

한 것뿐이잖습니까? 그런 행동이라면 인간만이 하는 건 아닙니다. 다만 인간이 좀 더 특별한 능력을 개발한 탓에 필요 이상으로 더 많은 자원을 갖게 된 게 화근이었죠. 인간이 다른 종을 몰아내고 망가뜨리기 시작한 것도 그 때문이니까요. 어떤 생물이라도 인간과 같은 상황에 있으면 같은 행동을 하리라고 봅니다. 그리고 인간이 신에게서 '떨어져 나왔다'는 말도 이해하기 힘들군요. 언제 그런 일이 있었나요? 네안데르탈인 시대인가요, 직립원인이 등장하면서부턴가요? 아니면 이른바 '문명인'이 등장해서 이것저것 깊이 생각하게 되면서부턴가요?

　감히 말하건대, 인간은 자연이나 창조에 대해서 여지껏 책임 있게 행동한 적이 한번도 없었다고 봅니다. 다만 과거에는 지금과 같은 파괴력을 갖고 있지 못했을 뿐이겠지요. 네안데르탈인이라고 해서 타고난 환경보호론자는 아니었을 겁니다. 자연의 파괴는 인간이 타락했기 때문이 아니라, 나름대로 뭔가를 얻으려고 노력하는 가운데 어쩔 수 없이 생긴 일이라고 생각합니다. 어느 종이든 그런 경향은 다 잠재적으로 가지고 있어요. 어떻게 행동하는 것이 바람직한지 알면서도 일부러 그렇게 행동하지 않을 때에만 '죄'라든가 '타락'이라는 말을 사용할 수 있지 않을까요? 말하자면 공룡들이 스스로의 멸종에 책임을 져야 하는 것도 아니고, 지나친 편식으로 지구상에서 사라져가는 판다 곰이 더 늦기 전에 식습관을 고쳐야겠다고 결심할 수는 없는 노릇이지요. 하지만 우리 인간은 무엇인가를 바꿀 수 있는 경우에도 바꾸지 않고 버팁니다. 그런 의미에서, 인간은 이성을 타고났으면서도 비이성적으로 행동하는 아리송한 '특권'을 가지고 있다고 하겠습니다.

뛰르   생태계의 상위 단계에 앉아 있다고 해서 인간이 딱히 더 현명한 것도 아니에요. 우리가 그렇게 어리석게 행동하는 것은 오히려 '인간만이 가지고 있는' 능력 때문입니다. 능력이 도리어 재앙이 된 셈이지요. 우리가 그렇게 마음대로 거드름을 피울 주제가 못 되었다면, 이러한 피해도 끼칠 수 없었을 겁니다. 그렇기 때문에 진화의 더 위 단계에 이르면 그만큼 능력을 이성적으로 사용할 의무도 갖게 됩니다. 그 의무를 소홀히 할 때 우리는 멸망하게 되고, 동시에 창조의 일부도 사라지게 되겠지요.

부케티츠   저라면 '진화의 상위 단계'라는 표현은 되도록 사용하지 않겠습니다. 지구상에 존재하는 모든 종은 자신이 안주할 틈새를 찾아내는 데 뛰어난 능력을 가지고 있어요. 다시 말해, 어떤 종이든 간에 다른 종에 없는 특별한 능력을 가지고 있기 마련이라는 거지요. 하지만 저는 그런 능력을 서로 비교해서 진화의 단계가 더 높다느니 낮다느니 말하고 싶지 않군요. 인간이 다른 생물과 구별되는 점이 있다면, 그러지 말아야 하는 줄 뻔히 알면서도 수많은 종을 말살하고 결국에는 자신마저도 파멸로 몰아가는 행동을 한다는 겁니다. 오늘날 지구상에서 대규모 멸종사태가 벌어지고 있다는 사실을 과연 몇이나 알고 있을까요? 미국의 동물학자 에드워드 윌슨(Edward O. Wilson)의 추정에 따르면, 한 시간에 세 가지 종이 지구상에서 자취를 감추고 있습니다. 어림잡아 하루에 70종, 열흘에 700종, 한 달이면 2000종 이상이 사라지고 있는 꼴입니다. 사실 이 정도의 대량 멸종사태는 지구의 역사에서 드물지 않게 있었어요. 생물의 진화는 언제나 위기와 재난과 함께 진행되어왔다고 할 수 있습니다. 7000만 년 전에 갑자기 멸종해버린 공룡이 그 좋은 예지요. 그렇지만 오늘날의 사태가 지난날의 위기나 재난과 다른 점은, 인간이라는 단 하나의 종이 주범이 되어 그런 대량 멸종 사태를 일으키고 있다는 사실입니다.

　오늘날 지구상에는 약 1500만~2000만을 헤아리는 종이 살고 있습니다. 지구는 그 모든 생물에게 일정한 양의 에너지를 제공하지요. 그런데 인간이라는 종은 이 에너지를 걸신들린 듯 써대며 게걸스레 독식하고 있습니다. 인간은 지구상의 모든 가용 에너지의 20~25퍼센트를 소비하죠. 이것 말고도 우리가 분명히 알아야 할 것은, 인간 때문에 사라져가는 종의 대부분이 생물학적으로 전혀 알려져 있지 않은 것들이라는 사실입니다. 그런 종이 있었는지 알려지지도 않은 채 절대 다수의 종이 사라져버린다는 것은 슬픈 일이에요. 인간은 자연에 깃든 종의 위대한 다양성을 파괴하고 있습니다. 바로 여기에서, '과연 우리가 앞으로도 계속 지금까지처럼 자연을 대해도 좋은가'라는 윤리적인 질문을 하게 됩니다. 우리가 아는 한, 그런 문제를 생각할 수 있는 존재는 인간뿐입니다. 그리고 바로 그 때문에 우리가 자연에 대해 책임을 져야 하는 거고요.

마이어 아비히　여기 우리 주위에 펼쳐져 있는 것들을 한번 둘러보세요. 인간의 손길이 다듬고 가꾸어 만들어놓은 풍경을 둘러보면, 인간이 세계 속에 얼마나 아름다운 것을 만들어 놓을 수 있는지 금세 알 수 있어요. 이곳의 에트루리아인(지금의 토스카나 지방에 살던 고대 민족. 기원전 4~3세기경에 로마인들에게 밀려났다─옮긴이)과 그 조상들이 수천 년 전부터 자연을 조심스레 다루고 자연과 잘 어울리는 집을 지으며 살지 않았다면, 지금의 모습은 이렇지 않았을 겁니다. 여기 토스카나 지방의 오래된 집들은 이 지방에서 나는 진흙과 돌로 지어졌고, 그래서인지 마치 땅에서 자라 올라온 듯한 느낌을 줍니다. 이곳의 실측백나무들만 해도 원래 이 지방에는 없었는데 사람들이 이곳에다 옮겨심은 거예요. 이렇게 애써 집을 짓고 나무를 옮겨심다 보니, 오늘날 이곳에는 정말 긍정적인 의미에서 '사람이 가꾸어놓은 풍경'이라고 할 만한 환경이 만들어졌지요.

여기 와서 보면, 인간이 자연을 가꾸며 산다면 얼마나 대단한 능력을 발휘할 수 있는지 알 수 있어요. 하지만 현대 산업사회는 자연을 가꾸며 사는 법을 잃어버렸지요. 어쩌다 그렇게 되었을지는 짐작이 갑니다. 결정적인 원인은 아마도, 우리가 '분업이라는 것을 하게 되면서 자연의 문제, 자연을 다루는 문제를 전적으로 자연과학과 기술공학에 내맡기고, 정신과학과 사회과학의 과제를 심리 문제와 사회 문제 안에 가둬버린 데 있을 겁니다.

인간이 창조에 대해 책임을 져야 한다면, 신에 대해서도 책임을 져야 하는 걸까요?

판넨베르크　책임이란 인간의 능력이 닿는 범위 안에서만 질 수 있는 겁니다. 지난 몇 세기 동안 인간의 능력이 엄청나게 커진 건 사실이지만, 인간이 져야 하는 책임은 실제로 감당할 수 있는 능력 이상으로 급속하게 늘어났습니다. 인간의 능력은 인간이 뭐든지 해도 괜찮을 만큼 무한정 자라나진 않아요. 따라서 인간은 신에 '대해서'가 아니라 신의 '보호 아래' 책임을 지게 됩니다.

마이어 아비히　신이 우리 안에 살아 있는 한, 우리는 '신에 대해서', 그리고 '신과 더불어' 책임을 집니다. 그 이유를 설명하자면 이렇습니다. 성서는 인간에게 자연을 지배할 권한을 줬습니다. 노예처럼 부리거나 함부로 파괴하지 않으면서 세계를 책임지고 지배할 권한을 말이죠. 말하자면, '제대로' 지배하라는 거였어요. 그런데 지금까지의 역사를 살펴보면, 이른바 세계 지배라는 이 '종교적 실험'은 실패로 돌아갔거나, 아니면 우선 좀 보류해야 되지 않겠는가 하는 쪽으로 기울게 됩니다. 우리가 세계를 지배할 권한을 가지고 쥐락펴락할 것이 아니라, 책임질 수 있는 만큼만 행동하는 정도로 물러서야 될 것 같습니다. 모든 생물이 그렇듯, 우리도 다른 생명의 도움 없이는 한시도 살 수 없으니까요. 살기 위해서 우리는 적어도 식물이라도 섭취해야 하는데, 그 식물도 동물과 다름없는 생명체입니다. 그러니 채식주의자라도 이 문제에서는 자유로울 수 없지요. 우리는 생명을 유지하기 위해서 필요 이상으로 많은 것을 취하고 있습니다. 따라서 우리의 책임은, 우리가 세계에 대해 얼마나 큰 빚을 지고 있는지를 묻는 데서부터 시작되는 겁니다. 우리가 세계로부터 얻은 것은 반드시 그 무엇으로 되갚아야 합니다. 인간이 있음으로 세상은 더 아름답고 좋은 곳이 될 수도 있을 텐데, 현실은 그럴 것 같지가 않군요.

판넨베르크   우리가 고민하는 문제나 그런 문제로 인한 무력감을 해결하려고 신을 끌어들인다고 해서 과연 그 신이 우리를 도울 수 있겠는가 하는 점도 의문이에요. 그리스도교의 교리는, 신이 아들을 보내고 그 아들을 통해서 인간이 되어 십자가에 매달리기까지 했다고 가르치지요. 그러나 신이 인간의 고통에 참여하기는 하지만, 인간은 신과는 구별된다는 점 또한 강조합니다. 그런 구별이 없다면, 십자가에서 죽은 예수의 부활은 생각조차 할 수 없는 일일 테죠. 이 세계가 겪는 모든 고통을 함께 겪으면서 신이 이 세계 안으로 들어온 것이라는 생각에는 저도 공감합니다. 그러나 이 세계 속으로 들어온 신이 어디론가 사라져버렸다고 여겨선 곤란해요. 그렇다면 신은 우리에게 아무런 도움의 손길도 주지 못할 테니까요.

뷔르 인간에게 모든 책임이 있는 것으로 생각해선 안 될 것 같습니다. 물론 언젠가는 우리의 생각 이상으로 많은 책임을 져야 하는 상황이 닥치겠지요. 지금으로선 장기적으로 우리 자신의 이익에 직접적인 영향을 끼칠 문제만이라도 당장 책임 있는 태도로 대해 줬으면 좋겠어요. 그렇게 된다면, 우리 자신의 생명이 다른 생물들의 생명과 한데 얽히고설켜 있어 주변의 모든 생명체와 운명을 함께할 수밖에 없다는 사실을 깨닫게 되겠지요. 이렇게 생명체들이 서로 얽혀 있는 구조는 바윗덩어리로 만들어진 피라미드라기보다는 '카드로 만든 집'과 같다고 하는 편이 옳겠습니다. 아슬아슬하게 버티고 있는 그 집 안에서 누군가가 멋모르고 날뛴다면 집 전체가 무너지고 말아요. 그러니 우리 자신의 이익을 위해서라도, 우리와 무관해 보이는 것들까지 조심스럽게 다뤄 안정을 깨뜨리지 말아야 합니다.

인간은 다른 어떤 생물보다도 깊이 통찰할 수 있는 능력이 있기 때문에 책임을 떠맡을 능력도 있어요. 하지만 지금의 자연과학만 봐서는 과연 인간에게 책임 있게 행동할 능력이 있는지 의문스러워요. 물리학으로는 안 돼요. 자연과학은, 인간이 생각만이 아니라 행동으로 책임을 져야 한다는 사실을 언젠가 꼭 보여줘야 합니다. 그러니까 인간은 자신의 행동을 통해서 어떤 형태로든지 미래에 영향을 미칠 수 있다는 말이죠. 꼭 거창한 행동이 필요한 건 아니에요. 자연계 전체를 안정시키는 데는 아주 작은 일도 큰 힘이 되니까요. 이런 사실을 안다는 것만으로도 우리는 책임 있게 행동할 의무가 있는 겁니다. 이렇게 우리 행동의 영향과 책임을 둘러싼 모든 상황은 이론이 아니라 우리 앞에 닥친 현실이에요. 이 현실을 해결하지 않으면 어려운 상황이 벌어질 겁니다. 그것이 지구의 멸망을 의미하지는 않겠지만, 세상은 아마도 4억 년 전쯤으로 돌아가고, 인간은 다시 한번 바닷속에서 살다가 육지로 올라오는 진화 과정을 되풀이해야 할지도 모릅니다. 우리가 스스로 문제를 해결하는 데 필요한 현명한 행동이 무엇인지 배울 능력이 있다는 것을 분명히 자각하기만 한다면, 아마도 멸망까진 가지 않을 수도 있겠지요.

하지만 어쩌면 운명의 주사위는 이미 던져졌는지도 모릅니다. 그렇기에 지금 자연을 보호하려고 애쓰는 사람들이, 창조의 계획이라는 입장에서 바라본다면 가장 해로운 존재일지도 몰라요. 이들은 자신이 올라탄 나뭇가지를 스스로 자르는 자해행위를 방해하고 있으니까요. 지금과 같은 사태를 내버려둔다면, 신도 피조물 전체를 보호하기 위해 인간을 되도록 빨리 창조의 구도에서 몰아내려 들지도 모를 일이지요.

마이어 아비히 인류의 멸망을 재촉하는 일을 과연 어디까지 정당화할 수 있을지 자문해봅시다. 저는 차라리 인류가 멸망하는 편이 세계 전체를 위해 바람직하다는 사람들의 심정을 이해할 수 있어요. 하지만 인간으로 인해 이런 불행과 재난이 다른 생물에게까지 미친다면, 그에 대한 책임은 어떻게 되겠습니까?

부케티츠 그렇다고 해서 인간이 우주에서 일어나는 모든 일에 대해 책임을 져야 한다는 윤리 기준이 반드시 있어야 할까요? 하지만 우리 스스로의 행동에 대해서는 분명히 책임이 있어요. 생물학적으로만 보아도, 우리가 살아남으려면 지금보다는 훨씬 더 책임 있게 행동해야 한다고 생각합니다. 그러려면 우리가 자연에 대해 끊임없이 가하는 조작과 개입이 어떤 결과를 가져올지를 심각하게 고려해봐야 해요. 그런데 슈바이처[30]가 말하는 '생명에 대한 경외', 말하자면 생명 자체를 위한 생명의 보호라는 식의 다소 낭만적인 윤리로까지 확대시켜야 할까요? 훨씬 단순한 이유만으로도 충분한데 말입니다. 우리가 살아남기 위해서는 그저 일정한 자연법칙만 지켜나가면 되는 겁니다. 우리가 살아남으려면 다른 생명체들이 있어야 한다는 걸 생각하자는 정도지요.

이렇게 말씀드리면 제가 메마른 경제 원칙으로 모든 것을 재단하거나, 환원주의(복잡한 현상을 논리적으로 단순한 모양으로 '환원시켜서' 우선 가능한 해답을 얻으려는 입장. 여기서는 생명현상도 물리와 화학이 제시하는 설명의 범위 안에서 이해하는 데 만족한다는 의미로 쓰고 있다 – 옮긴이)적인 시선에 얽매여 있는 사람처럼 보일지도 모르겠군요. 하지만 이렇게 결과에 초점을 맞추는 경제적인 관점이 오히려 창조의 위대함과 생명의 가치를 더욱 확실하게 입증해줄 수도 있습니다.

무횔러 경제 원칙을 초보적인 형태의 다원주의와 연결하는 덴 뭔가 오해가 있다는 생각이 드는군요. 경제 원칙에 입각한 다원주의의 내용은 강자만이 살아남는다는 것일 텐데, 그건 전혀 사실과 다르니까요. 진화라고 하면 한 쪽의 장점이나 이익이 자동적으로 다른 쪽의 단점이나 불이익을 의미하는 '제로섬 게임'(zero-sum game)[31]

인 것처럼 느껴지죠. 하지만 실제로 차원이 높은 생명체의 경우를 보면, 장기적으로 살아남는 종이 오히려 '플러스섬 게임'(plus-sum game)을 하고 있다는 걸 알게 됩니다. 플러스섬 게임에서는 한쪽의 장점이나 이익이 동시에 다른 쪽에게도 장점이나 이익이 되는데, 이는 양쪽이 서로를 도와주고 있기 때문이에요. 이런 경우 진화의 목표는 일정하게 정해져 있지 않고, 상황에 따라 얼마든지 달라질 수 있습니다. 상호협력은 생물의 적응력을 배가시켜주지요. 따라서 "이웃을 네 몸같이 사랑하라"는 명령은 생물학적으로 봐도 타당한 근거가 있는 말입니다.

부케티츠　실제로 진화 과정에서는 모든 것을 짓밟아 뭉개는 가장 강한 자만이 살아남는 건 아닙니다. 다윈을 그렇게 이해한다면 터무니없는 오해예요. 살아남는 것은 자기 나름대로의 생존전략을 만들어낸 생물입니다. 그리고 그렇게 살아남기 위해서는 다른 종과의 협력도 늘 중요한 요인이 되어왔고요. 인류도 끊임없이 투쟁만 해왔다면 결코 지금의 이 자리에 앉아 있지 못했을 겁니다. 하지만 유감스럽게도 인간은 이미 초기 진화 단계 때부터 서로에 대해 그다지 호의적이지 못했던 것 같습니다.

판넨베르크　우리가 져야 할 책임은 이제 감당할 수 있는 수준을 넘어서버린 게 분명해요. 아무런 대가를 치르지 않은 채 자연에 대한 지배를 포기하고 빠져나오기도 쉽지 않을 성싶고 말입니다. 이 책임은 어쩔 수 없이 우리가 지고 나갈 도리밖에 없습니다. 자연을 지배할 권능이 인간에게 너무 많이 주어진 탓이지요.

인류가 겪은
세 가지
모욕

흔히 인류가 세 가지 모욕을 겪어야 했다는 이야기를 하지 않나요?

무칠러 물론입니다. 첫번째 모욕은, 코페르니쿠스와 갈릴레이 등이 종래의 천동설을 뒤엎고 태양을 중심으로 하는 새로운 세계상을 제시한 일이었습니다. 그때까지 사람들은 지구가 우주의 중심이고, 따라서 자신들이 우주의 중심에 살고 있다고 믿었어요. 그러다가 천체의 운동을 훨씬 쉽게 설명하려면 지구가 태양 주위를 돌고 있는 행성인 것으로 이해해야 한다는 사실을 알게 되었지요. 두번째 모욕은, 인간이 '창조의 꽃'이랄 만큼 특별한 존재가 아니라 진화의 역사 속에서 다른 생명체들과 얽혀 진화해온 일개 생물에 지나지 않음을 증명한 다윈의 진화론이었습니다. 세번째 모욕은, 인간이 자기 자신조차 온전히 지배하지 못하는 존재라는 프로이트의 심리학이었어요. 프로이트는, 무의식이 인간의 행동에 대해 우리가 알고 있던 것보다 훨씬 더 큰 영향을 미친다고 주장했지요. 요즘은 이것들 말고도 인간의 정신조차도 초자연적 실체가 아닌 물질의 작용으로 이해하는 진화론적 인식론을 또다른 모욕으로 들기도 합니다. 이렇듯 인간은 점점 중요성을 잃어가고 있어요. 적어도 인간 스스로는 그렇게 느끼고 있을 겁니다. 글쎄요, 그런 생각이 옳은 것인지는 잘 모르겠어요. 어쨌거나 인간의 이성이 세상의 모든 것보다 우월하다고 믿었던 단순하고 계몽주의적인 낙관론의 입장에서 본다면 모욕이겠죠.

마이어 아비히　코페르니쿠스가 종래의 세계상을 뒤엎기 전에도, 이 지구는 우주의 중심이라고 생각되긴 했지만 그다지 고상한 장소는 아니었던 듯합니다. 코페르니쿠스 이전에도 이 세계는 이상향이 아니라 가장 비천하고 저급한 장소로 여겨졌으니까요. 지구가 저 옛날에는 고상한 장소였다고 하는 얘기는 '인류가 겪은 세가지 모욕'이라는 표현을 만들어낸 프로이트 같은 사람들이 퍼뜨린 말이에요. 게다가 우리 자신이 자연에 속해 있다는 자각을 어째서 모욕으로 느껴야 하는지 모르겠군요. 그건 모욕이 아닙니다. 프로이트가 가졌던 세계관으로 본다면, 그런 일들은 분명 모욕이었겠지만요. 이 문제는 인간의 의식이 변해온 역사를 돌이켜볼 때 아주 흥미로운 점이 아닐 수 없습니다.

판넨베르크　저도 그것이 전혀 모욕이라고 생각지 않아요. 〈창세기〉의 첫번째 창조 이야기에서 인간은 다른 동물들과 함께 엿샛날에 만들어집니다. 고등동물이나 인간이 모두 같은 날 창조되었다는 이야긴데, 다윈의 진화론은 이 사실을 다른 형태로 기술하고 있을 뿐입니다.

　물론 자연과학의 이론에 반기를 드는 창조론자들도 있습니다.[32] 이 사람들은 성서의 이야기를 글자 그대로 받아들여서, 성서의 창조 이야기와 진화론이 완전히 대립하는 내용이라고 주장하지요. 하지만 그런 주장은 성서의 내용을 오해한 탓이에요. 성서가 쓰인 시대의 맥락에서 성서를 읽으면, 엿샛날에 이루어진 인간의 창조가 고등동물의 창조와 얼마나 밀접하게 연결되어 있는지 알게 됩니다. 성서를 창조론자들처럼 글자 그대로 받아들이면, 하느님이 땅을 향해서도 직접 말씀을 하셨고, 식물만 아니라 동물도 하느님이 직접 만들었다고 인정해야 합니다. 그런데 바로 이 점이 창조론자들을 곤혹스럽게 만들어요. 진화에 대한 기계론적인 이해가 신앙심 깊은 사람들에게 상처를 입힌 거죠. 그런 기계론이 하느님께서 당신의 손으로 인간을 직접 빚었다는 사실을 부정한다고 생각했으니까요. 그렇게 기계론에 바탕을 둔 진화론은 오늘날에는 더 이상 설득력 있는 대안이 되지 못하고 있습니다. 진화론도 처음보다는 훨씬 발전해서, 이제는 진화가 애초부터 함축되어 있던 요소들이 시간이 지남에 따라 펼쳐져 나오는 현상이라고 말하지 않습니다(참고로 '진화'evolution의 어원인 라틴어 동사 evolvere는 '두루말이와 같이 말려 있던 것을 풀어 펼친다'는 말이다 – 옮긴이).

진화 과정 속에선 새로운 것, 근원을 해명할 수 없는 새로운 무엇이 끊임없이 생겨납니다. 진화론의 관점에서 보아도 세계는 매 순간 새롭게 만들어지고 있는 것이지요. 인간이 원숭이 같은 동물에서 진화했다고 해도, 그렇게 순간순간 세계가 새롭게 만들어진다는 사실은 흔들리지 않습니다. 새로 태어나는 인간 하나하나가 신의 손에 의해 새롭게 창조되기 때문이지요. 또 매일 아침 잠에서 깨어날 때마다 우리는 새롭게 신의 손을 떠나는 겁니다.

찰스 다윈(Charles Darwin, 1809~1882)은 진화론의 시조이다. 다윈은 스물두 살의 나이에 세계여행을 시작했는데, 5년에 걸친 이 여행에서 생물이 진화한다는 직관을 얻게 되었다. 여행을 하는 동안 다윈은 종(種)이 항구불변한다는 당시의 상식을 뒤엎는 생물학적인 현상들을 관찰했다. 삼십대 후반에 다윈은 생물들 사이에는 '선택'(selection)이라는 현상이 일어난다는 사실을 알게 되었다. 그는 그뒤 20년 동안 이 문제를 연구한 끝에, 마침내 '자연선택' 이론을 세상에 내놓았다.

1859년 다윈은 자신의 이론을 《종의 기원》(On the Origin of Species by Means of Natural Selection)이라는 제목으로 발표했다. 이 책에서 다윈은 종의 진화가 다음과 같이 서로 독립된 두 단계를 거친다고 설명한다. 먼저, 우연히 어떤 종의 변이가 발생하고, 이 변종이 주변 조건에 따라 자연스레 도태되거나 살아남는다. 이렇게 유전을 거치는 동안 환경에 적응할 능력을 갖추게 될 뿐아니라 과도하게 번식하기 때문에 생존경쟁이 일어나게 된다. 그래서 환경에 가장 잘 적응하여 다른 종과의 생존경쟁에서 유리한 위치를 차지하는 종이 살아남게 된다. 이런 과정을 '선택'이라고 한다. 다윈의 저술은 학문의 역사에서 가장 큰 변혁 가운데 하나로 평가된다. 다윈의 진화론은 생명이나 종이 항구불변한다는 생각에 종지부를 찍었다.

부케티츠 두번째 모욕이라고 하는 다윈의 진화론이야말로 인류가 겪은 가장 충격적인 모욕이었을 겁니다. 적어도 19세기에는 말이죠. 다윈의 진화론이 초래한 모욕은 실상 두 가지였습니다. 하나는 생명체가 다양한 형태로 존재한다는 사실을, 처음으로 보편적인 목적론을 동원하지 않고 설명했다는 사실입니다. 다윈은 적자생존이라는 기계론만으로 종의 다양성을 설명하려 했어요. 바로 그런 시도가 19세기의 세계상으로는 커다란 모욕이 되었던 거죠.

다윈 시대 사람들을 가장 혼란스럽게 만든 것은 인류의 조상이 원숭이라는 사실보다도, 자신들이 살고 있는 세계가 기계적인 힘에 지배되고 있다는 사실이었습니다. 그러니까 생물학에서는 자연선택이라는 기계적인 원칙만 통한다는 사실을 받아들이기가 힘들었던 것이죠. 침팬지, 고릴라, 오랑우탄 등 현존하는 유인원들과 비슷한 동물이 인류의 조상이라는 말도 한몫을 했고요. 그건 아마도 심리적인 문제가 아니었을까요? 만일 다윈이 판다 곰을 우리 조상이라고 했더라면, 사람들이 그렇게까지 자존심을 다치지는 않았을 테니까요. 판다라면 그 아름다운 눈 하며 얼마나 사랑스런 외모입니까? 사람들의 보호본능을 자극하는 데다, 무엇보다도 사람하고는 전혀 다르게 생겼죠. 거기다 비하면 침팬지는 한번쯤 의심해보지 않을 수 없을 만큼 비슷해 보이지요. 진화론 때문에 겪게 된 그러한 모욕을 사람들은 아직까지도 이겨내지 못하고 있는 듯합니다.

다윈은 자신의 그 유명한 저서에서 종의 기원을 설명하면서, 우리가 알고 있는 최고의 생명체는 숱한 굶주림과 죽음을 겪는 가운데 탄생하게 된다는 사실을 실감 나게 표현하고 있습니다. 다윈의 이런 주장은 사람들에게 모욕감을 넘어 두려움마저 불러일으켰지요. 다윈의 이론에 따르면, 모든 생물이 서로 간에 균형을 적절히 유지하면서 적당히 번식하는 게 아니라 특정한 종들만 지나치게 번식한 나머지 균형이 깨질 뿐 아니라 번식의 규모도 자연자원이 감당할 수 있는 한도를 넘어선다고 합니다. 과도한 번식과 자원 부족 사태가 맞물려 일어난다는 거지요. 따라서 살아남기 위한 경쟁이 불가피합니다. 경쟁이라고 해서 반드시 유혈투쟁이나 비열한 도둑질이 따르는 건 아니지만, 아무튼 남보다 우월한 생존전략을 개발한 쪽이 우선은 살아남게 됩니다.

예를 들면 다른 종보다 더 빨리 달릴 수 있다거나, 먹이가 있는 곳의 냄새를 더 잘 맡는다거나, 적으로부터 스스로를 지키는 능력이 뛰어난 생물이 승자로 남는다는 거지요. 남에게 없는 특성을 가지고 있어서 경쟁에서 유리한 위치를 차지하고 살아남는 생물이 있는가 하면, 별 장점이 없어서 생존능력을 잃고 멸종에 이르는 생물도 있습니다. 이건 결코 낭만적인 모습이 아니지요. 진화가 지니고 있는 이런 냉정하고 잔혹한 면모에 다윈 당대의 사람들은 경악과 당황을 금치 못했지요.

뛰르　첫번째 모욕이라는 건 순전히 오해 때문에 느끼게 된 게 아닌가요? 생각해보면, 사실 지구나 태양 어느 쪽도 우주의 중심은 아니거든요. 우주에는 어차피 중심이란 게 없습니다. 따라서 누구라도 자신이 우주의 중심이라고 주장할 수 있다는 얘긴데, 하지만 중심에 있어서 딱히 득될 일도 없어요. 중심에 있는 것보다는 '전체와 연결되어 있는' 편이 더 유리합니다. 인간은 복잡한 직물의 일부예요. 그렇다고 올 하나하나가 기계처럼 단순하게 연결되어 있다는 것은 아닙니다. 자신을 거대한 시계의 작은 톱니바퀴 가운데 하나일 뿐이라고 생각하는 기계론적인 사고방식은 구시대의 유물입니다.

　오늘날의 세계관은 그보다 훨씬 열려 있어요. 오히려 세계가 이렇게 열려 있음에도 어떻게 법칙이란 것이 있을 수 있는지 되묻게 될 정도니까요. 이제는 다들 중심에 있느니 변두리에 있느니 하는 것보다 '전체'에 섞여들어 있는 편이 훨씬 유리하다는 사실을 압니다. 그래야만 자기 주변에서 무슨 일이 일어나는지 늘 감지할 수 있으니까요. 인간을 특별한 존재로 보는 건, 전체의 바깥에 존재하는 다른 생물들과는 다르게 인간이 우주의 체계 전체를 들여다볼 수 있는 정신의 깊이를 가졌기 때문입니다. 진화란 어쩌면 전체를 이루는 부분인 우리가 그 전체를 '안으로부터' 더욱 깊이 이해하는 과정인지도 모릅니다. 우리가 전체로부터 떨어져 나와 전체의 '바깥'에 서 있다면, 우리는 그 '바깥의 냉기'에 꽁꽁 얼어붙고 말 겁니다.

하나의 우주물질이 지닌 두 얼굴

피에르 테야르 드 샤르댕(Pierre Teilhard de Chardin, 1881~1955)은 예수회 수사이자 지리학자, 고생물학자였다. 그는 스스로를 '학자 수사'라고 부르면서, 과학과 종교를 하나로 통합하는 길을 찾는 데 일생을 바쳤다. "나에게는 과학과 종교가 늘 하나이고, 둘 다 같은 목표를 추구하는 것으로 보인다"는 그의 말은 테야르의 출발점이 무엇인지를 잘 말해준다. 1962년까지만 해도 테야르의 저작들은 가톨릭 교회의 가르침에 어긋난다는 비난을 감수해야 했다. 자연과학을 연구하면서 테야르는, 다윈의 진화론과 그것을 바탕으로 하는 세계상이 옳다는 확신을 얻게 되었다. 그뿐 아니라 테야르는 정신과 물질의 관계를 밝히고자 노력했다. 그에게는 정신과 물질이 서로 다른 두 가지가 아니라, '하나의 우주물질이 지닌 두 가지 상태 또는 두 얼굴'이었다.

세계를 순전히 유물론의 눈으로만 관찰하는 당대의 흐름에 거슬러 테야르는, 물질이라는 '외면'뿐 아니라 그 외면에 포함된 정신이라는 '내면'을 함께 생각했고, 우주와 생명의 발달에 대한 자신의 연구에서 양자를 통합하려고 노력했다. 테야르에 따르면, 우주는 아주 단순한 시작점(이른바 '알파점')에서 출발해서 점점 복잡한 체계를 이루게 되었다. 그리고 생물의 진화가 진행됨에 따라 정신 또한 '의식'이라는 형태로 확산되어 이른바 '정신계'를 이루게 된 것이다. "하느님은 창조하실 수 있는 것보다 적게 창조하셨다"는 식의 생각을 뒷받침하기 위해 테야르는 창조를 과거 어느 한 순간에 일어난 사건으로 치부하는 교회의 입장을 부정한다. 가장 중요한 저작으로는 《우주에서 인간이 지니는 지위》(La place de l'homme dans la nature), 《현상으로서의 인간》(La phénoméne humaine)을 들 수 있다.

고생물학에 관해서는 많은 논문을 발표한 테야르였지만, 신학, 철학에 대한 저술은 예수회 지도자들의 반대에 부딪혀 생전에 발간하지 못했다. 그의 저작에 대한 규제는 제2차 바티칸 공의회가 진행 중이던 1962년에 부분적으로 풀렸지만, 그의 사상을 둘러싼 논쟁은 오늘날까지도 계속되고 있다.

무휠러　테야르의 사상은 지금 우리로서는 상상하기조차 힘든 시대를 배경으로 태어났습니다. 당시 사람들은 창조론과 진화론이 철저히 대립하는 입장에 있다고 생각했으니까요. 그래서 누구든 진화론을 버리고 하느님을 믿든지, 아니면 하느님을 버리고 진화론을 인정하든지 양자택일을 해야 했지요. 그런 와중에서 테야르는 창조론과 진화론을 하나로 연결하려 했는데, 문제를 좀 더 수월하게 풀어나갈 생각으로 철학을 동원한 것이 그의 실수가 아니었나 싶습니다. 테야르는 창조론과 진화론을 하나로 통합하는 가운데, 세계를 구성하는 물질, 즉 세계의 '질료'는 언제나 정신이라는 내면과 물질이라는 외면의 두 요소를 가지고 있어서 이 둘이 함께 성장한다고 생각했지요. 그러니까 영혼 없는 물질은 없다, 다만 낮은 수준의 물질에서는 그 영혼이 발현되지 못할 뿐이란 이야기죠.

판넨베르크　테야르의 직관은 우리에게 상상의 나래를 펴게 만드는 데가 있어요. 그의 이론을 세세히 이해하지 못하는 사람들도 그런 느낌을 받지요. 바로 이 점 때문에 테야르의 업적이 오늘날까지도 여전히 의미 있게 받아들여지는 것이 아닐까요? 그의 이론에 대한 비판도 적지 않았지만, 이렇게 신학자와 자연과학자로 하여금 한자리에 앉아 대화를 나눌 수 있는 것도 다름 아닌 그의 직관

덕택입니다. 근대에 들어와 신학은 자연과학과 심각한 갈등을 겪었고, 그 결과 지난 100년 동안 신학은 자신 안으로 움츠러들어 오로지 종교 문제나 교회가 가르치는 초자연적인 교리만 다루게 되었지요. 이 때문에 신학은 오히려 하느님의 진정한 신성(神性)에 상처를 입히고 말았어요. 테야르는 이 점을 정확하게 간파하고 있었던 겁니다.

무퀼러 13세기 때 토마스 아퀴나스가 아리스토텔레스의 철학을 신학에 끌어들인 것도 테야르와 같은 직관을 가지고 있었기 때문이겠지요.[33] 토마스 아퀴나스도 세계에 대한 참된 이해를 목표로 하는 학문을 무시한다면 신학 또한 무너지고 만다는 사실을 지적하고 있지 않습니까?

판넨베르크 아리스토텔레스의 철학이 토마스 아퀴나스에게 그랬듯이, 오늘날의 자연과학도 신학에 커다란 영향을 주고 있습니다. 성서도 마찬가지예요. 옛날 이스라엘 사람들이 창조주 하느님에 대한 자신들의 믿음을 표현할 때에도 당시 통용되던 자연과학의 인식에 의존했으니까요. 당시 자연과학의 내용과 수준은 바빌로니아인들의 신화에 잘 반영되어 있습니다.[34] 13세기에는 아리스토텔레스의 철학이 그런 역할을 했다면, 지금은 자연과학이 나서서 '온 세상을 창조하신 하느님'이라는 교리에 대한 이해를 돕고 있지요.

3

정신

우리가 머물던 토스카나의 성에 귀신이 출몰한 것은 어쩌면 당연한 일이었다. 나는 지나가는 관람객들을 엄한 눈초리로 내려다보던 주교의 초상화가 갑자기 모로 기울면서 짓궂은 웃음이 떠오르는 것을 두 눈으로 똑똑히 보았다. 이 사건이 일어난 것은 공교롭게도 침실 유리창 몇 개가 예상치 못한 돌풍으로 깨어지고, 밤새 웃음소리가 멀리서 바람에 섞여 들어온 다음날이었다. 설상가상으로 우리 대화의 진행을 맡은 방송국 앵커의 옷장에서는 박쥐 한 마리가 튀어나왔으니, 혹여 다가올 유령의 밤을 예고한 것은 아니었을까.

저녁이면 우리는 격식을 갖춘 맛있는 식사를 즐겼다. 식사 후에 마시는 토스카나산 포도주는 우리 일행뿐 아니라 그곳에 있는 모든 이들의 마음을 여유롭게 만들어주었고, 덕분에 우리 모두는 상상의 나래를 한껏 펼쳐 삶을 논하고 그 의미를 이야기할 수 있었다. 그렇게 밤을 지내고 아침이 오면, 우리의 영혼을 다시 깨워주는 진한 커피 한 잔이 우리를 반갑게 맞아주었다.

한번은 이런 일도 있었다. 열띤 토론이 벌어지고 있을 때였는데, 카메라맨 한 사람이 살살 신경을 건드리는 동료에게 "신경 좀 건드리지 마"라고 볼멘소리를 한다는 것이 "정신 좀 건드리지 마"라고 외쳤다고 한다. 물론 상대방은 이 말에 뜻하지 않게 실린 은유를 제대로 알아듣지 못했지만.

어쨌거나 지금까지 이야기한 '정신'(Geist)은 그리스도교에서 말하는 '성령'(der Heilige Geist)과 어떤 관계가 있을까?

우리는 '정신'이라는 낱말을 여러 가지로 사용하지만, 그때마다 어떤 차원의 정신을 일컫는 것인지는 잘 모른다. 다만, 정신을 구성하고 있는 것이 무엇인지를 따져보거나 '의식'(Bewusstsein) '자의식'(Selbstbewusstsein) '영혼'(Seele) 등의 속뜻을 살펴보면 정신이 무엇인지 알게 되리라고 막연히 짐작해볼 따름이다. '사랑'이라는 말도 그렇지 않은가. 사랑이 무엇이라고는 쉽게들 말하지만, 사랑의 정의가 어떻고 사랑이라는 것에서 경험적으로 검증할 수 있는 것이 무엇인지 물어보라. 그러면 그때까지 우리가 사랑에 대해서 막연하게 느끼고 있던 것, 뭉뚱그려진 전체로서 직관적으로 알고 있던 내용은 갑자기 눈앞에서 사라져버리고 만다. 그렇다고 사랑에 대해 아무 설명도 하지 않고 넘어가도 좋을까? 이제 각자 나름대로 상상하던 '정신' '영혼' '의식'을 정신의 눈으로 한번 찬찬히 들여다보자. 그리고 나서 다시 토스카나에서 나눈 다섯 학자들의 대화를 들으면서 자신의 생각과 비교해보자. 우리의 직관이 풍요로워지길 기대하면서.

인생은 사랑이고, 인생의 생명은 정신이니까.

_요한 볼프강 폰 괴테

정신이란?

정신이란 무엇일까요?

'정신, 영'(spirit, Geist)은 보통 삶의 비물질적인 원리, 사고능력으로 여겨진다. 아리스토텔레스는 '정신'을 최고로 완벽한 상태에 도달한 '영혼'이라고 정의한다. 기원전 300년 무렵 스토아 철학자들은 정신(spiritus)이라는 말이 어원상 '숨결'이나 '바람'을 뜻한다는 사실을 근거로, 정신을 생기(生氣)를 가진 기본물질, '세계영혼'(Weltseele: 우주가 하나의 유기적인 통일체라고 생각한 플라톤 및 플라톤 학파의 용어. 우주를 지배하는 통일원리. 독일 관념철학, 특히 셸링에게 와서 다시 원용된 개념-옮긴이)으로 규정했다. 아리스토텔레스와 마찬가지로 토마스 아퀴나스도 정신을 비물질적인 인식능력으로 보고, 그 안에 영혼의 최고 능력이 잠재해 있다고 생각했다.

구약성서는 야훼의 영을 창조와 파괴의 엄청난 권능으로 묘사한다. 신약성서는 한걸음 더 나아가, 영이란 예수를 통해서 세상에 드러나고 체험할 수 있게 된 영원한 생명이며, 그 생명은 곧 신의 선물이라고 가르친다.

판넨베르크   전통적으로 서양에서는 정신을 상당히 다른 두 가지 개념으로 이해합니다. 그 둘 가운데 우리는 정신을 이성과 결부시키는 그리스의 전통에 더 익숙하지요. 그래서 정신이라고 하면 '이성적 자의식'을 생각하게 됩니다. 정신에 대한 또 하나의 개념은 구약성서에서 온 것인데, 내용상으로는 이 또한 그리스적인 개념과 유사합니다. 구약성서의 영은 '숨결'이나 '바람'을 뜻하는 것으로 '의식'이나 '이성'과는 무관한 개념입니다. "하느님은 영적인 분"이라는 요한복음의 표현은, 하느님은 육체도 없이 '세계 저편'에 있는 '의식'에 불과하다는 말이 아니라, 하느님의 본성이 모든 것에 스며드는 공기, 숨결, 없는 곳이 없는 바람결과 같다는 이야기예요. 신에 대한 이런 생각은 철학의 역사 속에도 잠깐 모습을 보였지만 오래가진 못했습니다. 그뒤로 철학자들은 '신의 영'과 이성을 동일시한 플라톤 철학을 따르게 되었지요. 오리게네스 (Origenes: 그리스 신학자. 185?~254?)**35** 이래로 교부(教父)들 또한 성서에서 '영'을 가리키는 단어를 이성에 상당하는 것으로 해석했습니다.

뒤르 정신은 자연과학의 대상이 아니라, 자연과학의 주체입니다. 저는 정신이 한 인간의 주관적인 내면에 속한다고 생각해요. 물론 주관적인 내면과 객관적인 외형이 서로 닮은 점이 있기는 합니다만. 정신이 주관적인 내면에 속한다는 것은 '자아'가 곧 정신이라는 뜻이 아니라, 자아가 정신을 마주하고 일종의 대화를 나눈다는 말이에요. '의식'을 갖고 있다는 것은 자신과 대상을 구별하기 시작했다는 의미이고 말입니다. 우리의 의식에는 현실이 하나의 상(像)으로 투영되어 있는데, 우리 스스로가 만들어낸 그 상을 마치 진짜 현실인 양 생각할 수 있죠. 이것이 우리가 현실을 '만들어 내는' 방법입니다.

비유하자면, 비디오 촬영과 같다고 할까요. 찍은 것을 다시 틀었을 때 우리 눈에 보이는 것은 실제의 현실이 아닌 '영상'에 지나지 않아요. 카메라가 담은 것은 현실의 한 측면일 뿐이고, 따라서 현실과 영상이 같을 수 없지요. 영상은 이처럼 현실의 부분적인 상일 따름입니다. 이것을 우리의 지각작용에 비유해 볼까요. 우리가 지각하는 정신적인 것은 이른바 '가상현실'(virtual reality)입니다. 우리의 생각과 정신을 연결하는 것은 가상적으로 만들어진 상인데, 그 상은 늘 불완전합니다. 정신은 우리의 인간적인 필요를 채워주는 정도로만 활동하니까요. 이렇게 현실을 축소하고 거르는 것은 자신의 생존을 지켜내려는 무의식적인 요구 때문이에요.

의식이란 무엇일까요?

의식이란 이해, 의지, 감각, 의심 등과 같은 모든 형태의 주의력과 체험을 포함한다. 의식은 이런 여러 종류의 체험과 함께 '자의식'의 형태로 나타난다. 의식과 자의식을 뚜렷하게 구분할 경우, 자신을 하나의 개체로 자각하는 인간의 능력 및 의식, 그리고 동물들이 가지고 있는 의식은 서로 구별된다. 인간은 자신이 실존한다는 의식을 가지고 있고, 또 자신이 생각하고 체험하고 의지를 지닌 주체임을 아는 존재다.

부케티츠   저는 정신과 의식이 본질적으로 같은 것이라고 생각합니다. 의식이라는 것도 두뇌의 아주 특별한 작용이라고 보고요. 생명체가 의식을 가지고 있는지 판별하는 기준은, 자기 자신에 대해 반성하는 능력이 있는가, 자신의 과거를 성찰하고 미래를 상상하거나 미래의 상황을 미리 그려봄으로써 의도적으로 미래에 영향을 미칠 행동을 취할 수 있는 능력이 있는가 하는 것들입니다. 우리는 계획에 따라서, 그리고 미래의 목표를 달성하기 위해서 행동하지요. 이런 맥락에서 저는 의식엔 지향성(志向性)이 있다고 말하고 싶군요. 다시 말해 미래의 목표를 미리 가정하고 체험할 수 있다는 뜻이지요. 우리는 내일의 목표를 생각하면서 오늘 할 일을 준비할 수 있습니다.

이 점이야말로 의식 또는 자의식을 가진 생명체와 그렇지 못한 생명체를 가르는 가장 결정적인 차이일 겁니다. 의식을 가진 생명체는 몇 년 또는 몇십 년 앞까지라도 멀리 내다보고 일을 계획하고 행동할 수 있어요. 그런 의식에는 죽음에 대한 의식도 반드시 포함되어 있습니다. 그래서 우리 자신도 언젠가는 죽으리라는 것을 알고 있지 않습니까? 사후세계를 그려보는 것도 의식이 있는 생명체만 할 수 있는 일이지요.

뒤르 만약 해부학자가 인간의 뇌를 눈앞에 두고 있다면, 그가 보는 건 정신과는 전혀 다른 겁니다. 정신이 신체의 어느 기관에 자리 잡고 있다는 생각은 옳지 않아요. 마치 컴퓨터 앞에 앉아서, 작업한 내용을 인쇄하는 프린터야말로 컴퓨터에서 가장 중요한 부분이라고 생각하는 것과 같습니다. 정신 활동은 일종의 '가상에 바탕을 둔 행위'입니다. 정신적인 활동은 우리가 손으로 뭔가를 할 때처럼 아주 많은 단계를 거쳐 이루어지지요. 정신은 대상을 '파악해서' 기억 속에 '넣어두고' 그 대상들은 서로 '연결합니다'. 앞서 말한 것처럼 정신이 활동하는 모든 과정은 '가상에 바탕을 둔 행위'라고 할 수 있습니다. 어떤 행동을 실제로 하기 전에 그 행동을 가상으로 실행해볼 수 있다면, 그 행동이 초래할지 모를 불행한 결과를 피할 수도 있겠지요.

대상을 미리 가상적으로 체험할 수 있는 능력은 진화에서 유리한 위치를 차지할 수 있게 해주는 장점입니다. 오늘날까지 인간은 분명히 그런 능력의 혜택을 톡톡히 누려왔습니다. 그러나 잊지 말아야 할 것은 인류가 살아온 기간이 기껏해야 400만 년 정도이고, 앞으로 남은 인류의 미래는 그보다 더 짧을 수도 있다는 사실이에요. 진화의 역사와 비교할 수도 없는 한 순간에 일어난 일을 두고 유리했다느니 그렇지 않았다느니 따질 수는 없다는 걸 명심해야 합니다. 인류가 앞으로도 얼마나 더 살아남을 수 있을지 장담할 수 없는 노릇이니까요.

부케티츠 언젠가 카를 라이문트 포퍼[36]는, "아메바와 아인슈타인의 차이점은 무엇일까?"라고 자문한 적이 있습니다. 그리고 대답하기를, 아인슈타인은 자신에게 떠오른 생각을 도로 지워버릴 수 있다는 것이라고 했어요. 인간은 머릿속으로 뭔가 그려보거나 지워버릴 수 있고, 자신이 그려보던 것과 다른 것을 선택했더라도 아무렇지 않게 살아갈 수 있습니다. 직접 몸으로 부딪칠 필요도 없이 제도판 위에다 그려보기만 해도 충분해요. 따라서 다른 생명체에 비해 아주 유리한 위치에 있다고 할 수 있지요. 그건 정말 큰 차이입니다.

마이어 아비히 그렇지만 정신은 육체와 연결되어 있다는 속성이 있습니다. 의식뿐 아니라 자의식까지도 육체와 연결되어 있어요. '나'는 다름아닌 여기 이 의자에 앉아 있는 '육체'입니다. 제가 자각하는 '나'도 바로 이 자리에서 말을 하고 있는 제 자신이고요. 인간이 말을 하는 유일한 동물은 아니지만, 생각하는 능력이 탁월하다는 점에서 다른 생물과 뚜렷이 구별됩니다. 이 점을 게오르크 피히트[37]는 "인간에 이르러서야 비로소 사고행위는 자연 안에서 이루어지는 하나의 과정이 되었다"고 아주 적절하게 표현하고 있죠. 이것이 우리가 눈으로 보고 체험하는 인간의 모습입니다.

무칠러 저도 동감입니다. 생각하기 위해서는 반드시 육체가 있어야 한다는 점을 확실히 해두고 싶네요. 인간의 정신은 자유롭게 떠다니는 영적인 것이 아니거든요.

판넨베르크 육체가 있어야 생각이 가능하다는 이 '사고(思考)의 육체성'에 대해서라면, 플라톤 철학의 전통보다는 성서가 더 설득력 있는 설명을 제시하고 있습니다. 플라톤 철학은 정신을 '의식'이나 '이성'으로 이해하거든요. 그런 사고방식의 이면에는, 우리가 자각하는 정신을 육체에서 분리할 수 있다는 생각이 깃들어 있는 경우가 많아요. 이와는 다르게 정신을 '숨결'이나 '바람'으로 이해하는 성서 쪽이 훨씬 '사고의 육체성'에 가까운 이야기를 하고 있습니다. 이렇게 성서적으로 정신을 이해하면, 놀랍게도 물리학의 개념과 만나게 됩니다.

　학문사(學問史)의 대가 막스 얌머(Max Jammer)가 물리학의 기본 개념들은 조사한 바에 따르면, 물리학의 '장'(場, field)이라는 개념은 고대 철학에서 말하는 '프네우마'(pneuma)에 근거를 둔 것이라고 합니다. 프네우마란 정신, 영을 가리키는 그리스말인데, 스토아 학자들이 사용하던 이 말은 구약성서에서 '바람'으로 표현되는 영과 일맥상통하죠. 얌머는 '장'이라는 물리학 개념이 프네우마를 둘러싼 성서와 고대 철학의 생각을 구체화한 것임을 밝히고 있습니다.

물리학에서 말하는 '장'(field)은 눈에 보이지 않는 '힘'으로, 일정한 공간 내에서 사물의 배열에 영향을 미친다. 가장 잘 알려진 예로는 중력장(gravity field), 전기장(electric field), 자기장(magnetic field) 등이 있다. 자석의 N극과 S극 사이

에 쇳가루를 뿌리면 자력이 미치는 자기장의 모습을 눈으로 직접 확인할 수
있다.

튀르 판넨베르크 선생님께서 예로 든 얌머의 '장'은 비유적으로
밖엔 사용할 수 없는 개념이라고 봅니다. 장은 구체적으로 드러나
는 형태라고 이해하기에는 너무 포괄적인 개념이니까요. 사물에
빛을 비추면 우리 눈에 보이게 되는데, 이는 우리가 빛이라는 도구
를 사용해서 사물을 '접촉하는' 것이나 마찬가집니다. 손으로 물건
을 잡듯이, 빛이라는 도구를 손가락 대신 사용하는 셈이죠. 그런데
'장'이라는 개념처럼 정신적인 대상을 파악하는 데는 빛과 같은 물
질적인 매개체가 필요하지 않아요. 장이 아주 포괄적인 성격을 갖
는다는 것도 그래서 하는 얘깁니다. 장은 모든 사물을 투과합니다.
따라서 장과 같은 정신적인 대상을 구체적으로 파악하기란 불가
능해요.

정신도 진화의 산물일까?

정신은 진화의 산물일까요?

부케티츠 저처럼 정신을 의식과 동일시하는 사람들은 정신도 분명히 진화의 산물이라고 생각합니다. 정신은 결국 두뇌가 갖고 있는 특성 중 하나이니까요. 말하자면 정신은 물질과 무관하게 이리저리 떠다니는 그 무엇이 아니라, 고도로 발달된 신경조직이나 뇌를 가지고 있는 생물에게서 나타나는 '특징'이라는 겁니다. 유기체가 진화하면서 뇌가 생겼고, 뇌의 기능 또한 진화 과정을 거치면서 발달해왔지요. 따라서 의식이란 의미의 '정신'도 진화의 산물이고, 그렇기 때문에 진화와 무관한 문제로 볼 수 없습니다.

뒤르 저도 비슷한 생각입니다만, 그래도 정신에 대해서는 좀 더 폭넓은 이해가 필요하지 않을까요? 정신이 '의식'이라는 형태로 나타난 경우는 인간이 처음이지만, 실상 어느 생물이나 정신적인 것을 가지고 있으니까요. 저는 정신적인 것이 모든 것을 구성하는 가장 기본적인 요소라고 생각합니다. 그러다 보니 어떤 때에는 정말 존재하는 것은 물질이 아니라 정신이 아닐까 싶기까지 합니다.

그렇다면 진화의 어느 단계에서 정신이 발생했을까요?

부케티츠　의식이 수백만 년 동안 복잡한 진화 과정을 거치면서 발달했다고 생각한다면, 정신의 출현을 어느 특정한 시기로 못박기는 어렵겠지요. 그렇더라도 네안데르탈인 정도에 이르면 이미 자의식이라고 할 만한 것을 가지고 있었던 게 분명합니다. 네안데르탈인들이 죽은 사람을 매장했다는 사실을 보면 알 수 있어요. 그들의 주거지 근처에서 우연히 움푹한 땅에 떨어졌다고 보기 어려운 뼈들이 발견되었습니다. 매장을 했다면 거기에는 어떤 의도가 있었을 거예요. 매장지에서 함께 발견된 꽃가루 화석을 분석한 결과, 그들이 꽃으로 무덤을 장식하기까지 했다는 사실도 알게 되었습니다. 저승에 대한 관념이나 어떤 기대, 죽음에 대한 자각을 가지고 있는 생물만이 그런 행동을 하겠지요. 그들이 살았던 시기가 지금으로부터 5, 6만 년 전이니까, 생물이 진화해온 전체 역사를 생각해보면 의식의 발생은 그야말로 '바로 얼마 전'에 일어난 일이라고 하겠습니다. 어쨌거나 당시 인간은 앞서 이야기한 것처럼 아주 분명한 자의식을 가지고 있었던 것 같습니다.

또 한 가지 문제가 되는 것은, 인간이 아닌 개와 같은 생명체한테도 의식이나 자의식이라고 할 만한 것이 있음을 인정할 것인가 하는 점입니다. 오늘날 동물의 행태에 관한 연구에 따르면, 여러 생명체, 그중에서도 침팬지 같은 유인원의 행동을 관찰할 경우 의식과 유사한 현상을 볼 수 있다고 합니다. 네덜란드 아른험(Arnhem)의 동물원에서 있었던 일이 좋은 예가 되겠군요. 그곳에는 서로 사이가 좋지 않은 침팬지가 두 마리 있었는데, 그중 한 마리가 어느 날 갑자기 절룩거리며 걷기 시작했답니다. 사육사는 그 침팬지가 힘이 더 센 대상에게 맞아서 그렇게 됐겠거니 생각했지요. 그런데 가만히 살펴보니, 앙숙 침팬지 앞을 지날 때만 다리를 저는 것이었습니다. 상대의 시야를 벗어났다고 생각되면 멀쩡하게 뛰어가더라는 거죠. 이 정도로 '전술적인 속임수'를 쓰려면 '의식'이 뒷받침되어야 합니다. 그렇다면 네안데르탈인에 와서가 아니라 6, 7000만 년 전 포유류가 발생하면서 동시에 의식도 나타났다고 생각할 수도 있지 않을까요?

앞의 침팬지 이야기는 의식과 상관없는 본능적인 행동과는 다른 이야기입니다. 햄스터 같은 설치류 동물이 겨울잠을 자기 전에 먹이를 모으는 것은 의식적으로 하는 행동이 아닙니다. 이것은 실험으로도 입증할 수 있어요. 건초를 가득 채워넣은 통과 아무것도 없는 빈 통에 각각 햄스터를 한 마리씩 넣으면, 두 마리 모두 굴을 파는 행동을 보입니다. 빈 통 안에 있는 햄스터는 그저 본능이 시키는 대로 바닥을 긁어대는 겁니다. 이런 행동은 일종의 자동반응이나 반사행동이지, 의식과는 아무 상관도 없습니다.

판넨베르크 부케티츠 선생께선 인간의 정신이 진화를 통해서 생겼다고 하십니다만, 엄격히 따져서 진화의 산물이라고 할 수 있는 건 '뇌'라는 기관에 불과하지 않을까요? 뇌가 진화의 산물이라는 데는 이의가 없습니다. 다만 뇌와 정신이 서로 어떤 작용을 하는지에 대해서는 의견이 분분합니다. 20세기 최고의 뇌 연구가로 손꼽히는 영국의 신경생리학자 존 에클스(John Carew Eccles)는 1977년 카를 포퍼와 함께 《자아와 뇌》(The Self and Its Brain)라는 책을 펴냈습니다. 이 책에서 에클스는, 뇌의 기능을 관찰하는 것만으론 뇌의 모든 활동을 알아낼 수 없다는 견해를 밝히고 있죠. 진화의 결과로 뇌가 만들어졌다고 해서, 정신까지도 진화의 산물이라고 할 수는 없다는 얘깁니다. 정신은 필요에 따라 뇌세포들을 선택적으로 작

동시켜가며 활동하는 것이고, 따라서 보통 생각하는 뇌의 기능과는 전혀 다른 거예요.

포퍼와 이 문제를 논의하는 동안 에클스는 '대상에 대한 의식'과 '자기 자신에 대한 의식, 즉 자의식'을 좀 더 분명히 구분할 필요가 있음을 알게 되었지요. '대상에 대한 인식'은 '자의식'보다 훨씬 먼저 생겼어요. 생물이 발달해온 역사 안에서 자의식은 아주 뒤늦게 생겼고, 더구나 그 의식이 '정신'이라 할 만한 단계로 발전한 것은 그보다도 더 나중이었습니다. 이것이 바로 정신과 자의식을 구분해야 하는 이유입니다.

그렇다면 정신이 진화의 산물이 아니라 오히려 진화의 원인일까요?

마이어 아비히 그 이야기에 앞서, 지금의 논의가 우리의 정신, 우리의 의식, 우리의 이성적인 능력 가운데 과연 어느 것에 대한 것인지 분명히 해야 될 것 같은데요. 그리고 '신의 영'이라는 말도 짚어봐야겠고요. 정신에 대해서라면, 인간이 태어날 때부터 가지고 있는 아주 특별한 능력이라는 데는 이의가 없습니다. 칸트의 말처럼, "이성은 자연이 우리에게 준 선물"이니까요. 이성이란 구체적으로 인간의 이성적인 능력을 뜻합니다. 인간의 행동엔 상당히 비이성적인 구석도 없진 않지만, 어쨌거나 인간은 이성적으로 행동할 수 있는 능력을 타고난 것만은 틀림없습니다. 물론 이 이성적인 능력만이 정신이나 의식을 구성하는 전부는 아닐 테지요. 그러나 만일 진화의 전(全)과정 어딘가에 '신의 영역'이 개입한 흔적이 있다고 본다면, 우리는 그 신의 영을 좀 더 폭넓게 이해할 필요가 있어요. 그럴 경우 신의 영은 진화의 산물이라기보다는 오히려 진화를 가능케 한 원동력이라고 해야 합니다.

무휠러 여기서 우리가 분명히 구분해야 할 것이 있습니다. 부케티츠 선생의 이야기가 실험으로도 입증할 수 있는 내용인 데 비해, 마이어 아비히 선생님의 논점은 사변적인 자연철학이라는 생각이 듭니다. 인간이 자연계 안에서 어떤 위치를 차지하고 있는지, 행동하는 존재로서 인간은 과연 무엇인지를 설명하려면 사변적인 자연철학이 동원될 수밖에 없다는 데는 저도 전적으로 공감합니다. 그런데 자연철학이 다루는 이 '자연'이라는 것이 행동이나 실천과는 동떨어진 사변적인 개념인지라, 결국 '정신이란 진화의 원인이며 원동력이다'라는 식의 사변적인 이야기로 빠진다는 게 문제예요. 그렇게 되면, 우리가 다루는 개념은 경험적으로 검증할 수 있는 가설의 범위를 벗어나게 됩니다.

그리고 부케티츠 선생께는, '대상에 대한 의식'과 '자의식'이 어떻게 구별되는지 묻고 싶네요. 침팬지에게 거울을 보여주니 침팬지가 거울에 비친 모습을 자기 자신으로 알아보더라는 이야기를 들은 적이 있습니다. '자각'이라는 개념도 그런 경험에서 나온 거지요. 우리는 거울 속의 자신을 알아봅니다. 한때는 이렇게 거울에 비친 자신의 모습을 알아볼 수 있는 능력으로 어떤 동물이 자기성찰 능력을 가지고 있는지 여부를 가늠하기도 했지요. 우리 딸애도 반 년 전까지는 거울 속의 자신을 알아보지 못하더군요.

부케티츠 어떤 동물이 거울에 비친 자기 자신을 알아보는지 여부는 분명 연구해볼 만한 일입니다. 거울에 비친 자신을 알아본다는 건 대단한 능력이거든요. 그런 실험은 지금까지 많은 동물을 대상으로 이루어졌습니다. 그런데 여기서 중요한 것은, 뇌의 기능을 선택적으로 이용하는 '정신'이라는 현상과 뇌의 독특한 기능인 '의식'을 분명히 구별해야 한다는 점입니다. 의식을 정신의 전제조건으로 보는 저로선 정신이 신체의 어느 부분에서 일어나느냐는 별 문제가 되지 않습니다. 우리가 몸을 움직일 때, 그 동작이 무릎에서 나오는 것인지 아니면 엄지발가락에서 나오는지 생각할 필요가 없는 것처럼요. 의식은 복잡한 뇌조직에서 일어나는 현상입니다. 에클스는 뇌와 의식 또는 뇌와 정신을 별개의 것으로 구분하는 이원론의 입장에 있어요. 그렇게 되면 그 둘이 서로 어떻게 영향을 미치면서 작용하느냐 하는 문제가 제기됩니다. 저처럼 의식을 뇌의 독특한 기능으로 생각하면 그런 건 전혀 문제가 되지 않습니다. 많은 신경생리학자가 에클스를 비판하는 것도 그 때문이지요.

마이어 아비히 지금까지 우리는 인간의 사고행위나 정신이 무엇인지에 대해서 여러 가지 그럴싸한 이야기들을 해왔습니다만, 우리가 느끼는 '감정'이 사고나 정신과 어떤 관계가 있는지에 대해서는 한마디도 언급하지 않았어요. '생각한다'는 것은 '스스로 느끼는 내용'이 구체화되는 현상이라고 봅니다. 바람 없는 돛단배를 생각할 수 없듯, 감정에서 생기지 않는 사고란 애초부터 있을 수 없다는 말입니다. 물론 우리의 사고도 일종의 '육체성', 즉 물질로 이루어진 육체가 있어야 가능하다는 특성을 가지고 있죠.

바로 그런 의미에서 저는 '공존'(共存)이라는 말을 생각해보자고 말씀드리고 싶군요. 우리 인간은 주변 사람들, 자연환경, 사물들과 더불어 살아갑니다. 우리를 둘러싼 주변세계와 더불어 산다는 것은 우리가 대상과의 거리를 유지한 채 그 대상을 보고 듣는 일을 뜻하기도 하고, 그 대상과 직접 접촉하는 것을 뜻하기도 합니다. 공존은 이렇듯 '대상에 대한 느낌'이 있기에 가능한 겁니다. 결국 우리를 둘러싸고 있는 대상에 대해 일정한 느낌을 갖는 일이 바로 공존의 출발점이죠. 여기서 우리가 이러쿵저러쿵 얘기하는 것도 '느낌'이 있기에 가능한 것이고요. 우리가 보통 사용하는 '감각'이라는 낱말은 '느낀다'라는 현상을 완전히 담아내진 못해요. 그에 비하면 고대 그리스 사람들의 표현이 훨씬 뛰어난 편이죠. '미학' (aesthetics)이라는 낱말의 어원이 되는 그리스어의 '아이스테시스' (aisthesis)엔 원래 '느낌'이라는 뜻도 들어 있었거든요.

부케티츠   콘라트 로렌츠[38]는 인간이 사물을 '대상'으로 파악하는 능력을 "대상화를 통한 확인"(Du-Evidenz)이라고 표현합니다. 사물을 대상으로 경험하는 것도 인간이 가진 고도의 능력이지만, 사물에 대해 느끼는 인간의 감정 또한 정신이라는 현상을 이해하는 데 중요한 요소가 되어야 한다고 생각합니다. 고도로 진화한 생물이라면 대상과 '함께 느끼는' 능력도 발달했을 테니 말이죠. 이 '함께 느끼는' 능력은 의식의 가장 중요한 특징이자, 우리 인간처럼 생명을 가진 모든 것들의 본질적인 특징이기도 합니다. 우리가 다른 사람들과 함께 살면서 느낄 줄 모른다면, 살아남을 수 있을까요?

판넨베르크   느낌은 자의식의 전 단계가 아닐까요? 분명한 자의식 없이 이루어지는 '대상의 수용'과 같은 거지요. 철학에서도 예부터 이 점을 잘 알고 있어서, '오이카이오시스'는 '집'(家)을 뜻하는 '오이코스'(oikos)에서 나온 말로, '자각' '대상에 대한 의식이 있는 상

態'를 가리킵니다. 모든 생명체는 자신의 환경 안에서 주변사물과 함께 살아갈 줄 아는 능력이 있어요. 그런 공존 능력의 일부가 오이카이오시스입니다. '느낌'이 '공감'의 바탕이 되는 것은 바로 이 오이카이오시스가 있기 때문입니다. 자아가 대상과 분리되어 있는 상태를 넘어설 때, 느낌은 '공감'으로 바뀝니다. '대상의 수용'이라는 말에서 드러나듯, 느낌이란 자아에 국한된 것이긴 하지만 말입니다.

마이어 아비히 "나는 생각한다. 그러므로 나는 존재한다"는 데카르트의 명제는 17세기에 눈을 뜨기 시작한 '근대'를 이끌어간 표어였습니다. 우리는 이 철학 명제의 전통 안에서 살고 있거나, 아니면 적어도 그런 사고방식을 가지고 있지요. 데카르트보다 100년쯤 뒤에 헤르더(Johann Gottfried von Herder)[39]는 데카르트의 명제가 가지고 있는 맹점을 통쾌하리만치 적절하게 보완했어요. 헤르더는, "나는 느끼고, 존재한다"고 말한다면서, 두 절(節) 가운데에 있음직한, '그러므로'를 빼버린 거지요. "나는 느끼고, 존재한다"—이것이야말로 인간의 실존에서 가장 기본이 되는 사실입니다. 헤르더의 이 말을 심각하게 염두에 둔 것은 아니었겠지만, 프리드리히 횔덜린(Friedrich Hölderlin, 1770~1843) 또한 이렇게 덧붙였지요. "느끼지 못한다면, 죽은 것이다."

부케티츠 저는 데카르트의 말을 이렇게 뒤집어보고 싶어요. "나는 존재한다, 그러므로 나는 생각한다"고 말입니다. 앞서 들은 것처럼 무쵤러 선생님의 어린 따님이 어느 때부턴가 거울에 비친 자신의 모습을 알아보게 되는 일은, 그 아이가 생물학적인 의미에서

뿐 아니라 한 '개인'으로서도 점점 성장하고 있다는 증거입니다. 진화론자인 저로선 물질이라는 요소가 모든 것의 바탕이라고 생각합니다. 제일 먼저 뇌라는 신체기관이 생기고, 그 기관을 토대로 의식이 발달했다고 믿어요. 그러니 당연히 "나는 존재한다, 그러므로 나는 생각한다"가 되어야겠죠.

뒤르 제가 문제삼고 싶은 것은, 그런 발달의 어느 단계에서 '정신'이라고 할 만한 현상이 나타나느냐는 겁니다. 의식이 생겨난 바로 그 시점을 두고 벌써 '정신'으로 불러도 좋을까요? 저는 '사고행위'가 시작되는 단계부터 비로소 정신이라고 부를 수 있다고 생각합니다. 물론 사고행위란 정신의 여러 활동 가운데 하나일 뿐이지만요.

판넨베르크 뒤르 선생님의 말씀은 정신을 지나치게 편협하게 정의하시는 게 아닌가 싶네요. '정신'이라는 주제가 흥미로운 이유는, 정신 현상이 무궁무진하게 다양한 측면을 가지고 있기 때문입니다. 지금까지의 대화에서도 그런 다양한 측면이 드러나지 않았습니까? 정신을 단순히 '사고행위'로만 묶어놓는다면, 정신을 둘러싼 우리의 논의는 별로 기대할 게 없어지고 말 텐데요.

정신의 발달로 인간이 다른 동물에 비해 유리한 위치를 차지하게 된 점이 있다면 무엇일까요?

부케티츠 미래에 대한 계획, 분명한 목적을 가지고 하는 행동, 상대방의 의도를 간파하는 능력 등은 다른 생물들과 경쟁해야 하는 인간에게 커다란 장점이 됩니다. 적어도 그런 능력이 없는 생물과 비교하면 크게 유리하다는 거죠. 진화가 진행되는 동안 줄곧 이어져온 '자연선택'에서도 이런 능력을 갖춘 생물이 언제나 우위를 차지했으니까요.

무휠러 정신이라는 능력이 늘 장점이 되는 것만은 아닙니다. 끔찍한 면도 있어요. 앞날을 내다보는 능력이 있으면 자연히 자신의 죽음에 대한 의식을 갖게 되지 않습니까? 여기 계신 분들도 언제 도살장에 끌려갈지 아랑곳 않고 태연히 풀을 뜯는 들판의 소들을 보면서, "저것들이 차라리 행복하지" 하며 부러워하신 적이 있지 않은가요?

부케티츠 진화에서는 얻는 것이 있으면 반드시 그 대가를 치르게 되어 있어요. 죽음이라는 것도 단세포 생물이 다세포 생물로 진화하면서 치르게 된 대가라고 할 수 있지요. 단세포 생물은 자신을 둘로 쪼개는 방법으로 번식할 따름이지, 원칙적으로 죽어 없어지진 않거든요. 고통이라는 것도 그렇죠. 신경조직이 발달하면서 비로소 고통을 느끼게 된 것이니까요. 신경조직은 생명을 유지하는 데 없어서는 안 될 기능을 담당하지만, 동시에 부정적이고 고통스러운 면모도 가지고 있습니다. 죽음에 대한 의식도, 의식이 생기면서 세상에 등장한 거예요. 의식 또한 부정적인 측면을 아울러 갖고 있다는 건 말할 필요도 없고 말입니다. 수많은 정신병자나 정신질환에 시달리는 사람들을 생각해보면 금방 알 수 있잖습니까? 앞서 말했듯이, 발전이 있으려면 어떤 경우든 대가를 치러야 합니다.

마이어 아비히 고트프리트 벤(Gottfried Benn: 시인·소설가·의사. 20세기 전반을 대표하는 독일 시인 중 하나.《정시》(靜詩) 등의 시집이 있다. 1896~1956 – 옮긴이)의 시에 이런 구절이 있습니다. "눈길을 나누고 반지도 주고받으며 / 그저 행복을 좇아야 하건만 그대는 불행히도 정신을 따르고 있을 뿐." 우리의 정신적 능력이란 게 그렇게 우월한 능력인 것만은 아니라는 이야기는 고대신화에도 등장합니다.

그리스 신화의 프로메테우스[40]와 에피메테우스 형제는 제우스 신으로부터 모든 생명체에게 각각 능력과 특성을 나누어주라는 명령을 받습니다. 그래서 영양은 빠른 다리를, 곰은 추위에 견딜 수 있는 털가죽을 얻게 되었지요. 이 일을 에피메테우스에게 맡겼던 프로메테우스는 나중에서야 인간에게 나누어줄 것이 아무것도 남아 있지 않다는 걸 알게 됩니다. 모든 동물과 식물이 나름대로 유용한 능력을 나누어받았지만, 사람만은 아무것도 얻지 못한 채 털가죽도 발굽도 없는 가련한 신세였지요. 이를 본 프로메테우스는 제우스 몰래 불을 훔쳐서 인간에게 주었고, 불을 다루는 지식까지도 가르쳐주었습니다. 그래서 사람만이 이성을 가지게 되었고, 사회생활에 필요한 요령도 배우게 되었다고 하죠. 그러니까 이성이라는 장점은 우리에게 결여된 것에 대한 보상으로 주어졌다는 말입니다. 때때로 우리는 어린아이나 동물들이 아무런 걱정 없이 천진난만하게 행동하는 모습을 보며 부러워하지요. 우리가 이성의 능력을 가지고 있다는 사실이 자연계에서 정말 장점이 될지는, 글쎄요, 확신할 수 없는 일이에요.

인간에게 자의식이 있다는 사실이 신을 인식할 수 있다는 증거가 될까요?

판넨베르크　글쎄요, 그렇다고 하기는 어렵지 않겠어요? 다만, 자의식이 있으니까 자신의 생명이 언젠간 사라지리란 걸 알기는 하겠지요. 언젠간 죽음을 맞이하리란 걸 알고 있기 때문에, 우리의 유한한 삶 뒤에는 과연 무엇이 있을지 생각하게 되는 거고요. 그렇다고 해서 그런 생각이 반드시 신을 인식하는 단계로 연결되는 건 아닙니다. 신은 우리의 인식 저편에 존재하면서 동시에 우리를 에워싸고 있고, 또 우리 안에 스며들어 있습니다. 그래서 신을 인식하기란 더더욱 어려운 겁니다. 신이 스스로 자신을 우리에게 드러낸다면 모를까, 우리 스스로 신에게 가까이 가기란 불가능한 일입니다.

영혼이란?

'영혼'이란 무엇인가요? 그리고 그 영혼은 우리가 태어날 때부터 가지고 있는 것인가요?

영혼은 모든 생명체에 깃들어 있다가 생명체가 죽으면 떠나가는, 우리 눈에는 보이지 않는 '힘'이라고 한다. 플라톤과 아리스토텔레스는, 생명체가 자신의 몸을 움직일 수 있다는 사실이야말로 생명체 안에 영혼이 깃들어 있다는 표시라고 생각했다. 아리스토텔레스 철학의 전통에서는, 영혼은 모든 생명체에 깃들어 있는 반면 '정신'은 인간에게만 있다고 본다. 영혼이라는 단어는 여러 언어에서 '바람' '숨결' '호흡' 등의 뜻을 아울러 담고 있는데, 이 말들은 살아 있는 육체가 하는 호흡, 잡을 수 없고 금세 사라져버리는 그 무엇을 가리킨다는 의미에서 '정신'과 비슷하다. 다만 정신은 육체에 얽매이지 않은, 포괄적이고 독립된 원리라는 점에서 영혼과 다르다고 할 수 있다.

판넨베르크　영혼이란 무엇인가에 대한 서양인들의 생각은 서구 문명의 근간을 이루는 이스라엘과 그리스 문화의 영혼관에 바탕을 두고 있습니다. 그리스 사람들은 영혼이 육체와는 전혀 다른 것이라서 영원불멸한다고 믿었는데, 유대인들의 생각은 좀 달랐습니다. 영혼은 히브리어로 '네페슈'(nēpeš)인데, 이것은 원래 '목구멍' 또는 '심연'을 가리키는 말입니다. 영혼은 늘 뭔가에 굶주려 있는 깊은 구멍이라는 거지요. 영혼이 깊은 구멍이라면, 그것은 무엇인가로 채워져야 하는 상태, 그러니까 늘 무엇인가가 결핍된 상태에 있다는 뜻입니다. 다시 말해서 네페슈는 혼자서는 살 수 없고, 뭔가를 끊임없이 받아들여야 하며, 또 무엇인가가 계속 네페슈를 통해 흘러들어가야 한다는 것이죠. 그 '무엇'이 바로 네페슈가 갈망하고 필요로 하는 것입니다. 히브리어에서 영혼은 육체와 분리되어 있는 무엇이 아니라, 생명을 가진 실체를 의미합니다.

아리스토텔레스의 영혼관은 비교적 유대인들의 사고방식에 가깝다고 볼 수 있습니다. 교부(敎父)들이 플라톤보다는 아리스토텔레스의 영혼관에 가까운 태도를 취한 것도 바로 그 때문이지요.[41] 어떤 의미에서는 자손을 만드는 순간 네페슈가 전해진다고 할 수 있겠습니다만, 영혼의 생명력 자체는 신으로부터 오는 것입니다. 신이 숨을 불어넣음으로써 말이죠. 정신은 유기체 조직의 일부가 아닙니다. 정신은 오히려, 인간이란 무엇인가를 필요로 하는 유기체이고 따라서 자기 자신의 경계를 '뛰어넘어' 존재한다는 사실과 관계가 있습니다. 인간의 실존은 반드시 우리 바깥에 있는 사물과 연관되어 있어요. 가령 우리는 에너지를 소비하고 음식물을 섭취해야 살 수 있는데, 바로 이런 것들이 우리 자신을 관통해서 흐르는 '숨'이라고 할 수 있습니다. 그러지 않고서는 살아갈 수 없으니까요. 고립된 유기체는 결코 살아남을 수 없어요.

영혼과
육체의 문제

**한 생명체가 태어나기 전이나 죽고 난 뒤에도 영혼은 있는
걸까요?**

무휠러   저는 이런 질문에 부딪힐 때마다 늘 당혹감을 느껴요. 그
질문이, 영혼은 자동차를 운전하는 사람과 같은 것이라는 플라톤
식의 사고를 전제로 하고 있으니 말이죠. 사람이 자동차에 올라타
그걸 운전하는 것처럼, 영혼이 생명체 안에 스며들어서 그 생명체
를 이리저리 움직이다가 언젠가는 다시 빠져나온다는 이야긴데,
저는 그런 설명에 찬성할 수 없습니다.

뒤르   영혼을 라디오에 빗대보면 어떨까요? 라디오를 켜서 방송
을 듣다가 어느 순간에 그것을 끈다는 식으로 말이죠. 물론 그렇
게 설명해도 죽음 이후에 무엇이 있는지에 대한 문제가 남습니다
만. 라디오로 수신되는 방송은 구체적이지만, 라디오를 끄면 그
와 동시에 방송의 구체성은 사라져버립니다. 그러나 라디오를 끈
다고 해서 방송이 전해지는 전파의 장(場)까지 사라져버리는 것은
아니죠.

마이어 아비히   요즘 사람들은 주위에서 누군가가 세상을 떠나면
너무나 당황한 나머지 뭘 어떻게 해야 할지 몰라 허둥대는 게 보통

입니다. 흔히 말하듯이 홀연히 떠나버린 거죠. 하지만 이 말은 전혀 틀린 말이에요. 《티베트 사자(死者)의 서(書)》(The Tibetan Book of the Dead)[42]에서는 사후 사흘 동안 죽은 이의 친지들이 해야 할 일을 가르치고 있습니다. 바로 이 시간이 죽은 이의 영혼이 자신의 육체를 떠나야 하는 가장 힘든 시간이기 때문이죠. 이때의 고통은 가톨릭 교회에서 말하는 '연옥의 단련'을 방불케 합니다. 그 책의 한 구절은 이 고통을 '죽음의 좁은 관문'이라고 표현합니다. '죽음의 좁은 관문'이라는 표현은 좁은 관문을 빠져나가는 영혼의 모습을 생생하게 보여줍니다. 이때 죽음을 맞는 이 곁에 있는 사람들은 영혼이 이 관문을 빠져나가는 걸 도와줄 수 있다고 해요. 사후 사흘 동안 사람들은 정해진 기도문을 낭송해서 영혼으로 하여금 저승 가는 길을 쉽게 찾을 수 있도록 도와주어야 하죠. 죽음과 함께 육체가 금방 사라져버리지 않는 것처럼, 한 인간의 영혼도 육체의 죽음과 더불어 홀연히 떠나지 않는다는 겁니다. 영혼은 더 이상 죽은 사람의 몸 안에 살아 있지는 않지만, 여전히 존재하고 있습니다.

병원에서 죽음을 맞는 현대인들이야 쉽게 할 수 없는 체험이겠지만, 사람이 죽은 뒤에도 그의 영혼과 접촉하고 어떤 형태로든 관계를 맺을 수 있다고 합니다. 시간이 흐르면서 달라지기는 하지만, 그 관계는 죽은 뒤 사흘 동안 가장 집중적으로 이루어지지요. 옛날부터 전해내려오는 이런 생각은 《티베트 사자의 서》에 꼼꼼하게 서술되어 있는데, 실제로 그런 일을 체험하는 사람들도 있습니다. 죽은 직후의 접촉이나 관계는 시간이 지나고 난 뒤와는 사뭇 다른 내용이라고 합니다. 저도 사람이 죽음과 동시에 홀연히 사라지는 건 아니라고 믿습니다. 이건 마음을 조금만 연다면, 그리고 주지주의(主知主義)의 경직된 사고방식에서 조금만 물러선다면, 누구라도 체험할 수 있어요. 아기가 태어나는 광경을 한번 지켜보세요. 어떨 땐 마치 영혼이 하늘에서 내려와 깃드는 듯한 느낌이 들기도 하지요. 저 스스로 그런 순간을 경험했는지는 확실치 않습니다만, 그랬었기를 바랍니다.

"죽음이 가까워지면, 너희는 부처님과 여러 보살의 이름을 부르며 구원으로 이끌어주시도록 간청해야 하느니라. 너희는 삼보(三寶: 산스크리트어로 tri-ranta. 이는 불보[佛寶], 법보[法寶] 승보[僧寶]를 가리키는 것으로, 깨달음을 얻은 사람[佛], 그의 가르침 [法], 그 가르침을 따르는 무리[僧]를 보물에 비유한 것. 불교도가 되는 것을 '삼보에 귀의한다'고 표현한다 - 옮긴이)에 공양물과 마음의 예물을 바치고, 좋은 향을 손에 쥔 채 마음을 모아 다음과 같이 기도를 올려야 하느니라.

'아, 중생을 불쌍히 여기시는 부처들과 보살들이시여, 이 중생이 세상을 떠나 피안으로 가려고 하나이다. 그가 이제 이승을 떠나니, 죽음 외에는 다른 길이 없나이다. 그 생명의 불은 이미 꺼졌으니 또다른 세상으로 향하는 그는 칠흑 같은 어둠에 발을 들여놓고, 깊은 구렁에 빠지며, 길 없는 숲속으로 들어가나이다. (중략) 저승사자의 모습에 질겁을 하고, 쌓은 업으로 인하여 윤회를 되풀이하나이다. 그는 도움받을 곳이 없나이다. 이제 친구들도 하나 없이 가야 할 시간이 되었나이다. 아, 중생을 불쌍히 여기시는 이들이시여, 그에게 피난처가 되어주시고, (중략) 그를 지키고 감싸시며, 바르도(Bardo: 이승과 저승 사이의 중간단계-옮긴이)의 끝없는 어둠에서 그를 구하여주소서 (중략)'

죽음을 맞는 이와 주위의 모든 이들은 신심을 다하여 이렇게 기도를 드리고, 이어서 '육체에서 놓여나도록 들려주는 가르침' '저승으로 가는 위험한 길을 지켜주도록 청하는 기도' '바르도의 두려움을 없애는 기도'를 왼다."

_《티베트 사자의 서》, '부처와 보살에게 도움을 요청하는 기원문' 편

무췰러 《티베트 사자의 서》와 같은 이야기는 내용만 조금씩 달랐지 얼마든지 있습니다. 어느 기차역엘 가도 매점마다 밀교에 관한 책들을 팔잖아요? 저도 그런 종류의 책을 비교적 꼼꼼히 검토해본 편입니다만, 어느 책을 봐도 그 내용과 묘사가 질릴 만치 세밀해서 머리가 아플 지경이었습니다. 그런 책을 쓴 이들을 보면, 모든 것을 그토록 상세하게 묘사할 수 있을 만한 사람들이 아니죠. 그러니 그들은 자신들이 실제로 알고 있는 것보다 훨씬 더 많은 것을 쓰고 있는 게 분명해요. 그런 책들은 사후세계를 지도를 들여다보듯이 묘사하고 있고, 죽음조차도 마치 일상적인 일인 양 그리고 있습니다. 우리가 이미 그렇게 자세하게 알고 있는 죽음이라면, 그런 죽음은 아무것도 특별할 것 없는 사건에 불과하겠지요.

판넨베르크 지금껏 우리 다섯 중 어느 누구도 영혼이 무엇인지 분명하게 설명해내지 못한 것 같군요. 사람이 죽은 뒤에도 정말 뭔가 남아 있는가 하는 점에 대해서는 계속 의문이 제기되고 있고, 또 그런 의문이 전혀 근거가 없는 얘기도 아니니 말입니다. 죽음과 함께 모든 것이 사라져버리진 않는다는 주장이 나름대로 설득력이 있기는 하지만, 그 내용이 알쏭달쏭해서 도무지 종잡을 수가 없다는 생각 또한 여전하거든요. 예수께서 한번은 이렇게 말씀하셨지요. "사람이 온 세상을 얻는다 해도 영혼(우리나라 성서에는 '목숨'으로 번역되어 있다 - 옮긴이)을 잃는다면 무슨 이익이 있겠느냐?"(마르코복음 8:36) 이 말씀을 하시면서 예수님은 히브리어의 '네페슈'에 해당하는 아람어 단어를 쓰는데, 직역하면 "사람이 세상을 얻고도 '생명'을 잃는다면…"이 됩니다. 생명은 우리 육신의 삶의 '총합'이라고 할 수 있습니다. 그렇다면 육신의 삶이 스러져가도 없어지지 않고

남는 그 '총합'이 바로 영혼이 아닐까요? 육신이 사라진 뒤에는 그 총합이 도대체 어떤 형태로 지속되느냐 하는 점은 커다란 의문이에요.

구약성서도 이 문제를 다루고 있습니다만, 죽음과 함께 모든 것이 사라지지 않는 것은 그 모든 것이 하느님과 함께 머물기 때문이라고 설명합니다. 그래서 〈시편〉 73장은 이렇게 노래합니다. "내 마음이 쓰라렸을 때 / 창자가 끊어지는 듯 아팠을 때 / (중략) / 그래도 나는 당신 곁을 떠나지 않아 / 당신께서 나의 오른손을 잡아주셨사오니 / (중략) / 이 몸과 이 마음이 사그라져도 / 내 마음의 반석, 나의 몫은 언제나 하느님 / (중략) / 하느님 곁에 있는 것이 나는 좋사오니 / 이 몸 둘 곳 주님이시라." 요컨대 하느님 안에서 우리의 생명이 온전히 보전된다는 말이지요. 영혼은 어느 곳이든 있을 장소가 있어야 합니다. 그렇지 않으면 육체가 소멸할 때 영혼도 함께 사라질 수밖에 없겠지요.

부케티츠　육신이 죽은 뒤에도 영혼이 존재한다는 것은 저로선 참 당혹스러운 생각입니다. 사후세계라든지 부활에 대한 믿음은, 상상을 초월할 만큼의 융통성을 가진 우리의 두뇌와 늘 뛰어난 상상력을 발휘해온 진화가 만들어놓은 환상에 지나지 않을 수도 있으니까요. 죽음에 대한 우리의 두려움을 덜어주기 위해서 말이죠. 우리 가운데 사후의 일을 자신 있게 그려볼 수 있는 사람은 아무도 없다는 사실에는 이의가 없으실 겁니다. 그래서 진화는 우리로 하여금 죽은 뒤에도 어떤 형태로든 삶이 계속된다고 믿게 만들어서 사후의 일을 쉽게 상상할 수 있도록 속임수를 쓰고 있는지도 모릅니다. 죽은 뒤에도 삶이 계속된다는 믿음은 '자연선택'의 과정에서 유리한 요소가 됩니다. 죽음과 함께 모든 것이 끝나버리지 않는다고 믿으면, 자신의 삶에 대해 절망하거나 자기 생명이 유한하다는 생각 때문에 허무해지는 않을 테니까요. 우리가 사는 삶이란 게 죽고 나면 그저 몇 개의 뼛조각으로 남아 200만 년쯤 지나 그 뼈를 발굴할 고생물학자들의 관심거리나 될 뿐이라고 생각하면 얼마나 한심스럽겠습니까.

무췰러   그렇게 순전히 환상에 불과한 것이 자연선택의 과정에서 유리한 조건으로 작용하리라고는 생각지 않습니다. 자연선택에서 유리한 조건이 될 수 있으려면 환상이 아니라 구체적인 바탕을 가진 것이라야 합니다. 그렇지 않으면 그저 모순일 뿐이죠.

부케티츠   무췰러 선생님께선 닐스 보어[43]가 말 편자를 부적처럼 현관에 달아둔 얘기를 잘 알고 계시겠지요. 어느 날 몇 명의 학자들이—거기엔 유물론자인 러시아 물리학자도 끼어 있었죠—보어의 집을 방문하고는 이렇게 물었습니다. "아니 교수님, 설마 그런 터무니없는 미신을 믿으시는 건 아니겠지요!" 그러자 보어가 대답했어요. "물론 믿진 않아요. 하지만 믿거나 말거나 저걸 달아놓으면 도움이 된다고 하더군요."

무췰러   그건 결국 보어도 마음 한편으로는 그런 미신을 믿고 있었다는 얘기밖에 더 되나요? 자신은 저명한 학자니까 그런 속내를 드러내놓고 말해서는 안 된다고 생각했을 테지요.

마이어 아비히   환상에 바탕을 두고 있기 때문에 진리가 될 수 없다는 입장에 대해서 한 가지 재미있는 예를 들어보지요. 남자와 여자가 만나서 사랑을 나누다가 아이를 낳습니다. 두 사람은 자신들의 사랑으로 아이가 생겼다고 생각하겠죠. 그러나 다른 한편으로는 이렇게 종(種)이 번식하는 일은 전체적으로 보면 자연에 이득이 되고, 따라서 두 사람이 믿는 사랑이라는 것도 실상 종의 번식을 위해 자연이 써먹는 속임수일 뿐이라고 설명할 수도 있죠. 물론 그런 요소도 아주 없다고는 할 수 없어요. 두 사람이 사랑을 나눈 것도 사실이고, 또 그 결과로 인류라는 종이 대를 잇게 되었으니까요. 두 가지가 다 옳습니다.

뒤르 죽은 뒤에도 삶이 계속된다고 생각한다면, 죽는 순간까지 자신의 삶을 현명하게 꾸려가려고 노력하지 않겠어요? 그런 태도는 분명히 자연선택에서 유리한 부분이 됩니다. 죽은 뒤에도 삶이 있다고 생각하면 문화가 안정을 얻게 되고, 안정된 문화를 확보하는 일은 자연선택에서 유리한 위치를 차지하는 데 큰 도움이 되니까요.

영혼은 불멸한다고들 생각하시는지요?

뒤르 영혼이 무엇인지를 이해하는 방식이야 갖가지겠지만, 저는 사람이 죽은 뒤에도 영혼은 어떤 형태로든 계속해서 존재한다고 믿습니다. 영혼은 마치 한 편의 시와 같다고나 할까요? 시 한 편이 적힌 종이를 갈기갈기 찢으면, 시를 이루고 있던 글자는 흩어져버려도 시의 구조나 의미는 사라지지 않습니다. 종이를 찢는 행동으로는 시의 존재나 의미를 없앨 수 없다는 얘기죠. 저 자신도 영원히 죽지 않는 커다란 영혼의 일부라고 생각합니다. 해서, 제가 궁금한 건 죽은 뒤에도 어떤 형태로 그 커다란 영혼의 일부가 되는지, 혹 내가 살았던 모든 흔적이 완전히 없어져버리는 건 아닌지 하는 것들입니다. 저는 제 존재가 대양(大洋)의 파도 위에 떠 있는 물거품 같은 것이어서, 파도가 잠잠해지면 물거품이 사라지는 것처럼 제 존재도 언젠가는 사라지리라고 생각해요. 그러면서 또 한편으론 제 인생이 파도와 함께 허무하게 사라지는 물거품은 아니라는 생각도 들고요. 말하자면, 자기 스스로를 얼마나 깊이 있게 받아들이느냐에 따라 삶이 계속되기도 하고, 그렇지 않기도 하다는 거지요.

판넨베르크 그런 이야기는 그리스도교의 생각과는 전혀 다른 세계의 이야기인 것 같군요. 그러면서도 여러분이 지금껏 하신 이야기들이 일면 그리스도교의 영혼에 상당히 근접해 있다는 느낌이 들기도 합니다. 폐쇄적이고 독립적이며 파괴될 수 없다는 의미에서 영혼은 불멸한다는 여러분의 이야기는 그리스도교와는 거리가 있는 생각이에요. 앞서 말씀드린 〈시편〉 73장은 우리가 하느님 앞에서 함께 머물게 될 것이며, 육신이 소멸하더라도 우리가 완전히 사라지는 것은 아니리라는 희망을 담고 있습니다. 그 희망의 초점은, 우리가 여전히 한 인격체로 하느님 앞에서 존재하게 되리란 거죠. 플라톤이 생각한 영혼은 이와 아주 달랐습니다. 플라톤은 육체가 사라지면 영혼은 원래의 육체에서 놓여나 다른 육체 안에 깃들이게 된다고 생각했지요. 요새는 그런 식의 윤회론을 받아들이는 사람들이 많아졌는데, 그건 그리스도교와는 상당히 거리가 먼 생각입니다. 그렇게 여러 육신을 전전하는 영혼이라면, 어떻게 나의 고유한 인격체를 구성하는 요소가 될 수 있겠습니까? 그리스도교는 영혼을 하느님의 '전체성' 안에서 이해하고 있어요.

뒤르   바다에서 파도가 새로 일어난다고 해도, 그것은 그보다 먼저 일어났다 가라앉은 파도와 다르지 않은 물이에요. 그렇다고 해서 그 파도가 먼저의 파도와 똑같은 것이라곤 할 수 없지요. 먼저의 파도를 이루고 있던 바로 그 물에서가 아니라 바다 전체로부터 새로운 파도가 만들어지는 거니까요. 뒤집어 말하면, 모든 것은 전체로부터 새롭게 만들어지는 동시에 그전부터 존재했던 것의 일부도 가지고 있다는 얘깁니다. 이 전체라는 것을 '세계영혼' (Weltseele)이라고 부르면 어떨까요? 이 세계영혼이 새로 만들어지는 것 안에 스며들면서 비로소 그것이 고유한 개체가 된다는 식으로 말입니다.

판넨베르크   그리스도교는 그 점을 조금 다르게 해석합니다. 그리스도교는 모든 이들이 한사람 한사람으로 하느님의 기억 속에 머물게 되기를 희망합니다. 이 세상이 끝난 뒤 하느님은 사람들에게 새로운 생명을 주실 겁니다. 하지만 그 생명은 우리가 그 안에서 하느님의 영원성을 나누어갖는, 따라서 모든 이들이 더 이상 한사람 한사람으로 나누어지지 않고 함께 하나가 되는 새롭고도 거룩한 생명이지요.

마이어 아비히   그리스도교는 자신의 신앙이 아주 특별한 것이어야 한다는 생각에 지나치게 사로잡혀 있는 게 아닌가 싶어요. 육신이 죽으면 거기에 깃들어 있던 영혼이 새로운 몸에서 삶을 이어간다고 해서 왜 꼭 한 인간의 고유성이 손상되어야 하죠? 글쎄요. 전 잘 모르겠군요. 그리고 윤회를 믿는 것이 그리스도교 신앙에 위배된다고도 생각하지 않습니다. 윤회라고 해서 '영원히' 반복되어야 한다는 법은 없으니까요. 아시아의 종교들은, 윤회가 되풀이되다가 어느 땐가는 끝이 나서 우리 모두가 '세계영혼'으로 돌아간다고 가르칩니다. 세계영혼에는 생명, 대지의 생명력, 신의 권능 등과 같은 뜻이 담겨 있지요.

무휠러 그런 상상도 해볼 수 있겠지만, 따지고 보면 사실 우리는 아는 게 아무것도 없어요. 가령 그 '대지의 생명력'이란 것도 정확하게 무엇을 뜻하는지 전 잘 모르겠습니다. 제임스 러브록(James Lovelock)[44]의 '가이아론'이란 게 있지요. 러브록은 그리스 신화에서 대지모(大地母)를 상징하는 가이아가 바로 생명체의 총합에 해당하는 것이라고 설명합니다. 개인적으로 저는 이런 이야기가 지나치게 사변적으로 들려요. 제가 생각하는 대지란 무엇보다도 생명을 만들어낼 수 있는 요소들의 집합인데 말입니다.

뒤르 사후세계라는 것을 이해하기엔 우리의 정신적인 능력이 턱없이 모자랍니다. 그런 탓에 그저 황당한 상상밖엔 할 수 없는 노릇이지요. 우리가 사실대로 알고 있는 것은 극히 제한된 내용에 지나지 않으니, 사후세계가 어떤지를 알고 싶어도 그럴 수가 있어야 말이죠. 그러니 결국 상상에 의존할 수밖에요.

무휠러 그렇지만 사후세계에 대해서라면, 저로선 죽음 뒤에 무엇이 오는가를 아주 모호하게 설명하고 있는 성서의 이야기가 더 끝리는군요. 신약성서의 부활 이야기를 생각해보세요. 성서는 부활한 예수를 완전히 비현실적인 존재로, 부활했지만 마치 이 세상 어디에도 존재하지 않는 것처럼 그리고 있습니다. 그에 비해서 밀교들은 삶과 죽음의 경계를 공간적으로 뚜렷하게 설정해놓고, 사람들이 이승과 저승이라는 장소를 오간다는 식으로 생생하게 묘사합니다. 하지만 성서의 묘사는 조심스럽고 모호하지요. 성서가 사후세계에 대해서 이렇게 조심스러운 건, 죽음 뒤에 오는 일을 우리 인간은 알 도리가 없다고 말하기 위해서일 거예요. 죽음은 우리가 이해할 수 없는 신비로운 사건이고, 그렇기에 그저 모르는 채로 남겨둬야 하는 대상입니다. 죽음에 대한 의문을 더 이상 캐지 않고 남겨두는 게 쉬운 일은 아니지만, 그렇다고 성급히 윤회 같은 것에서 해답을 찾고 마음의 평화를 얻으려 해서도 안 될 것 같습니다. 생각해보세요. 우리가 다시 태어난다 한들 무슨 소용이 있겠습니까? 그건 죽음이라는 문제를 해결하기보다는 나중으로 미루는 것일 뿐이지 않겠어요? 이해하기 힘든 문제에 대해서 이러쿵저러쿵 말이야 해볼 수 있겠지만, 그런 이야기를 상징적으로 조심스럽게 다루는 성서를 본받는 편이 바람직하지 않을까 싶어요.

판넨베르크 다음 세상, 그리고 다음 다음 세상에 내가 다시 태어난다면, 그때의 나는 지금의 나와는 다른 사람이겠지요. 지금의 나라는 것은 태어나서 죽을 때까지 이 지상에 존재하는 '내 육신'을 뜻하니까요. 윤회론은 이 점을 전혀 다르게 설명합니다. 글쎄요. 나를 관통해서 지나가버리는 그것이 나 자신일 수 있을까요?

뒤르 그리스도교의 영혼관에 대한 판넨베르크 선생님의 설명을 들으면, '나 자신'을 고이 넣어두는 상자 같은 것을 생각하고 계시지 않나 하는 인상입니다. 저는 육신과 영혼이 일치하는, 그래서 '나 자신'이 손상되지 않고 영원히 되풀이되는 그런 윤회는 믿지 않습니다. 전 제 자신의 체험이 제가 '세계'라고 부르는 '체험의 총체'를 이루는 일부라고 봅니다. 그리고 우리 모두는 이 체험의 총체를 만들어나가는 동반자고요. "이건 나에게 속했던 부분이로군, 저건 그대로 보존되어 있네, 이 부분에는 아직도 내 이름이 적혀 있구나" 하는 식으로 그 '총체'를 조각조각 나눌 수는 없어요. 모든 것은 전체 안에 하나로 섞여들어가고, 저 자신도 개인만의 고유성을 고집하지 않으면서 모든 동반자로부터 이익을 얻는 거죠.

물질로 만들어진 뇌가 어떻게 '사고'와 같은 비물질적인 현상을 일으킬 수 있는 걸까요?

영혼-육신의 문제, 또는 정신-신체의 문제는 인간의 육체와 정신이 서로 어떻게 연관되는가에 대한 물음에서 비롯된다. 이것이 거의 난공불락의 문제가 되어버린 것은 데카르트의 이원론이 그 시작이다. 그는 정신과 신체가 두 가지 서로 다른 실체(substance)라는 이원론을 제시했다. 정신의 활동은 비물질적인 것이라고 생각한 데카르트는, 정신이 어떤 방법으로 육체에 작용하는지 묻지 않을 수 없었다. 가령 정신적인 현상이라고 할 수 있는 '생각'은 어떻게 구체적인 행동으로 옮겨지는 것일까?

데카르트는, 뇌의 송과선(松果腺)이라는 내분비샘이 정신과 육체라는 두 실체를 연결한다는 가정을 세워 이 문제를 해결하려 했다. 이 문제를 해결하려고 시도한 사람들은 많았지만, 데카르트를 제외하고는 대부분 일원론에 바탕을 두고 있었다. 즉 모든 정신적인 현상이 물질에 근거한다고 생각하거나(유물론), 물질도 일종의 정신적인 현상이라고 이해한다(관념론). 영혼-육신의 문제에 관한 이런 논쟁은 오늘날에도 여전히 활발하게 이루어지고 있는데, 생물학이나 밀교들에서는 일원론이 주류를 이루고 있다.

부케티츠 저는 '사고'나 '의식'은 비물질적인 것이 아니라, 뇌라는 물질에서 생기는 현상이라고 봅니다. 팔다리와 같은 신체부위가 어떻게 '운동'이라는 현상을 만들어 내는가 하는 문제도 마찬가집니다. 운동은 그 자체로 독립해서 존재하는 현상이 아닙니다. '운동'이라는 표현도, 일정한 조건이 주어지면 스스로를 움직이거나 한 장소에서 다른 장소로 이동하는 신체적, 기계적 장치가 있음을 전제로 해야 의미 있는 것 아닙니까. 의식이나 사고도 마찬가지죠.

사고행위는 비물질적인 것이 아니라, 뇌가 지닌 속성의 하나일 뿐입니다. 이 사실에서 출발하면 문제는 아주 달라집니다. 이제 문제가 되는 것은 뇌가 어떻게 사고와 같이 비물질적인 현상을 만들어내느냐가 아니라, 진화가 진행되면서 어떻게 뇌가 사고능력이나 자의식과 같은 특별한 기능을 갖게 되었는가 하는 겁니다. 그러니까 뇌라는 물질이 어떻게 비물질적인 사고행위를 하는지를 따질 필요가 없게 되죠. 우리가 체험하는 비물질적인 현상들이 어떤 물질적인 속성을 가지고 있는지, 그리고 그런 속성이 어떻게 생기게 되는지는 다른 분야들에서도 논의하는 것이니까요. 이 문제는 생물학적으론 아직 완전히 해명될 단계가 아닐지 모르지만, 언젠간 해명될 수 있으리라 생각합니다.

저는 "정신이 물질에 작용한다"는 표현도 옳지 않다고 생각해요. 정신이 물질에 영향을 미친다거나 작용한다는 생각은 자연-정신, 물질-정신, 뇌-의식이라는 케케묵은 이분법에 바탕을 두고 있는데, 저는 그런 이분법에 동의할 수 없어요. 어느 쪽이 다른 한 쪽에 일방적으로 '작용한다'는 건 있을 수 없는 일입니다. 앞서 말한 '운동'을 다시 한번 예로 들면 이렇습니다. 사람의 무릎이 움직이는 것을 보고 "운동이라는 것이 어떤 방법으로 무릎 관절에 작용해서 무릎이 움직이게 되었을까"라든지, "운동이 어떻게 운동기관에 전달되는가" 등을 심각하게 논의하는 것은 아무런 의미도 없습니다. 운동이 운동기관에 전달되는 것이 아니라, 근육과 뼈에서부터 세포와 분자에 이르기까지 운동기관을 이루고 있는 것들에 일정한 조건이 주어지면 우리가 운동이라고 부르는 현상이 일어나는 거니까요.

판넨베르크 글쎄요. 저로선 이해가 가지 않는 말씀이군요. 사고행위나 의식이 어떻게 뇌의 속성이 되는지 모르겠습니다. 뇌의 속성이라면 '회색이고 물렁물렁하며 주름이 졌다'는 정도뿐이죠. 뇌를 통해 사고가 이루어지는 게 뇌의 기능이라면 몰라도 뇌의 속성이라고는 생각하지 않습니다. 모차르트 교향곡이 수록된 음반을 두고 "이 음반이 모차르트 교향곡 자체다"라고는 말할 수 없듯이 말입니다. 모차르트 교향곡이 녹음된 음반의 기능을 설명하려면, 음반을 구성하고 있는 물질' 말고도 여러 가지 요소를 동원해야 합니다. 사고와 뇌의 관계도 마찬가질 테고 말입니다.

마이어 아비히 판넨베르크 선생님께서는 뇌의 속성이란 '회색이고 물렁물렁하고 주름진 것' 정도에 지나지 않는다고 하셨는데요. 그런 속성은 그저 무의미한 것이 아니라, 자연사(自然史)의 거대한 맥락 속에서 뭔가 의미를 가지고 있습니다. 살아있는 것은 어느 것이나 나름대로 고유한 기능을 수행한다는 특성을 가지고 있으니까요.

뒤르 '사고와 물질이 얼마나 밀접한 관계를 가지고 있는가'와, '물질이 어떻게 형태를 가지게 되는가'는 서로 통하는 질문들이에요. 음반은 가느다란 홈이 새겨진 '물체'입니다. 한데 이 '물체'가 어떻게 우리가 듣는 교향곡을 담게 되는 것일까요? 교향곡은 음반에 암호처럼 숨겨져 있습니다. 그렇다면 교향곡이라는 '형태'는 음반이라는 물질에 과연 어느 정도로 영향을 미칠까요? 형태라는 것은 일종의 '관계의 구조'입니다. 형태가 물질에 영향을 미친다고 할 수 있으려면, 그 영향이 국소적이거나 개별적이지 않고 포괄적이어야 합니다. 그 영향은 하나하나의 물질에 대해 미치는 것이 아니라 물질들과 상호 작용을 하는 가운데 이루어지는 것이죠. 이렇게 형태가 물질에 영향을 미치는 일은 '물질 자체의 고유한 성질에 형태가 개입하고 간섭하는 일'이라고 하겠습니다. 사고가 물질에 영향을 줄 수 있다면 그런 의미겠지요.

양자물리학의
혁명

닐스 보어는, 양자물리학 이론에 충격을 받지 않은 사람은 그 이론을 제대로 이해하지 못한 것이라고 말한 바 있습니다. 양자물리학이 혁명적인 이유는 무엇인가요?

"유물론은 죽었다." 미국의 저명한 물리학자 폴 데이비스(Paul Davis)와 존 그리빈(John Gribbin)은 20세기의 양자물리학이 가져온 성과를 토대로 이렇게 선언한다.

뉴턴의 고전 물리학에서는, 물질이란 질량을 가진 입자들이 유동적이고도 소극적인 집합을 이루고 있다가 외부의 영향을 받아 형태를 가지게 된다고 생각했다. 이런 생각은 곧 서양문화권에서 당연한 사실로 통용되었고, 18~19세기 과학기술 또한 이를 입증하는 듯했다. 유물론을 더욱 의기양양하게 만든 것은 산업혁명이었다. 자연은 이제 고대 신화에서와는 달리, 질서, 조화, 예측가능성이 지배하는 하나의 유기체 또는 기계장치 같은 것으로 여겨졌다. 뉴턴의 세계상은 아주 다양한 현상을 탐구할 수 있는 합리적인 기초를 제공했고, 그런 의미에서 학문의 발전에 크게 기여했다고 할 수 있다.

이러한 세계상을 처음으로 뒤흔든 사건은 '상대성이론'의 출현이었다. 그때까지 확고부동한 기본단위라고 믿어 의심치 않았던 '시간'과 '공간'은 상대성이론에 의해서 가변적이고 상대적인 단위임이 밝혀졌다. 그뒤 '양자물리학'이 등장해 물질에 대한 종래의 관념마저 완전히 뒤엎었다. 원자를 구성하고 있는 미시세계가 거시세계를 축소해놓은 것이라는 종래의 생각은 양자이론에 의해 무너졌다. 세계를 태엽장치와 같은 기계로 설명하는 뉴턴식의 이론 대신, 파동과 입자들이 인과관계를 엄밀하게 따르지 않는 예측 불가능한 형태로 연결되어 우주를 이룬다는 이론이 지배적인 학설이 되었다. 연구가 진척되면서 양자이론은 더욱 대담한 내용을 내놓았다. 예를 들어 '양자장 이론' (quantum field theory)은, 물질이란 애초에 없으며 보이지 않는 에너지장들의 불규칙한 자극이나 파동만이 존재할 뿐이라고 주장한다.

그밖에도 양자물리학은 '객관적인 물리현실'은 그 '물리현실의 관찰자'와 상관없이 독자적으로 존재하는 것이 아니라고 말한다. 닐스 보어(Niels Henrik David Bohr)의 이론에 바탕을 둔 이른바 '코펜하겐 양자이론'은, 관찰자가 어떤 대상을 측정하여 그것을 물리학적인 단위로 나타내지 않으면 그 대상은 존재한다고 할 수 없다고 말한다. 그에 따르면, 관찰 대상과 관찰자, 관찰 대상과 측정기기는 서로 분리될 수 없는 일체를 이룬다는 것이다.

뤼르 양자물리학이 거둔 혁명적인 성과란, 미시세계, 즉 원자 단위에서 일어나는 일이 거시세계의 축소판이 아님을 확인한 일입니다.

과거에는 물질을 쪼개고 쪼갤수록 점점 더 작은 조각을 얻게 되고, 그런 조각들은 모래알이 아무리 작아도 바윗덩어리와 동일한 구조와 속성을 지니는 것과 마찬가지로 원래의 물질과 동일한 속성을 지닌다고 생각했지요. 그러나 양자물리학은 원자가 이미 전통적인 의미의 '작은 물질'이 아니라는 사실을 확인하게 되었습니다. 원자구조를 설명하는 최초의 모델은 원자가 태양계와 비슷한 구조를 가지고 있으리라는 가정을 바탕으로 만들어졌죠. 그러나 이제는 원자를 구성하는 전자나 핵 등이 더 이상 물질이라고 할 수 없는 완전히 다른 성질을 가지고 있음이 밝혀졌습니다.

그런 입자들은 물질이라기보다는 장(場, field)이라고 하는 편이 정확한데, 그런 장이 서로 응집하여 우리가 입자라고 부르는 것이 생깁니다. 그래서 세계를 기술(記述)할 전혀 새로운 방법이 필요해진 거지요. 원자를 관찰해보면, 물질이 아니라 일종의 비물질적인 퍼텐셜(potential: 힘의 장 가운데서 물질입자가 현재의 위치에서 어느 기준점까지 이동할 때, 힘의 크기를 위치의 함수로서 나타낸 양. 소위 위치 에너지 – 옮긴이)이라 할 장이 우리 앞에 펼쳐져 있는 현실세계를 구성하고 있음을 알게 됩니다. 이 퍼텐셜이 스스로 물질이 되는 능력을 가지고 있다고 합니다. 이른바 이 '장'이 우주 전체를 구성하는 유일한 요소인 셈이지요. '장'은 지극히 짧은 순간에 퍼텐셜을 만들어내고, 바로 그 순간 세계가 새로이 탄생한다고 합니다. 이때 세계는 완전히 새롭게 생겨나는 것이 아니라 바로 이전 세계의 영향을 받지요. 이렇게 세계가 순간순간 새롭게 만들어지는 과정에서도 변함없이 이전의 상태를 반복하는 '활기 없는 현상들'이 있는데, 그게 바로 입자예요. 이렇게 이전 것이 그대로 되풀이되는 부분도 있지만, 현재의 상태가 시간이 지나면서 어떻게 변할지는 원칙적으로 정해져 있지 않습니다.

과거에는 이 세계가 더 이상 쪼갤 수 없고, 제각기 늘 동일한 모습을 유지하는 원자로 이루어져 있다고 생각했지요. '전자는 움직인다. 그러나 언제나 같은 전자 그대로이다'라는 게 모토였죠. 그러나 바로 다음 순간 그 전자에게 어떤 일이 일어날지는, 영향을 미치는 요소들이 너무나 많기 때문에 전혀 예측할 수가 없어요. 다만 '퍼텐셜의 응집', 즉 퍼텐셜이 물질로 바뀌는 현상이 일어날 '확률'만을 제시할 수 있어요. 아인슈타인은 이런 예측불가능성을 반박하면서 "신은 주사위를 던지지 않는다"고 말하곤 했지요. 하지만 물질 구성의 근본원리를 운이 지배하는 주사위 놀이에 비유할 순 없다고 봅니다. 원자 안에서는 우주를 구성하는 모든 것이 서로 영향을 주고받으니까요.

양자물리학에서는 세계가 언제나 하나의 '전체'라고 생각합니다. 세계가 입자들로 구성되어 있다고 전제하면, 세계를 이해하기란 불가능합니다. 세계는 나뉘어 있지도, 나뉠 수도 없는 그 무엇이라고나 할까요. 그래서 양자이론은, 수많은 입자가 상호작용을 하는 가운데 일종의 '체계'가 생기고 그로부터 점점 더 복잡한 구조가 만들어지는 과정을 추적하는 게 아니라 오히려 정반대로 생각합니다. 즉 일단 아직 나누어지지 않은 온전한 무엇인가가 있습니다. 그런데 이 '온전한 무엇'이 분화되면서 하위구조 따위를 만들어 내다가 결국에는 입자 같은 상태가 된다는 것이죠. 이것은 우주를 관찰하는 데 있어 종래와는 전혀 다른 태도예요. 양자이론에서는 '이미 쪼개져 있는 것들'이 서로 영향을 주고받는 것이 아니라, 시간의 흐름에 따라 분화가 진행되는 것이라고 생각합니다.

신학자가 '신의 숨결'이라고 일컫는 것에는 자연과학을 기술할 때 볼 수 있는 것과 동일한 기본구조가 내포되어 있어요. 예를 들어, 양자물리학은 '비물질적인 기본구조'가 있다고 전제합니다. 하지만 제가 보기엔, 그것이 비물질적이라고는 하지만 물질에 반대되는 무엇을 의미하지는 않아요. 우주 안에 있는 모든 것이 실은 '신의 숨결'이니까요. 그렇다면 물질적인 것이란 신의 숨결이 응결되면서 아직 생명을 갖추지 못한 '물질'이 형성된 것을 가리키는 말이 아닐까요? 아무튼 가장 중요한 건 바로 그 '숨결'입니다.

'진화론적 인식론'의 기본적인 생각은, 인간의 정신적인 능력 또한 진화를 통해 형성되었다는 것이다. 이 이론이 등장하는 데 획기적인 전기를 마련한 것은 콘라트 로렌츠가 1941년에 발표한 〈현대 생물학에 비추어 본 칸트의 선험론〉(Kants Lehre vom Apriorischen im Lichte gegenwärtiger Biologie)이라는 논문이었다.

이미 18세기에 칸트는, 인간의 지각이 공간, 시간과 같이 선험적으로 주어져 있는 '직관 형식'(Anschauungsform)을 바탕으로 이루어진다고 생각했다. 그리고 인간의 지각과 인식능력의 메커니즘, 즉 '세계를 인식하는 장치'에 대한 로렌츠의 연구는 '삶은 학습이다'라는 원칙을 토대로 하고 있다. 로렌츠에 따르면, 진화란 인식을 획득하는 과정을 의미한다. 그래서 로렌츠는, "인간이 가지고 있는 직관 형식과 인식의 틀·범주는 외부세계와 상응하도록 만들어져 있는데, 이는 말의 발굽이 들판이라는 환경에, 물고기의 지느러미가 물의 특성에 맞게 발달해 있는 것과 같다"고 말한다.

그렇다면 여기서 다음과 같은 두 가지 결론을 얻을 수 있다. 첫째, 인간의 지각능력과 정신적인 능력도 자연선택이라는 진화의 압력으로부터 자유롭지 않으며, 따라서 인간의 지각은 현실을 구성하는 여러 요소에 맞게 적응해왔다는 것이다. 둘째, 인간은 전체 현실 가운데 자신의 생존에 중요한 부분만을 지각한다. 양자물리학이 묘사하고 있는 복잡한 현상 앞에 이르면, 인간에게 주어져 있는 직관 형식들은 무용지물이 되고 만다. 이는 인간을 둘러싸고 있는 현실이 인간이 지각할 수 있는 범위를 훨씬 넘어선다는 사실을 가리킨다.

양자물리학이 생물학에 끼친 영향

생물학도 양자물리학의 영향을 받고 있는지요?

부케티츠 그렇다고도 할 수 있고, 그렇지 않다고도 할 수 있습니다. '진화론적 인식론'처럼 현실을 이해한다면, 생물학이 양자물리학의 영향을 받았다고 할 수 있겠죠. 진화론적 인식론에 따르면, '있는 그대로의 세계'를 정확하게 지각할 수 있으리라는 순진한 생각은 더 이상 통하지 않습니다. 이것이 바로 양자물리학과 진화론적 인식론이 닮은 점이죠. 인간을 비롯한 유기체들은 현실을 구성하고 있는 요소 가운데 존재한다고 믿는 특정한 부분만을 감각 기관으로 지각해서 재구성합니다. 하지만 동일한 대상을 지각하더라도 종(種)에 따라 천차만별이에요. 같은 나무를 두고도 개가 보는 것과 박쥐나 벌레가 보는 것엔 차이가 있다는 거지요. 엄밀히 말해, 종래의 '모사(模寫) 이론'(copy theory)[45]에서처럼 현실이란 유기체가 인식하는 그대로 실재한다고는 더 이상 말할 수 없게 되었습니다. 전에는 생명체들의 뇌가─인간을 포함해서 말이죠─자신을 둘러싸고 있는 수많은 대상을 사진을 찍듯이 지각해서 기억한다고 생각했었는데, 이제는 그렇지 않다는 얘깁니다. 우리는 우리를 둘러싸고 있는 현실, 다시 말해 이 세계를, 우리의 생존에 유리한 방식으로 재구성한다는 거지요.

그러니까 엄격히 말해 "이 나무는 내가 지각하는 모습 그대로이다"라고 할 수 없고, 자기 앞에 있는 대상에서 '나무'라고 표현되는 요소를 지각할 뿐이라고 해야겠지요. 이러한 발상의 전환은 가히 혁명적입니다. 나중에는 도대체 실재하는 대상이 정말 있는지조차 의심하게 만들 정도니까요.

우리는
어떻게 세계를 지각하게
되는가?

인간은 어떻게 세계를 인식하게 되나요?

마이어 아비히   우리는 세계를 그야말로 '있는 그대로' 인식합니다. 세계를 있는 그대로 인식한다는 것은 세계가 어떻게 '작용하고' 또 우리 자신이 어떻게 그 작용에 참여하고 있는가를 인식한다는 것이죠. 이때 우리의 인식은 완전히 객관적이지도, 그렇다고 완전히 주관적이지도 않습니다. 닐스 보어의 말처럼, 우리는 늘 "우리가 행하고 경험한 것"(what we have done and what we have learned)만을 보게 됩니다. 이 말은, 우리 자신이 세계 안에서 세계와 함께 작용하고, 그러는 가운데 우리와 대상 사이에 어떤 관계가 생긴다는 뜻이에요. 이 관계는 대상과 우리 어느 한쪽에만 해당하는 것이 아니라, 객관적이면서 동시에 주관적인 그 무엇이에요. 양자이론이라는 새로운 물리학이 흥미를 끄는 게 바로 이런 이유이죠.

뒤르   개미들이 분주하게 오가는 개미집을 멀리서 보면, 그저 아무런 움직임도 없는 흙덩어리 같을 겁니다. 왼쪽에서 오른쪽으로 움직이는 개미가 한 마리 있으면 그 반대로 움직이는 개미도 있기 마련이라, 서로 빈자리를 채우다 보면 전체적으로는 정지된 한덩어리 모양으로 보이게 되니까요. 얼핏 보기엔 아무런 움직임도 없어 보이는 개미집도 자세히 보면 이렇게 많은 개미들이 분주하게 움직이고 있죠. 그렇다면 이런 질문도 가능하지 않을까요. 우리가 생명이 없다고 단정하는 물질, 움직임도 없고 변화도 없는 물질의 그 안정성은 어디서 오는 것일까? 여기 이 의자를 예로 들어봅시다. 우리가 의자에서 눈을 떼어도 이 의자는 여전히 이 자리에 있습니다. 그런데 이 의자가 다음 순간에도 여전히 이 자리에 있게 되는 것은 무엇 때문일까요? 사물이란 것들은 어째서 이렇게 활기 없이 안정되어 있을까요? 이 의자가 다음 순간에는 여기 있지 않고 다른 일이 일어날 수도 있는데, 실제로는 그렇지 않아요. 우리가 사는 세계 안에서는 너무도 많은 일이 서로 맞물려 일어나기 때문에, 그런 변화무쌍한 생명력이 쉽사리 드러나지 않거든요. 이렇게 보면 생명이 있는 사물이나 없는 사물이나 아무런 차이가 없고, 다만 그 둘이 서로 다른 방법으로 짜여 있을 따름이라는 얘기가 됩니다. 생명력이란 특정한 경우가 아니고서는 드러나지 않지만, 그것은 분명히 존재합니다.

이런 예는 어떨까요. 사람들이 제각기 다른 행동을 하며 살고 있는 도시를 생각해봅니다. 완전히 난장판이죠. 그런데 제가 이 도시를 바깥에서 들여다보면 별반 흥미로운 일들이 있길 않아요. 한 사람이 어떤 행동을 하면 다른 사람이 그 반대로 행동을 해서 상쇄되어버리거든요. 그러다가 사람들이 모임이나 단체를 만들면, 개개인이 원래부터 가지고 있던 나름의 특성이 갑자기 도시 전체에 드러나게 됩니다. 말하자면, 무슨 일이든 완전히 고정되어 있는 것이 아니라, 이렇게 보는 시각에 따라 달라질 수 있다는 얘기지요.

무휠러 그 이야기는 비유로는 무리가 없겠는데요, '물질화' (materialization)라는 것도 비유적으로 말씀하신 건가요? 뒤르 선생님께서는 '장'이라는 것이 '구체화된다' '물질화된다'는 말씀을 하셨는데, 그렇다면 그 '장'은 물질이 아니란 말씀인가요?

뒤르 '장'에는 우리가 물질에서 볼 수 있는 속성이 없어요. 비물질적인 장이 서로 겹칠 때 비로소 물질의 속성을 갖는 구조가 생겨나죠. 그렇다고 해서 물리학이 정신에 대해 말하고 있는 건 아닙니다. 물론 장은 전체성을 가지고 있고 입자로 이루어진 것이 아니고 물질과는 거리가 멀다는 점에서, 물질적이라기보다는 정신적인 것에 가깝지만 말입니다.

무휠러 그런 유사점이 있기는 하겠지만, 철학자인 저로서는 스스로 은유법에 빠져들어 논리를 그르쳐선 안 된다고 말하고 싶군요. 양자물리학에서 말하는 '전체성'을 섣불리 종교적이고 형이상학적인 전체성과 동일시하면, 자칫 엉뚱한 곳에서 철학적인 문제를 논하는 실수를 범하게 됩니다.

마이어 아비히 여기서 무엇보다 문제가 되는 것은, 고전적인 원자론자들의 생각처럼 물체란 그보다 더 작은 물체들이 결합된 것이라는 생각에서 무엇을 얻어낼 수 있을까 하는 점입니다. 우리가 '물체' 자체가 무엇인지도 모르고 있다면, 소위 원자라는 입자에 대해서도 전혀 알지 못하고 있는 셈입니다. 따라서 그런 입장을 취한데도 얻을 것이 없다는 말이지요. 이 문제에 대해 양자이론은 좀 다른 대답을 내놓고 있어요.

양자이론의 대답은 물론 새로운 건 아닙니다. 그 역사는 플라톤의 자연철학까지 거슬러 올라갑니다. 플라톤도 물질이 무엇인지에 대해 고민했고, 그 문제에 대해서 늘 유물론자들과 충돌하곤 했죠. 플라톤은 물질이란 아주 작은 덩어리의 물질들이 모여서 만들어진 것이 아니라 일종의 '수학적인 구조'라고 생각했습니다. 플라톤의 이런 생각은 양자이론의 대답과 일치하지요. 물질이 비물질적인 것으로 이루어져 있다는, 이 시공을 뛰어넘는 의견의 일치는 주목할 만한 사실이에요. 그런 식으로 생각하지 않았다면, 물질이 무엇인지에 대해서 아무런 대답도 내놓을 수 없었을 겁니다. "물질은 물질이다"라는 대답으로는 아무것도 설명하지 못하니까요.

여기서 또 한 가지 덧붙이고 싶은 것은, 양자이론에서 세계를 체험하는 방식이 고전 물리학과는 정반대라는 점입니다. 고전 물리학이 어떤 식으로 세계를 체험하는지는 앞서 이미 이야기했습니다만, 양자이론의 입장에 서면 우리는 이 세계에 속하지 않는다는 듯한 이방인의 태도로 세계의 바깥에서 세계를 관찰하고 기술할 수가 없게 됩니다. 닐스 보어의 말마따나, 우리는 "우리 스스로가 그 일부인 자연"을 서술하거나 인식할 수 있을 뿐이죠. 인식이라는 '행위'는 우리 스스로가 그 일부를 이루는 자연을 인식하는 가운데 이루어집니다. 이 점이 바로 양자이론이 도달한 궁극적인 통찰입니다. 인간이 저지르는 환경 파괴를 봐도 그래요. 인간은 자신들이 '경영한다'는 자세로 세계를 대합니다. 하지만 지금 벌어지고 있는 환경 파괴를 보세요. 결국 자신에게 그 몫이 돌아올 일을 하고 있는 겁니다. 인간은 자연을 대상으로 인식하고 행동하지만, 동시에 그 자연의 일부이기도 하지요. 이 점은 양자이론이 말하는 바일 뿐만 아니라, 환경과 인간의 관계를 설명해주는 대목이기도 합니다. 세계에 대한 이런 태도는 인간이 20세기에 성취한 가장 중요한 인식 가운데 하나라 해도 좋을 것입니다.

부케티츠 양자이론과 환경 문제 사이에 공통점이 있는지 없는지는 차치하고라도, 진화론의 관점에서 봐도 '주체'와 '객체'를 분리하거나 '인식의 주체'를 구분하는 낡은 사고방식은 더 이상 통하지 않습니다. 우리 자신을 자연의 일부라고 생각하고 세계를 우리 바깥에 있는 것이 아니라 우리 스스로가 그 일부가 되어 구성하는 것으로 인식한다면, '나'와 '외부 세계' 사이에 선을 그어 나눌 수는 없게 되니까요.

뒤르 중요한 것은, 엄밀하게 따져서 이 '통합된 전체'에서 뭔가를 분리해낸다는 것 자체가 결국은 불가능하다는 사실이에요. 대상을 관찰하는 데 꼭 필요하다고 생각했던 '관찰자와 관찰 대상의 분리'란 불가능한 일입니다. 다만 그런 분리를 어느 정도까지는 가능케 하는 조건들을 제시할 수 있을 뿐인데, 바로 이 점이 또 아주 흥미로워요. 그런 조건조차 제시할 수 없다면, 우리가 이 세계를 이해할 길이란 없으니까요. 물론 그런 조건이 없다고 해서 우리가 사는 이 세계의 바탕이 흔들리는 것은 아닙니다. 다만 우리가 생각하는 바로 그런 모습의 세계로는 나타나지 않을 따름이죠. 세계를 이해하는 데 필요하다고 해도 '분리'가 어느 경우에나 완전할 순 없어요. 그저 가능한 만큼만 분리하는 것으로 만족할 밖에요.

부케티츠 우리가 세계를 어떻게 인식하느냐는 질문에 대해서는 다음과 같은 두 가지 예를 들고 싶군요. 이런 얘기가 있습니다. 그 옛날 원숭이들이 나뭇가지에 대해서 별로 아는 게 없어서 가지 사이를 옮겨다니다가 떨어져 죽곤 했다면, 그런 원숭이는 절대로 인간의 조상이 될 수 없다는 얘기 말입니다. 물론 인간의 조상이라고 해서 나뭇가지에 대해 완전한 인식을 가지고 있었다는 건 아닙니다. 다만 생존에 필요한 정도는 알고 있었다는 거지요. 원숭이들이 나뭇가지를 만든 건 아니었다 해도, 그게 무엇인지는 제대로 알고 있었을 겁니다. 다음으로는 아주 구체적이고도 생물학적인 예가 있습니다. 활활 타오르는 불을 삼킬 수 있다는 부족의 전설을 우리 조상 가운데 누군가가 그대로 믿었다면 살아남지 못했다는 거죠. 말하자면, 우리 조상들은 각각의 사물에 대해서 그것들은 다루는 적절한 양식을 만들어내야 했다는 얘깁니다. 그들은 살아남기 위해서 대상에 따라 생물학적으로 적절하게 반응해야 했던 겁니다. '인식'이나 흔히 말하는 '현실감각'이라는 것도 결국 생존이라는 문제와 연결되어 있다는 말이죠.

뒤르 예를 들면, '공간'에 대한 인식 또한 생존의 문제가 아니었을까요? 공간은 인간이 생존하는 데 없어서는 안 될 필수 요소이니까요.

양자물리학이 신학과 철학에 끼친 영향

신학도 양자물리학의 영향을 받는지요?

판넨베르크　물론입니다. 신학자들이 '실재'(實在)를 이해하는 방식은 양자물리학의 영향을 많이 받았죠. 개신교보다는 가톨릭 신학이 시기적으로도 먼저, 그리고 내용적으로도 먼저, 더 많은 영향을 받았다고 하겠는데요, 우선 자신이 고민해온 '자유'의 문제가 양자물리학을 통해서 검증되었다고 느꼈습니다. 가톨릭 신학자들은, 양자운동이 예측을 불허한다는 점이야말로 인간이 자유의지를 가지고 있음을 입증한다고 주장한 에른스트 파스쿠알 요르단(Ernst Pascual Jordan)[46] 같은 물리학자들이 신학의 생각을 뒷받침해 준다고 여겼지요. 그뒤 물리학자들은 자유의지와 양자운동의 문제를 다룰 때 요르단보다는 훨씬 더 객관적이고 신중해졌지만, 그런 변화는 인간의 자유의지를 유달리 강조해온 가톨릭 신학의 부담을 덜어주었습니다. 20세기 초까지만 해도 물리학자들 사이에서 결정론으로 자연을 완벽하게 설명할 수 있으리라는 생각이 팽배했는데, 이제 그런 변화와 더불어 신학은 더 이상 물리학의 결정론과 충돌하지 않게 되었으니 말입니다.

　허나 물리학자들이 저마다 다른 입장을 취하는 통에 한편으로는 혼란스럽기도 합니다. 저도 그런 경험이 있어요. 지난 4월 런던에서 열린 어느 학술회의에 참석했을 때 얘긴데, 거기서 영국 학술원[47] 회원이기도 한 물리학자 존 폴킨혼(John Polkinhorn)이 소립자는 말할 것도 없고 장도 일종의 물질이라고 주장하는 것을 들었습니다. 그때 저는 개인적으로 잘 아는 뮌헨의 이론물리학자 쥐스만(Georg Süßmann)이 정반대의 주장을 하고 있다는 걸 지적했지요. 그럴 땐 이게, 과학적인 설명을 요하는 문제가 아니라 기술하는 방법에 좌우되는 철학적인 과제가 아닐까 하는 생각이 들어요. 그렇다면 남는 질문은, 그러한 철학적인 설명들 가운데 어느 것이 가장 실상에 가까운가 하는 것이 되겠지요.

저는 영국 학술원의 권위를 등에 업은 폴킨혼 박사보다는 뒤르 선생의 설명이 훨씬 적절하다고 봐요. 어쨌거나 그런 논쟁 때문에 우리 같은 신학자들이 좀 난처해지기도 하죠. 연구 결과를 철학적으로 성찰하는 물리학자들의 다양한 목소리를 들으면서, 우리 신학자들도 잠자코 있을 순 없는 노릇이니까요. 지성인이라면 누구나 마찬가지겠지만, 신학자들도 우리 눈앞에 일어나는 일들에 대해 완전히는 아니라도 잠정적으로나마 결론을 내릴 수 있는 정도는 되도록 노력해야지요. 뒤르 선생의 말씀대로 세계는 순간순간 새롭게 태어납니다. 바로 그 지점에서 그리스도교의 창조론과 현대의 물리학이 만나게 됩니다. 세계가 매순간 새롭게 만들어진다는 것은 충분히 근거가 있는 얘기예요. 그런 인식을 통해서 우리는 결정론을 극복했고, 그에 따라 자연과학과 신학의 관계도 획기적인 전환점을 맞게 되었지요. 결정론의 설명에 허점이 있기 때문에 종래의 비결정론이 옳다는 게 아니라, 결정론 전체가 하나의 커다란 허점이었던 겁니다.[48]

뒤르 저도 선생님 말씀에 동의합니다. 우리는 결정론이 보여주던 예측 가능성에 얽매여 살아왔는데, 그 속박이 끊어지고 만 거지요. 이제 미래는 예측할 수 없는 것이 되고 말았습니다. 그렇다고 모든 것이 완전히 제멋대로 생겨나고 일어난다는 얘긴 아닙니다. 미래는 열려 있기는 하지만 동시에 한계도 가지고 있어서 어느 정도 일정한 구조를 유지한다는 거죠. 오늘날의 양자역학이 자유의지를 설명하는 데 동원될 수는 없습니다. 자유의지는 우리가 스스로의 뜻에 따라 뭔가를 할 수 있음을 뜻하는 반면, 양자역학은 앞으로 일어날 일을 확실하게 예측하는 일은 불가능하므로 다만 확률로 말할 수밖에 없다고 주장합니다. 그러니 이 둘이 같은 주장일 수는 없지 않겠어요?

오늘날 우리는, 아무리 엄밀한 고전 물리학의 지배를 받고 있는 사물이라 하더라도 고전 물리학의 원칙과는 다른 성질을 가지고 있다는 사실을 알게 되었습니다. 게다가 이런 새로운 인식에 대한 해석도 천차만별이에요. 이런 새로운 생각이 담고 있는 수학적, 물리학적 측면에 대해서는 다들 같은 의견이지만, 그것이 무엇을 의미하는지에 대해선 의견이 분분합니다. "원자의 차원에서도 모든 것이 결정론적으로 움직인다"고 주장하려면, 그에 앞서 입자가 무엇인지 확정적으로 말할 수 있어야 합니다. 이때 우리는 전혀 통제할 수 없는 것을 왜 설명하려드는지 자문하게 되지요. 또 과거와 미래를 관통해 일관되게 통용될 설명이라면 결정론밖에 없다고 고집하는 사람도 있죠. 그런 일관성 또한 확정적으로 설명하고 통제하기가 불가능한데도 말입니다.

물리학은 어떤 것이 과연 철학적으로 적절한 설명인지 그 기준을 제시해주지 않습니다. 우리 물리학자들은 다만 전보다 훨씬 개방적으로 논의할 수 있는 여지를 마련했을 뿐이지요. 그리고 물리학으로는 답할 수 없는 분야가 있다는 사실을 알게 되었고요. 무지에 부딪혀서가 아니라, 우리의 질문이 아예 대답할 수 없는 성질의 것이기 때문입니다. 그런 사실은 물리학으로 하여금 혼자서 모든 문제를 해결하고 입증해야 한다는 부담에서 벗어나 신학과 대화를 나누게 했지요. 근본적으로 해답이 있을 수 없는 문제라면 물리학 역시 아무것도 입증할 수 없는 노릇 아니겠습니까. 그러니 자연히 신학과의 대화와 같은 자구책을 동원해서라도 그런 문제를 새로운 시각에서 이해하려고 노력할 밖에요.

물리학자인 뒤르 선생님께서 성서를 인용하고, 신학자인 판넨베르크 선생님께서 양자물리학을 동원할 날이 올까요?

뒤르 그런 일은 없을 겁니다. 제가 보기에 성서는 너무 편협하거든요. 인용할 수 있으려면, 성서는 좀 더 개방적이어야 합니다. 성서가 사물을 이해하는 태도는 양자물리학보다 엄격해요. 양자물리학의 내용이 더 개방적이라는 말이죠.

판넨베르크 저도 양자물리학을 직접 인용하기보다는 물리학자들의 이야기를 듣는 쪽을 택하겠습니다. 그들의 이야기를 듣고 그 이론을 어떻게 철학적으로 서술할지 함께 고민하는 편이 나으니까요. 예를 들어, 누군가가 "우리는 더 이상 아무것도 객관화할 수 없다"고 말하면, 저는 고민에 빠지게 됩니다. 원래 물리학을 지배하던 것은 극단적인 '객관성'이었는데, 양자물리학은 그런 객관성이 더 이상 성립할 수 없는 개념이라고 해버린 거지요. 객관성이란 것은 자연과학의 연구 대상인 현상이나 사물이 관찰자와는 전혀 무관하게 존재할 때 가능한 얘기입니다. 그런데 그런 생각은 이미 낡은 사고방식이 되고 말았어요. 반면에 철학은 오래 전부터 '객체(대상)'라는 말을 반드시 '주체(관찰자)'에 상대되는 개념으로 사용해왔습니다. 그러니까 대상이라는 것은 주체와 따로 떼어 생각할 수 없다는 이야기지요. 그렇지만 양자물리학은 관찰 대상이 관찰자와 상관없는 것으로 객관화되는 경향을 완전히 무시하거나 반박하진 않습니다. 물리학자라면 관찰자인 자신이 원하는 대로 대상을 파악할 순 없는 법이니까요.

양자물리학이 철학에 끼친 영향이 있다면 어떤 것일까요?

무휠러 그 질문은 대답하기가 쉽지 않군요. 양자이론과 철학에 동시에 정통하기란 어려운 일이니까요. 철학을 하려면 거기에 완전히 몰두해야 하고 물리학도 마찬가질 테니, 두 분야 모두 꿰뚫어보기란 보통 일이 아니겠죠. 사실은, 철학이 물리학을 소홀히 하고 있는 터에 물리학자들이 스스로 철학적인 반성을 하는 겁니다. 그러다 보니 깊이 있는 사색이 되지 못하는 경우가 흔하죠. 그러나 행여 철학자 쪽에서 비판적인 말이라도 나오면 물리학자들은 불쾌하게 생각하고요. 물리학자들은 자신들이 소외당하고 있다고 느낍니다. 사실, 철학자들은 양자물리학의 관심사에 대해 별로 생각하지 않으니까요. 사정이 이런 데다 양자이론에 부여하는 철학적 의미와 관련해서 몇 가지 의문이 있어요. 고전 물리학이 가지고 있던 '질서정연한 세계'라는 관념이 오늘날 뿌리째 흔들리게 된 건 사실입니다.

　뒤르 선생님께서 말씀하신 대로, 우리가 사는 세상은 개미집과 같아요. 다만 그것이 우리에게 무엇을 의미하는지 규정하기가 어려울 뿐이죠. 저도 그 의미를 모르겠고요. 양자이론이 '전체성'이라는 개념을 담고 있다는 건 의문의 여지가 없습니다. 그러나 그 전체성이 '의식의 전체성'이나 '사회의 전체성'이라고 할 때의 전체성과 같은 개념일까요? 아마도 아닐 겁니다. 전체성이라는 개념을 너무 쉽게 양자물리학에 결부시켜선 곤란하지 않을까 싶군요.

마이어 아비히 물리학이 먼저 어떤 결과를 얻어내면 철학이 그것을 수용한다는 식으로 양자물리학과 철학의 관계가 이루어지는 건 아니라고 봐요. 두 분야의 상호관계를 아주 정확하게 짚어낸 닐스 보어의 말이 있어요. 그는, 양자이론 탄생의 바탕이 된 경험들은 하나같이 우리에게 철학적인 지혜나 진리를 연상시키는 것들이라고 했죠. 물리학이 성취한 내용 가운데는 철학적인 개념들의 도움을 받은 것도 분명 있습니다. 그리고 물리학자들 말고는 아무도 물리학의 문제에 관심이 없다는 의견에도 동의할 수 없군요.

제 은사이신 폰 바이츠제커 선생을 비롯해서 적지 않은 사람들이 양쪽의 분야를 넘나들고 있습니다. 그런 사람들은 물체를 구성하는 소립자의 기묘한 속성을 이해하기 위해 노력해야 한다는 걸 잘 알고 있어요. 그 속성이 기묘하다는 얘기는, 소립자란 그것을 다루지 않을 때는 존재하지 않다가, 누군가가 그것을 다루게 되면 그제서야 비로소 자신의 속성을 드러내며 다가오기 때문이죠. 물리학이 이렇게 '사물을 다루는' 행위로 말미암아 가능해진다는 것을 두고 물리학자들은 물리학이 '행위의 과학'이라고 말합니다. 물리학은 이제 더 이상 대상에 '관한' 학문이 아니라 대상을 '다루는' 학문이에요. 이상의 이야기가, 핵물리학에서 다루는 여러 현상을 이해하기 위해 자연철학에서 말하는 내용들입니다.

뒤르　함께 대화를 나누면서 제가 느끼는 근본적인 어려움을 말씀드리고 싶네요. 양자역학은 제기된 질문과 대답을 정확히 표현할 수 있는 언어를 독자적으로 확립해놓고 있어요. 이 언어는 일상의 언어로는 전달할 수 없는 일종의 추상적인 구조물이지요. 물론 물리학이 상당히 정확하게 기술하고 있긴 하지만, 그럼에도 문제에 부딪치게 되는 건 물리학자들이 철학에 뿌리를 두고 있는 언어들을 잘못 사용하기 때문이기도 해요. 양자이론의 성과를 정말 제대로 전달하려면 제3의 언어를 새로 만들어내야 한다는 얘기인데, 그렇게 되면 양자이론을 이해하기는 더더욱 힘들어지겠지요. 그렇다고 양자이론의 내용을 사실 그대로 전달하기 위해 수학이라는 형식을 빌린다면, 그것을 다시 일상언어로 옮기기란 거의 불가능해질 테고요.

판넨베르크　양자이론같이 물리학자들끼리나 제대로 할 수 있을 그런 대화를 철학자들과 자유로이 나누기는 아주 어려울 겁니다. 지난 150년 동안 철학을 주도해온 사람들은 사실 자연철학에 별 관심을 두지 않았지요. 그러다 보니 주류에서 벗어난 소수의 철학자들만이 자연철학을 연구해왔습니다. 요즘은 철학에도 정통한 물리학자들이 있기는 하지만, 그 수가 얼마 되지 않습니다.

무칠러　그뿐 아니라 정말 이상한 점은, 자연철학자들이 실제로 있었음에도 철저히 외면당했다는 겁니다. 말하자면 자연철학이라는 분야를 외진 구석으로 밀어낸 거죠. 에른스트 카시러(Ernst

Cassirer)[49]가 생각나는군요. 카시러는 물리학에도 아주 밝은 사람이었습니다. 양자이론이 확립된 직후 카시러는 그에 대해 중요한 글을 몇 편 썼지만 아무도 주목하지 않았죠. 자연철학이 사람들의 관심에서 그렇게 소외당해왔다는 건 납득하기 힘든 일이에요.

판넨베르크 신학도 마찬가지였지요. 18세기에 신학과 자연과학의 대화가 제대로 이루어지지 않자 이에 실망한 신학자들은 자연과학과 대화하기를 포기하고 신학의 테두리 안으로 돌아가버렸으니까요. 하지만 철학의 경우는 그래도 예전의 신학보다는 사정이 낫다고 봅니다. 지금 우리처럼 다시 대화를 시도하면서 어려움에 부딪히는 것도 과거에 겪었던 좌절 때문이죠. 그런 어려움만큼 대화를 재개하는 의미도 크지만 말입니다. 그렇기 때문에 더더욱 분야 간의 대화가 절실히 필요한 게 아니겠습니까?

몰이해의 그늘을 벗겨내는 사흘간의 대화

사흘 동안 계속된 이 대화에서 여러분은 각자 무엇을 얻었는지요?

마이어 아비히   여긴 모인 우리 다섯 사람은 각자 다른 길을 걷는 사람들이에요. 이 대화를 통해서 우리 모두 각자의 길에서 한 걸음 더 나아가게 되었으리라고 저는 확신합니다. 대화를 나누다보면 몰이해의 그늘이 한꺼풀씩 벗겨지기 마련이니까요. 우리가 여기 이렇게 모인 가장 큰 목적은 방송이나 책으로 이 대화를 접하게 될 사람들에게 학문의 각 분야에서 어떤 변화가 일어나고 있는지를 알려주기 위해서죠. 대화를 나누면서 우리가 마치 모든 것을 다 알고 있는 양 행동하지 않았다고 생각합니다. 오히려 우리의 지식이 턱없이 짧다는 사실, 그리고 제기되는 질문들을 해명하려고 애쓸 뿐 아니라 그런 질문들이 정말 제대로 제기된 질문인지 고민하는 모습만이 드러났을 뿐이죠. 또한 독자들께선, 학문은 학자들에게만 맡겨둘 일이 아니라는 것, 그리고 민주사회에서는 모든 사회 구성원이 절대로 학문과 무관할 수 없다는 사실을 깨닫게 되셨을 거고요.

우리 모두에게 관계된 일이라면, 결코 절대적인 권위를 자랑하는 전문가들에게만 내맡겨둬서는 안 됩니다. 이 대화가 질문들을 제대로 파헤치고 있는지에 대해서 모든 사람들이 나름대로 자신만의 견해를 가져야 해요. 학문이 우리 사회의 미래에 도움이 될 만한 결론을 제시하느냐 못하느냐, 우리가 알아내려고 하는 내용이나 미래사회를 좌우할 지식에 대해 의식의 일치를 끌어내느냐 그러지 못하느냐에 달려 있다고 하겠습니다.

판넨베르크   의견의 차이는 있었지만, 지난 사흘 동안 우리는 시간이 흐를수록 서로를 더 잘 이해하게 되었습니다. 그래서 이런 대화가 의미 있는 것이겠지요.

부케티츠   서로 견해가 엇갈리는 점이 정말 많았어요. 사흘이 아니라 3주간을 머리를 맞대고 있었더라도 완전한 합의를 끌어내긴 힘들었겠지만, 서로 의견이 다르다는 사실이 대화에 방해가 되지는 않았습니다. 학문, 철학, 사색, 대화 같은 게 좋은 이유가 서로 다른 의견을 가지고도 공존할 수 있기 때문이죠. 이 자리에서 다시 한번 확인할 수 있었던 것은, 획일적인 방법으론 다룰 수 없는 문제가 참 많다는 사실이에요. 그래서 우리 가운데 어느 누구도 자신이 완벽한 진리를 전하고 있다거나 사물의 궁극적인 원인과 결과를 알고 있다고 교조적으로 주장할 수가 없죠. 이 대화를 간접적으로 접할 독자분들께 뭔가를 전해드릴 수 있다면 더 바랄 게 없겠지요. 그래서 선입견을 강요하는 대신, 함께 대화를 나눔으로써 해결해야 할 문제가 무엇인지 독자분들께 어느 정도는 보여줄 수 있었길 바랍니다. 각자의 전공에 따라 견해가 다르고 넘기 힘든 장벽도 있었지만, 서로 존중하고 관용하는 가운데 대화가 이루어질 수 있다는 사실을 확인한 것이 제게는 아주 뜻깊은 경험이었습니다.

뮈칠러 저도 지난 며칠 동안 뜻밖에 놀랍고도 흐뭇한 경험을 했습니다. 여기 참여하신 분들의 저술은 이미 예전에 읽었죠. 원래 학문하는 사람들이란 게 다들 독서광 기질이 있잖아요. 그런데 막상 이렇게 쓰신 분들을 직접 만나고 보니 책을 읽을 때의 느낌과 전혀 다르더군요. 저자들과 함께 이야기를 나누는 동안, 저는 책으로 접했던 견해나 주장이 어떤 맥락에서 나온 것이고 그 바탕이 무엇인지, 그리고 저 자신이 그런 견해에 대해서 어떤 태도를 가져야 할 것인지를 훨씬 분명하게 알게 되었습니다. 학문의 세계는 서로 추상적인 관계로밖에 만날 수 없는 공간인지라, 이렇게 직접 머리를 맞대고 논의하는 모임이 더더욱 소중하게 느껴지지 않나 싶네요. 저로선 정말 더할 나위 없이 뜻깊은 체험이었습니다.

뛰르 여기 오신 분들의 의견이 서로 다르다는 사실은 새삼 놀랄 일도 아니지요. 다만 여전히 궁금한 것은, 우리가 정말 서로 같은 주제를 두고 대화하고 있다고 믿어도 좋을 공통의 언어를 찾아낼 수 있을까 하는 점이에요. 같은 개념을 서로 다른 의미로 사용하는 게 여전히 해결되지 않는 문제로 남아 있으니까요. 상대방이 사용하는 특정한 개념이 무엇을 의미하는지 알아차리지 못하는 것만큼 대화를 가로막는 심각한 장애물도 없을 겁니다. 어떻게 하면 그런 문제를 해결할 수 있을까 종종 고민해봅니다만, 추상적인 언어보다는 누구라도 동의할 수 있을 정도로 보편성을 지닌 구체적인 언어가 있어야 할 것 같습니다. 그런 언어를 많이 사용하면 할수록 우리의 생각도 더욱더 정확하게 밝힐 수 있게 되겠지요.

  이번 대화에서도 극심한 의견대립이 있었고, 또 그렇기 때문에 이런 대화를 풀어갈 실마리를 찾았다는 생각도 들었고요. 그 실마리를 따라가다 보면 결국에는 우리가 이러저러한 개념을 어떻게 이해하고 있는지 제대로 표현할 수 있게 되겠지요. 그렇게 되면 상대방이 이야기하는 바를 이해하지 못해 제대로 접근할 수 없었던 영역도 자유로이 넘나들 수 있게 될 테고요. 이렇게 각 분야의 '언어'를 이해하게 되면 그것에 대한 사색이 가능해질 것이고, 또 그렇게 되면 사람들은 자신만의 견해를 쌓아가면서 어떤 이야기가 얼마만큼 자신의 견해와 닿아 있는지 생각하게 되겠지요.

새로운 세계관을
향하여

지금까지 우리는 우주와 생명과 정신에 관한 다섯 학자들의 대화를 지켜보았다. 이제 독자들도 제각기 사색의 길을 걸어갈 것이다. 까다로운 문제를 깊게 파고들 때면 늘 그렇듯, 대화가 진행되는 동안 숱한 질문과 의문들이 우리 앞에 쏟아져 나왔다. 그 해답을 찾는 노력은 독자들과 대화 참가자들 모두의 몫일 것이다. 깨어 있고 열린 마음을 가진 사람들을 늘 경탄케 하는 이 세계의 모습은 그렇게 새로운 질문이 제기됨에 따라 깊이를 더하게 된다. 모쪼록 토스카나에서 나눈 사흘간의 대화가 세계와 인간에 대한 독자들의 호기심을 열어주었기를 바란다. 그중에는 대화 참가자들의 사색을 좀 더 찬찬히 들여다보고 싶었던 이들도 있을 줄 안다. 그런 독자들을 위해서, 대화 내용과 관련하여 자신들의 기본 입장과 세계관을 밝히고 있는 다섯 학자의 글들을 온전히 혹은 간추려 여기 싣는다.

한스 페터 뒤르는 양자물리학의 의의와 양자물리학이 불러온 엄청난 변화를 기술하고, 클라우스 미하엘 마이어 아비히는 우리에게 자연이라는 동반자를 지금보다 책임 있는 태도로 대할 것을 경고한다. 그리고 한스 디터 무철러는 자연과학과 종교가 빚어왔던 대립과 갈등을 조감하고, 볼프하르트 판넨베르크는 그 둘의 미묘한 관계를 신학의 관점에서 조명할 것이다. 마지막으로 프란츠 M. 부케티츠는 형이상학의 진화론적 기초에 대해 들려준다. 지금까지 우리와 대화의 산책을 함께하고서 다시 사색의 오솔길을 걸으려는 독자가 있다면 진심으로 환영한다. 혹여 이 사색의 오솔길이 여러분에게 인생의 의미를 열어 보일지도 모를 터, 우리도 한번 그 발길을 좇음이 어떠할는지.

물리학과
초월성

_한스 페터 뒤르

　　세계를 관찰하는 '자의식' 그리고 '세계는 통일된 하나'라는 신비한 체험은 인간이 세계를 체험할 때 나타나는 두 가지 속성으로서, 이 둘은 상호작용적인 성격이 있다. 그러한 체험을 통해 인간은 비판적이고 합리적인 사고방식을 갖게 되고, 세계가 다양하다는 것을 인정하게 되면서 스스로 세계를 파악하고자 한다. 그런가 하면 비합리적이고도 신비스러운 무엇에 이끌려 극기와 명상으로 존재의 신비를 밝히려 애쓰기도 한다.

　서양의 역사에서 이 둘은 서로 영향을 주고받으며 풍성한 결실을 맺어왔다. 이 두 가지 이질적인 태도는 지식과 신앙, 자연과학과 종교의 분리에서도 분명하게 볼 수 있다. 16세기에 성행했던 연금술이 그랬던 것처럼, 이렇게 평행을 달리는 두 길을 하나로 모으고, 과학을 신비주의적 요소를 가진 포괄적인 '전체' 안에 용해시키려는 시도는 끊이지 않았다. 그러다가 17세기로 접어들자 데카르트 합리주의의 영향으로 합리적인 세계상과 종교적인 세계상이 분열을 겪게 되었는데, 합리적인 세계상은 뉴턴의 역학에 이르러 절정에 달했다. 뒤이어 18~19세기에는 자연과학이 광범위하게 발달했고, 그와 더불어 합리적인 세계상과 종교적인 세계상은 더욱 극단적으로 대립하게 되었다. 사람들은 관찰, 측정, 논리적·수학적 추리라는 과학의 방법론으로 지식을 얻었고, 나아가 신앙의 내용까지도 과학의 방법론이 제시하는 기준에 맞추려고 하기에 이르렀다. 그와 함께 신앙, 종교, 초월적인 것은 '아직 알려지지 않은', 또는 '아직 찾아내지 못한' 것을 설명하는 부수적인 역할을 맡는 데 그치게 되었다. 사람들은 자연과학에서 얻은 인식을 통해서 종교를 뛰어넘고, '정밀한 지식'으로 신앙을 대체하게 되리라고 생각했던 것이다.

그러나 지식이란, 인간에게 자연계의 구조와 영향을 밝게 비춰주고 자연 속에서 자신이 어디에 존재하는지를 깨닫게 해주는 순수한 인식만을 의미하는 것은 아니다. 우리는 지식을 통해 자연계가 돌아가는 과정을 더 잘 들여다볼 수 있으며, 그로써 자연의 변화가 미래에는 어떤 모양으로 일어날 것인지 미리 예측할 수 있다. 이리하여 자연법칙들을 연구하고 발견해낸 인간은 자연을 자기 마음대로 지배하고 또 자신의 목표를 이루는 데 이용할 수 있다는 예기치 못한 가능성을 손에 쥐게 되었다. 그것은 무엇보다도 자연과학의 산물인 기술의 덕택이었다. 영국 경험론의 창시자인 프랜시스 베이컨(Francis Bacon)은 이미 16세기 말에 "아는 것이 힘"이라고 자랑스럽게 선언한다.

자연과학과 기술은 오늘날 우리 사회에 결정적인 영향을 미치고 있다. 물론 그것들은 인간으로 하여금 생존에 필요한 물질을 직접 확보해야 하는 부담을 크게 줄여준 것이 사실이다. 그렇지만 인간이 자연의 구조를 더욱 폭넓고 상세하게 알고 또 자연을 더욱 능수능란하게 조작할 줄 알게 됨에 따라, 자연이라는 이 민감한 조직을 파괴하고도 남을 가공할 힘을 갖게 되었다는 사실 또한 점점 더 분명해지고 있다. 스스로도 자연의 산물이며, 그렇기에 자연과 흥망성쇠를 함께할 수밖에 없는 인간이 말이다! 인간은 자칫 통제를 벗어나기만 하면 인류 전체를 파멸시키고도 남을 무기를 쌓아가고 있다. 이런 상황을 초조한 심정으로 지켜보며 우리는 묻게 된다. 이러한 사태가 어디까지 갈 것인가? 우리 스스로 경탄해 마지않는 '이성'이란 것도 엄습해 올 재앙을 막아내기에는 역부족이지 않을까?

인간의 이성은 지성(知性, 이해력)을 통해서만, 또는 사물들이 얽혀 있는 관계를 인식하는 데서만 생기는 것이 아니라, 우리 존재의 심층, 사회 전통, 종교 등과의 관계 속에서 생기는 것이다. 자연과학은 '무엇'에 대한 물음에는 답을 주지만, '어떻게'에 대해서는 아무런 말도 해주지 않는다. 인간이 어떤 행동을 하려면 자신의 과학적 인식의 범위를 넘어서는 통찰이 필요하다. 다시 말해, 초월적인 것의 안내를 받아야 하는 것이다.

자연과학의 관찰 방법이 모든 방법론을 지배하고 기술이 숨막히리만치 빠르게 발달하게 되면서 초월적인 것을 바라보는 우리의 시선은 왜곡되었고, 또 그런 것이 우리의 삶에 왜 필요한지도 망각하게 되었다. 그러나 날이 갈수록 더 큰 위험에 맞닥뜨리게 되면서, 자연과학이 지배하는 세계의 결함 또한 점점 더 분명해졌다. 기술이 지배하는 이 세계가 점점 더 복잡하게 얽혀가면서 천태만상의 면모를 연출하는 가운데, 사람들은 이 혼돈을 걷어낼 더욱 분명한 방향을 애타게 찾고 있다. 이렇게 갈기갈기 찢기고 부스러져가는 정신세계의 뒤편에서는 '근본적인 합일성' 또는 일찍이 베르너 하이젠베르크가 말하던 '중심질서'(모든 계들을 단일한 수학 방정식으로 표현할 수 있도록 하는 보편적 대칭성. 고에너지 충돌 시 생기는 소립자들을 설명하기 위해 하이젠베르크가 사용한 개념 – 옮긴이)를 다시 찾아야 한다는 각성이 현대인들 사이에서 일고 있다.

늘 새로운 것에 굶주려 있는 우리 사회에서 자연과학의 성과는 언제나 금세 확산되기 마련이다. 물론 그 학문적인 내용은 있는 그 대로가 아니라, 극도로 단순화되고 일상적인 사고방식에 맞도록 조정되고 조작된 형태로 대중에게 전해질 뿐이다. 세세한 원래의 내용은 너무도 복잡하고 다양해서, 그 분야를 담당하는 몇몇의 전 문가들이 아니고서는 도저히 이해할 수 없다. 이런 상황은 유감스 럽지만 피할 수 없는 일이다. 다만 우려되는 것은, 학문적인 성과 가 그렇게 심하게 단순화될 경우 그 핵심적인 내용은 해체된 채 제 대로 전달되지 못함으로써 엉뚱한 오해를 불러일으킬 수도 있다 는 점이다.

예를 들어, 요즘은 누구나 원자 또는 원자의 속성을 두고 그것 이 마치 일상생활에서 경험하는 보통의 사물이나 되는 양 쉽게 이 야기한다. 그리고 그런 개념 뒤에는 '입자-파동의 이원론' '상보성' '하이젠베르크의 불확정성 원리'처럼 불규칙적이고 난해한 내용 이 숨어 있다는 것을 들어본 사람도 얼마간 있을 것이다. 그렇지만 20세기 초반 현대 물리학이 비약적으로 발전하고 양자역학이 제 모습을 갖추게 되면서 자연과학의 세계상이 밑바닥부터 완전히 뒤바뀌게 되었다는 사실을 아는 사람은 많지 않다. 이런 변화는 인 간의 사고뿐 아니라, 응용과학과 기술 분야에도 광범위한 영향을 미쳤다. 오늘날 가장 각광받고 있는 기초과학 분야들은 모두 양자 물리학의 세례를 받고 태어난 것들이다.

그러나 양자물리학이 이처럼 폭넓게 응용되고 있고 그 내용 또 한 철학적으로 가공할 파괴력을 지녔지만, 이 새로운 물리학이 낳 은 인식론적 결과를 제대로 이해하고 있는 사람은 소수에 지나지 않는다. 게다가 기계론과 결정론을 바탕으로 한 19세기의 고전적 세계상의 골격이 아직도 우리를 지배하고 있는 것이 사실이다. 이것은 어쩌면 당연한 일일지도 모른다. 양자물리학이 우리에게 제시하는 새로운 패러다임은 종래의 사고방식과도 도저히 어울리지 않는 데다, 일상의 언어로 표현할 수도 없기 때문이다. 양자물리학을 발견한 과학자들조차 그 새로운 내용을 해독하는 데 엄청난 노력이 필요했으며, 지금까지의 사고방식을 극복하고 나서야 그 내용을 받아들일 수 있었다. 막스 플랑크나 알베르트 아인슈타인, 에르빈 슈뢰딩거 같은 선구자들도 모두 양자이론에 관한 기념비적인 업적으로 노벨상을 탔지만, 그들조차 양자물리학이 제시한 새로운 패러다임을 완전히 받아들이지는 못했다. (중략)

지식이란 아무런 전제 없이 그저 공간을 떠도는 것이 아니라 반드시 일정한 가정을 토대로 한다는 사실은, 학문이 한 단계 한 단계 정상적인 진화를 이어갈 때보다 획기적인 전환을 겪을 때 더욱 분명히 드러난다. 그런 가정들 가운데 어떤 것은 입증할 필요도 없이 너무도 자명해 보여서 무심코 지나치는 경우도 있다. 그러나 학문이 획기적인 전환을 맞게 될 때는 이론과 실험적인 체험 사이에 빚어지는 모순이 겉으로 드러나게 된다. 이를 통해 무심코 지나쳤던 기본 전제들에 주목하게 되고, 숨어 있던 기본 전제들이 밝혀지면서 동시에 그것들이 얼마나 허약하고 무너지기 쉬운 것이었는지도 알게 된다. 기존의 패러다임을 버리고 새로운 패러다임을 받아들여야 하는 기로에서 우리는 자신의 지식이 지금껏 전혀 의심하지 않았던 선험적 지식에 얼마나 얽매여 있는지, 지식이란 얼마나 초월적인 바탕을 가지고 있는 것인지 다시 한번 생각하게 된다.

양자물리학이 고전 물리학을 대체한 것은 이제 과거지사가 되었다. 오늘날 우리는 이 새로운 물리학이 가져올 현실적인 결과를 의심할 바 없는 하나의 사실, 더 이상 논란의 여지가 없는 교과서적인 지식으로 받아들이고 있다. 지금 우리는 그저 주어진 규칙에 따라 양자물리학을 대할 뿐, 이 새로운 물리학이 담고 있는 인식론적 배경이나 철학적 혁명성을 아직 제대로 이해하지 못하고 있다. 이제는 정말 양자물리학의 위대한 선구자들이 제시한 철학의 핵심을 받아들이고, 우리 시대에 던져진 문제들을 반성하면서 양자물리학의 철학을 발전시켜나가야 할 때이다.

현대 물리학자들의 눈에는 이제 물리학과 초월성은 더 이상 대립하는 개념이 아니라 오히려 서로를 보완하는 의미를 지닌다. 이런 상보성을 대하는 태도는 다양하다. 20세기 초 양자물리학의 초석을 놓은 막스 플랑크는 그 철학적인 자세로 보면 낡은 사고방식에서 새로운 사고방식으로 넘어가는 길목에 서 있다. 그는 종교와 자연과학이 각기 다른 차원에 속하는 관찰 방법이라고 설명함으로써 둘 사이의 대립을 해결하고자 했다. 말하자면 종교의 관찰은 주관적이고 내면적인 차원에서 이루어지는 반면, 과학은 객관적이고 외면적인 차원, 즉 관찰의 주체인 인간이 세계와의 관계에서 벗어난 상태에서 관찰한다는 것이다. 전자의 경우 인간은 관찰의 주체가 되고, 후자의 경우는 관객이 된다.

단순한 관객으로서의 관찰자는 자신의 감각기관을 통해서 세계를 인식하고, 자신의 논리적 사고에 적합한 수학 언어를 동원하여 이론과 세계에 대한 '견해'를 구상해내고, 그것을 표본화된 경험이나 측정 결과와 비교해보는 식으로 자연과학을 연구한다. 이 과정에서 관찰자는 천지만물을 관통하는 보편적이고도 포괄적인 법칙을 찾아낸다. 이 법칙은 놀랄 만큼 그 형태가 단순해서, 관찰자는 그런 법칙들이 '신의 역사(役事)'를 드러내는 증거라고 믿게 되기도 한다. 예를 들어, 모페르튀(Pierre-Louis Moreau de Maupertuis: 프랑스의 수학자, '최초 작용의 원리'를 제창했다. 1698~1759 - 옮긴이)나 라이프니츠(Gottfried Wilhelm von Leibniz)는 '해밀턴의 원리'(역학의 법칙을 지배하는 '최소 작용의 원리')에 대해, 그것이 예정된 방향으로 세계를 이끌어가는 신의 섭리라는 사실, 그리고 이 세계가 가능한 가장 최선의 세계라는 사실을 입증하는 명백한 증거라고 생각했다.

　한편 관찰의 주체이기도 한 인간은 신의 이성을 아주 직접적으로, 그래서 더 이상의 설명이 필요 없는 형태로 경험하기도 한다. 이때 신은 모든 사유의 출발점이자 인간의 행위를 인도하는 나침반이며, 인간의 행동을 평가하는 보편타당한 기준이다. 종교는 인간이 신에게 직접적으로 다가갈 수 있게 하는 다리가 된다. 종교는 신적인 가치를 인간이 이해할 수 있도록 번역해주어야 하는데, 이때 언어라는 수단이 필요하게 된다. 그러나 그 언어란 하나의 상징일 뿐이어서, 객관적으로 파악할 수 없는 초월적인 것을 비유적으로 설명해줄 뿐이다. 언어가 상징하는 속뜻과 언어의 형식적인 내용을 혼동하면 갈등과 모순이 생겨난다. 자연과학과 종교는 서로를 보완한다. 그런 맥락에서 아인슈타인도 "종교 없는 자연과학은 무력하고, 자연과학 없는 종교는 눈먼 것이다"라고 갈파한 바 있다. 고전 물리학은 엄밀하고 보편적인 법칙성이 자연을 지배하고 있다고 주장했지만, 이는 인간이 도덕적으로 행동하기 위해 없어선 안 될 자유의지와 행동의 자유를 부인하는 모순을 담고 있다.

　극미한 원자의 세계를 연구하면서 과학자들은, 우리가 감각기관으로 직접 알 수 있는 경험적인 세계를 벗어나면 복잡한 첨단 측정기기로만 접근할 있는 이 신세계를 일상적인 언어로 기술하기

가 거의 불가능해진다는 사실을 알게 되었다. 미시세계는 우리에게 익숙한 일상세계를 그대로 축소해놓은 것이 아니라, 전혀 다른 구조를 가진 세계인 것이다.

양자현상을 논리적으로 해명하다 보면, 우리가 객관적으로 관찰할 때 당연한 것으로 여기던 '객관화할 수 있는 세계' '객관적으로 실재하는 세계' 자체가 우리의 환상이라는 놀라운 결론을 얻게 된다. 세계는 우리의 사고가 만들어 내는 구조물이며, 직접적이고도 외적인 체험을 거칠게나마 정리할 수 있도록 해주는 '견해'에 지나지 않는다는 것이다. 이렇게 객관적 세계가 실재한다는 믿음이 무너지자, 행위자와 관찰자, 주관적 인식과 객관적 인식을 확연하게 구분한다는 것이 애초부터 불가능했음이 백일하에 드러났고, 그 결과 현실이 '총체적인 구조'를 가지고 있다는 생각이 대두되었다. 그와 함께 세계가 법칙에 따라 관계를 조직하고 유지된다는 생각 또한 흔들리게 되었다. 결국 우리는 앞으로 일어날 일은 기계론적으로 미리 예정되어 있지 않고 통계적으로만 결정될 뿐이라는 충격적인 결론과 마주하게 되었다.

예전에는 모든 것이 합리적으로 설명되리라고 믿어 의심치 않았다. 그래서 자연과학이 발달하면 할수록 '초월적인 것'이 설 땅도 점차 사라지리라고 생각했다. 그러나 지금은 사정이 바뀌어, 우리가 쉽게 경험하고 이해할 수 있을 것 같았던 이 물질적인 세계는 허상에 불과한 것이어서, 물질이 아닌 형상이 지배하는 '현실'로 잠시 자신을 드러내고 있을 뿐이라고 이해하게 되었다. 이렇게 되면 우리는, 우리가 지각하는 세계는 원래의 현실, 즉 '이데아의 세계'의 그림자일 따름이라는 플라톤의 '동굴의 비유'를 부지중에 떠올리지 않을 수 없다.

그러나 양자물리학은 새삼스럽게 관념론을 끌어들이지는 않는다. 양자물리학이 우리의 경탄을 자아내는 부분은, 양자물리학이 입증한 것처럼 세계는 객관화가 불가능하지만 더 추상적인 차원에 이르면 다시 객관적인 수학에 의해 기술되며, 그로써 견고한 학문적 바탕을 확보하게 된다는 데 있다. 베르너 하이젠베르크는 저서 《부분과 전체》(Der Teil und das Ganze)의 "실증주의와 형이상학과 종교"라는 장에서 이렇게 말하고 있다. "양자이론은 인간이 어떤 내용을 완전히 명료하게 이해할지라도 상징과 비유로 밖에 설명할 수 없다는 사실을 훌륭하게 보여준다." 어떻게 보면, 종교적인 체험의 경우에나 볼 수 있는 "이루 형언할 수 없는 상태"가 양자이론에 의해 외적인 경험에까지 확장되었다고 할 수도 있겠다.

양자물리학을 통해서 과학적인 체험이나 세계에 대한 지식이 우리가 흔히 생각하듯 유일하고 확실한 사실이 아니라는 것이 다시금 분명해지게 되었다. 존 로크(John Locke)는 "사물의 진정한 본질은 감추어져 있다"고 말한다. 우리는 감각기관과 사유 구조라는 그물을 통해서 현실을 한 차례 걸러서 받아들이는데, 바로 이때 현실의 외형이 그물눈에 맞는 크기로 제한되고 그 내용이 왜곡된다. 일찍이 칸트가 간파했듯이, 물리학에서 얻은 근본적이고 보편적인 통찰이 놀랍게도 우리의 경험 안에서 확인이 되는 이유는 경험이라는 것 자체가 물리학이 제시하는 조건 아래에서만 비로소 가능해지기 때문이다. 물리학이 보여주는 세계는 '초월적인 것이 현실화된 것'이다. 아서 에딩턴(Arthur Eddington: 영국의 천체물리학자. 1882~1944 – 옮긴이)은 자신의 여러 저서에서 물리학이 설명하는 현실과 본래의 현실 간의 관계를 설득력 있게 묘사하고 있다. 《과학의 새로운 길》(New Pathways of Science)이라는 책에서 에딩턴은 물리적인 세계를 초월성을 상징하는 바다의 파도에 비유하기도 한다.

우리의 사고와 자연과학은 현실의 구조, 즉 '어떻게'만을 설명할 뿐, 현실의 내용과 실체, 즉 '무엇'은 설명하지 못한다. 논리적이고 분석적인 구조를 지닌 우리의 사고는 논리적이고 분석적으로 파악, 투사되는 현실을 수학이라는 언어로 기술한다. 다시 말해서, 세계는 '사고'의 형태로 모습을 드러내는 것이다.《미개척 영역》이라는 책에서 제임스 진즈(James Jeans: 영국의 천체물리학자. 1877~1945 - 옮긴이)는 이렇게 말한다. "자연의 법칙은 보편적 정신의 사고법칙이라고 볼 수 있다. 자연이 일정한 모습을 유지하는 것은 이 보편적 정신이 지닌 내면의 일관성을 말해준다."

에르빈 슈뢰딩거도 '현실의 참모습은 정신'이라고 생각한다. 현실을 우리 의식 속에 직접적으로 그리고 끊임없이 등장하는 '전체'나 '합일'로 이해하는 그는, "관찰하고 생각하는 주체가 다수라는 생각은 환상에 지나지 않는다. 그런 다수는 현실 속에 존재하지 않는다"고 말한다. 관찰자가 다수인 것은 단일성이 다양한 방식으로 나타난 것일 뿐, 베단타(Vedanta) 철학(인도 6파 철학 가운데 한 갈래. 브라마 수트라를 경전으로 한다 - 옮긴이)에서 말하는 비유처럼, 하나의 대상이 수정에 비쳐 여러 개로 보이는 경우와 같다. (중략)

우리의 사고를 통해 세계가 조각조각 나뉘고 찢기는 것은 결코 현실의 본질이 아니다. 데이비드 봄(David Bohm: 미국의 물리학자. 양자이론과 상대성이론의 통합을 시도하는 역학을 제시했다 - 옮긴이)의 말을 들어보자. "대상을 나누는 것은 사물에 대해 사고하는 방법 중 하나이다. 조각조각 나누어진 자아는 자신뿐 아니라 세계까지도 자신의 사고방식에 맞도록 해체하고 분해한다. 인간은 조각난 자신의 세계상이 옳다고 주장하지만, 그렇게 함으로써 자기 스스로가 그런 분열을 초래했다는 사실을 간과하고 있다."

인간은 자신의 사고방식이 불러온 '현실의 분절화(分節花)'를 늘 '전체성'과 대립하는 개념으로 여겨왔다. 다른 글에서 봄은 이렇게 말한다. "인간은 가치 있는 삶을 위해서는 전체성 혹은 구원성이라는 개념이 반드시 있어야 한다고 생각해왔다."

조각들을 꿰어맞추기만 하면 다시 완전한 '전체'가 되게끔 대상을 분해하는 것은 학문적 인식을 얻어내기 위해 꼭 필요한 방법일 뿐 아니라 아주 효과적이어서, 자연을 설명하는 데 상당히 적절해 보이기도 한다. 관찰하는 자신을 현실의 '부분적인 면모들'에 집중하는 것은 더 정확하고 분명한 과학적 진술을 끌어내기 위해 전제한 조건이었다. 물리학과 초월성의 상호 보완은 이렇게 '부분과 전체'의 상호 보완, '엄밀함과 적절함'의 상호 보완으로도 나타난다. (중략)

경험은 그 내용을 일상언어로 표현할 수 있어야 비로소 과학적으로 파악할 수 있다. 그런 의미에서 과학적인 경험은 객관성을 가진다. 그렇게 일상의 언어로 표현되는 경험이라야 관찰과 측정이 가능하기 때문이다. 그리고 보면, 수학은 일상언어를 더욱 정교하게 만든 것에 지나지 않는다. 수학은 개념에 정밀한 의미를 부여하고, 그로써 상징과 비유로 초월적인 것을 설명할 때 생기는 모호함을 피할 수 있게 된다.

그러나 우리의 관찰 대상이 처음부터 객관적인 사물인 것은 아니다. 그것은 우선 양자가 통합된 상태이거나 양자의 모임이다. 이렇게 양자 상태로 있던 대상은 적극적인 관찰 행위를 통해서 비로소 '객관적으로 확인할 수 있는 사실'로 바뀐다. 이때 아주 미세한 외부의 영향에도 돌이킬 수 없이 무너져내리는 불안정한 체계들이 일종의 강화 메커니즘을 거치면서 측정 결과라는, 정보를 주고받기에 알맞은 거시적인 기록이 만들어진다. 대상을 객관화한다는 것은 '분리한다'는 뜻이기도 하다. 다시 말해, 관찰자와 관찰 대상이 하나로 녹아 있는 비객관적인 '일체성'을 파괴하는 행위인 것이다. 관찰자는 언제나 관찰 대상에 영향을 미치는 행위자이기도 하기 때문이다.

관찰 방법에 따라 여러 형태의 '분리'가 일어난다. 그래서 관찰 방법을 달리할 때마다 대상들은 서로 다른 모습을 드러내게 되고, 보통의 경우라면 대상의 속성이라고 생각될 이 외형들이 상호 모순적인 관계를 보이거나, 드물기는 하지만 상호 보완적인 성격을 갖게 되기도 한다. '상보성'(complementarity)이라는 말은 닐스 보어가 양자이론을 수립하기 전에 사용한 개념인데, 이제는 양자현상을 논할 때 아주 유용하게 쓰인다. 《지식의 단일성》(Einheit des Wissens)이라는 저서에서 닐스 보어는 '상보성'에 대해 이렇게 말한다. "원자 안에서 벌어지는 일들을 고전적인 개념으로 설명하려고 하면, 관찰 조건이 달라질 때마다 지극히 대립되는 경험을 하게 된다. 하지만, 그런 경험이 원자의 체계를 해명하는 중요한 정보가 되고, 그런 그것들이 모이면 원자의 비밀을 완전히 밝혀낼 수 있다는 점에서 그런 경험들은 서로를 보완하고 있다고 생각할 수밖에 없다." 양자물리학에서 관찰되는 이런 '상보성'은, 도저히 극복할 수 없을 것 같아 보이는 모순들을 개념의 폭을 넓힘으로써 조화롭게 극복할 수 있음을 보여주는 모범적인 예이다. 이는 우리가 획일적인 사고방식과 빈곤한 상상력을 고집하는 한 서로 대립하는 것들 간의 공통점을 결코 발견할 수 없다는 교훈을 준다.

동일한 대상을 동일한 방법으로 관찰하면 역시 동일한 외형의 표본이 나와야겠지만, 관찰 결과는 일반적으로 그렇지가 않다. 가능한 여러 결과 가운데 어떤 결과가 나올지는 미리 말할 수 없으며, 다만 상대적인 확률만이 법칙에 따라 예측될 수 있을 따름이다. 물론 원자의 세계에서도 모든 결과에는 그보다 시간적으로 앞선 원인이 있어야 한다는 인과율은 여전히 통한다. 그러나 원자세계의 인과율은 특정한 원인이 특정한 결과를 낳는다는 식의 고전 물리학의 인과율이 아니다. 세계가 외부의 영향을 받지 않고, 모든 세부 내용까지 미리 정해진 채 엄밀한 자연의 법칙에 따라 움직이는 거대한 기계 장치라는 생각은 고전적 인과율을 고집하는 19세기 물리학자들로서는 당연한 귀결이었으며, 그들로 하여금 '초월적인 것'은 모두 '주관적인 허구'일 뿐이라고 믿도록 만들었다.

그러나 이제 세계는 더 이상 그런 거대한 기계 장치가 아니다. 데이비드 봄이 묘사하듯, 오히려 시간의 흐름에 따라 변화하는 '강물'이나 '의식의 흐름'이라고 하는 편이 더 적절할 것이다. 그런 흐름을 직접적으로 파악하거나 이해한다는 것은 불가능한 일이다. 그저 그 흐름 속에서 비교적 독립적이고 안정된 상태를 이루고 있는 어떤 파도나 소용돌이 같은 것만이, 사물을 단편적으로 이해하는 우리의 사고가 파악할 수 있는 대상이 되고 또 '현실'이 될 뿐이다. (중략)

초월성이란 비유와 표상으로밖에 이야기할 수 없는 개념이다. 우리가 그런 비유와 표상에 숨겨진 진실을 인식할 수 있는 것은 우

리 모두가 동일한 의식의 흐름 속에서 함께 흘러가고 있기 때문이다. (중략)[50]

자연 안에서 이루어지는 인간 행위에 관한 실천적 자연철학

_ **클라우스 미하엘 마이어 아비히**

우리는 지구를 괴롭혔고,

지구는 이제 자신의 걸작품들을 거두어 들인다.

그 하나인 우리까지도.

_ 라이너 쿤체

나는 종종 이런 질문을 받곤 한다. "선생님께서 스스로를 자연철학자라고 부르시는 이유가 무엇인가요?" 이에 대해 "자연철학을 연구하니까요"라고 하는 건 별로 신통한 대답이 아니다. 이제 우리 사회에서 자연철학은 자연보다도 더 잊혀진 존재이니까. 이 글을 통해 나는 실천적인 측면에서, 즉 우리가 속해 있는 전체 자연 안에서 이루어지는 인간 행위라는 관점에서 자연철학이 어떤 의미를 갖는지 설명하고자 한다.

자연의 일부인 인간

자연은 '전체'이고, 우리는 그 전체의 일부를 이룬다. 자연이란 인간 바깥에 있는 것이기도 하지만, 인간 바깥에 있는 자연조차도 더 큰 전체 자연의 일부인 것이다. 인간 바깥에 있는 자연을 인간 및 전체 자연과 구별하여 '주변세계'(Mitwelt)쯤으로 부르기로 하자. 여기서 강조하고 있는 '주변세계'라는 말은 자연의 역사 안에서 우리가 전체 자연이라는 생명 공동체에 속해 있음을 떠올리게 한다. '주변세계'라는 표현의 원인은 괴테까지 거슬러올라간다. 지금까지 철학에서 말해온 '공존'(Mitsein)이란 자연을 배제한 채 사람들 간의 관계만을 표현하는 말이었다.

우리가 함께하는 사람들뿐 아니라 자연계까지 아우르며 공존할 때에만 진정한 인간이 될 수 있다고 생각한다면, 우리가 마치 다른 혹성에서 건너와 지구상의 다른 토박이 생명체들과는 아무것도 닮은 것 없는 존재인 것처럼 행동할 때와는 다른 태도로 자연을 대하게 될 것이다. 이제까지 우리는 마치 먼 외계에서 지구에 이주해 온 존재인 양 우리들끼리만 동일한 정체성을 공유하며 살아왔고, 이곳의 다른 모든 것은 전혀 배려할 필요가 없다고 여겨왔다. 그것들은 우리 인간이 서로 다르듯이 '다른' 존재가 아니라, 우리와는 전혀 '딴판인' 존재였으니까. 이 세계에 필요한 것이 있다면, 기껏해야 이주자나 정복자로서 우리의 이익을 지켜나가기 위한 현명한 행동규범 정도가 전부였다.

산업사회의 모든 구성원은 이렇게 다른 행성에서 온 정복자처럼, 그래서 이곳에 속하지 않는 존재인 양 행동해왔다. 경제와 과학 분야에서 우리의 사고와 행동을 지배하고 이끌어가는 의식 또한 그런 태도에서 조금도 벗어나 있지 않다. 언젠가 바이츠제커는 자연과학과 자본주의는 똑같은 실패작이라고 말한 바 있다. 사실 자연을 자원이나 물건으로 여겨 상품화한 것과 자연을 과학의 대상으로 객관화한 것 모두, 우리 자신이 자연에 속하지 않는다는 잘못된 생각에서 비롯된 오류다.

우리는 아직도 그와 같은 오류에 사로잡혀 있다. 물론 이제는, 인간이 자연보다 우월하다거나 아무런 역사도 존재하지 않는 무

의미한 자연계 속에서 역사를 빚어나가며 특별한 삶을 영위한다는 식의 생각 없는 주장은 하지 않지만 말이다. 과학과 기술이 지배하는 세계가 자연을 위기에 몰아넣은 것을 똑똑히 지켜보았음에도, 우리는 자연이라는 것이 창밖으로 보이는, 또는 보이지 않아 그리워하게 되는 푸르른 세상, 즉 인간 바깥에 있는 자연, '인간이 아닌 그 무엇' 정도라고 생각하고 있다. '우리 인간들도 자연의 일부'라고 주장하지만, 놀랍게도 우리의 생각은 달라진 것이 거의 없다. 산업 생산을 축으로 하는 경제 시스템이 생활환경을 파괴하고 있는 현실, 그리고 오늘날 자연과 사회를 다루는 학문의 주된 흐름이 자연으로부터 인간을 떼어놓았다는 사실은 이와 같은 의식을 잘 보여준다.

오늘날의 산업사회가 과연 미래에도 살아남을 수 있을 것인지 아니면 멸망하고 말 것인지는, 우리 자신이 자연에 속한다는 사실을 깨닫느냐, 즉 스스로가 '인간이 된 자연'이라는 사실을 깨닫고 그에 맞게 행동하느냐에 달려 있다. "모든 인간은 우주가 인간으로 변한 것이다"라는 니콜라우스 쿠사누스의 말은 시사하는 바가 많다. 이 말은, 인간 속에서 우주가 감정과 이성을 가진 생명체라는 아주 특별한 형태로 재현된다는 뜻이다. 그렇게 해서 자연은 우리 인간 속에서 언어가 되고 예술이 되며, 무엇보다도 '인간적인' 문화가 된다. 이성은 인식하고 행동하는 가운데 자연을 지각하는, 오직 인간에게만 허락된 능력이 아닐까. 눈으로 확인할 수는 없지만 자연은 일체를 이루고 있고, 그런 자연이 지상의 모든 생명체와 무생물에서 고유한 형태로 드러나고 있는 것이다.

자연은 그 겉모습은 다양하지만 언제나 같은 자연 그대로 남아 있다. 자연은 다양한 외형 속에 자신의 본질을 감추고 있는 것이다. 이 사실을 가장 먼저 발견한 것은 소크라테스 이전에 살았던 그리스의 자연철학자들이었다. 그러나 철학이 곧 자연철학을 뜻하던 시대는 지나고, 철학자들은 사물의 본성(nature)이 곧 자연이라고 생각하기보다는 사물이 자연에 속해 있다는 식으로, 즉 사물을 철학적 우주론의 재료나 대상쯤으로 취급하게 되었다. 이런 몰이해는 과학기술이 지배하는 오늘날처럼 자연이 파멸의 위기에 신음하기 훨씬 전부터 있었다. 이제 우리는 눈앞에 보이는 현상을 넘어서, 우리가 그 일부를 이루는 자연 자체를 인식하도록 다시 한번 노력해야 할 것이다.

우리는 아직 우리 자신이 '인간이 된 자연'이라는 사실을 깨닫지 못하고 있다. 그 점을 자각하고 있다면, 우리는 오늘날의 경제체계나 학문에 대해 결코 만족할 수 없을 것이다. 오늘날 경제와 학문은 자연과 사회가 절대적인 대립항이라는 생각을 바탕으로 하며, 따라서 자연이 아닌 인간과 인간이 아닌 자연이 서로 대립한다는 관점을 따르고 있기 때문이다. 오늘날 자연의 위기를 초래한 경제체계와 학문의 구조에서 벗어나는 길은 인간이 자연의 일부라는 사실을 인식하는 일에서부터 시작된다. "우리가 자연의 일부라는 거, 알고 말고. 당연한 얘기지, 뭐. 그래서 환경 보호에 이렇게 신경을 쓰고 있잖아!"라고 겉으로 적당히 말하면서 실제로는 그렇게 생각하지도 행동하지도 않는다면, 더 이상 희망은 없다. 우리가 자연의 일부라는 사실을 깨닫는 일은 결코 학문적인 연구의 성과가 아니다. 그것은 오히려 학문과 경제 각 분야가 바람직한 태도를 가지고 올바른 질문을 던지기 위해 반드시 갖추어야 할 전제조건이다.

지상에 발을 딛고 사는 우리가 다른 별에서 온 정복자인 양 행동하는 것은, 우리 자신만이 존재하는 주체이고 나머지 세계는 소유의 대상일 뿐이라고 생각하는 데서 비롯된다. 이렇게 '인간'(그리스어로 '안트로포스' anthropos)을 모든 것의 중심에 두는 태도를 보통 '인간중심주의'(anthropocentrism)라고 부른다. 인간중심주의는 인간을 제외한 외부 세계를 인간과 공존하는 대상이 아니라 인간을 '위해' 존재하는 것으로, 즉 인간의 필요를 채워주는 '자원의 집합'으로 이해한다. 그렇다고 '인간중심주의'라는 말이 늘 부정적인 의미로 쓰이는 것은 아니다. '인간중심'이라는 말이 정치적 관계를 표현하는 언어로 쓰이면서, 체제, 국가, 독재자, 정당, 계급이 아닌 바로 인간이 정치적 관계의 중심에 서야 함을 뜻하게 될 경우가 그렇다. 그러나 인간과 인간의 관계에서나 통할 말을 인간과 세계의 관계에까지 끌어올 수는 없다. 인간이 자연 안에서 일어나는 일에서까지 그 중심이자 보편적인 척도가 되어야 한다고 주장한다면, 그것은 자연 공동체에서 차지하는 인간이라는 종(種)의 위치를 터무니없이 과대평가하는 오만이다. 그런 오만은 자기 주변의 사람들이 모두 자신을 위해 존재한다고 생각하는 개인의 이기주의와 다를 바 없다. 그런 맥락에서, 그것은 인간을 모든 것의 중심에 두는 세계상이라고 할 수 있다.

자연공동체주의

나는, 모든 사물과 생명체는 서로 공존하는 가운데서만 자신의 존재를 확인할 수 있다는 사실이 바로 우주의 원리라고 생각한다. 어떤 사물이라도 다른 사물들과 함께하는 가운데 자신의 존재를 이어가는 법이다. 이는 인간의 사회화 과정에서 잘 드러난다.

길을 걷다가 발견한 보기 좋은 수석이 집으로 가져와 보면 생각했던 것만큼 그렇게 근사해 보이지 않는 경우가 있다. 집으로 가져온 수석에는 원래 그 돌을 둘러싸고 있던 '환경'이 빠져 있기 때문이다. 식물을 옮겨심고 보면 본래의 느낌이 사라지는 경우도 마찬가지다. 물론 그렇게 자리를 바꾸면서 도리어 새로운 아름다움을 보여줄 수도 있을 것이다. 그렇지만 야생의 식물이나 동물은 자연 그대로인 환경에 산다는 사실이 더욱 중요하다. 동물원에 갇힌 호랑이는 진짜 호랑이의 모습을 잃어버린다. 동물이나 식물은 자신이 속한 세계나 주위의 생명체들과 무관하게 존재하는 것이 아니라, 그 주변세계를 통해 제 모습을 갖추게 되는 까닭이다.

다시 말해, 자연이라는 공동체는 이렇게 '공존함'으로써 유지된다. 이 '공존'은 자연이 역사를 거듭해오는 동안 모든 것이 서로 얽히고설키는 가운데 만들어진 상태를 가리킨다. 라이프니츠의 말처럼, 개개의 인간은 자기 안에 갇힌 존재가 아니라 언제나 공존하는 가운데, 그리고 공존을 통해서 완성되는 존재이다. 오직 '전체'의 조화와 질서 속에서만 자신의 자리와 가치를 찾을 수 있도록 되어 있는 모든 사물에게 이러한 공존은 기본조건으로 주어진 것이다. 그 어떠한 개체나 종도 외따로 존재하지 않는다. 그런 맥락에서 "우주의 조화와 질서를 벗어나 있는 것을 사랑할 수는 없다"는 쿠사누스의 말은 더 큰 울림으로 다가온다. 그의 말을 인간에게 적용하면, "생명체의 특별한 조화와 질서"라고 고쳐 말할 수 있을 것이다.

그러나 조화와 질서 안에서 공존한다는 것을, 중세 때처럼 자신에게 정해진 자리를 찾아 머물러야 한다는 식으로 이해한다면 그보다 더 큰 오해는 없을 것이다. 과학기술이 자연을 위기에 빠뜨린 오늘날 우리가 행할 일은, 사회와 자연에 피해를 끼치도록 '홀로 존재하는 개인의 무한한 자기실현'에 대해 일정한 제약을 가하는 것이다. 오늘날 다른 무엇보다도 광범위하고 심각한 피해를 입고 있는 것이 자연인 탓이다.

여기서 매킨타이어(Alasdair MacIntyre), 샌들(Michael Sandel), 테일러(Charles Taylor)등의 주도 아래 미국에서 일어난 공동체주의 논의를 상기해보자. 이 논쟁의 배경은, 현대법치국가의 발전으로 기본권이 무엇보다도 국가권력에 대한 개인의 자유를 의미하게 되었다는 데 있다. 물론 200년 전에는 그럴 만한 이유가 있었다. 과도한 권력의 간섭과 통제에 대항해 개인의 다양성을 지키려는 노력은 그때나 지금이나 자유라는 신성한 가치를 위해 결코 포기할 수 없는 것이다. 이때 말하는 다양성이란 자신의 권리와 의무를 충분히 인지하고 있는 자유시민들이 모여 만든 공적이고도 정치적인 공동체 안에서의 다양성을 의미한다. 그러나 그 결과 모든 시민들이 국가에 맞서 갖가지 권리를 가지게 되었고, 그 가운데 많은 권리들은 슬그머니 '요구'로 탈바꿈했다. 물론 이런 것들이 다양성을 옹호한다는 점에서 바람직하게 여겨지기도 했고, 오늘날에도 여전히 긍정적으로 볼 수 있는 합당한 이유들이 있다.

그렇다면 오늘날 그 '공적이고도 정치적인 공동체'는 도대체 어떤 모습인가? 우리 현대사회를 한데 묶어주고 있는 요소라고 하면, 경제적인 용건을 비롯해 시민들의 온갖 요구를 처리하는 거대한 관료체제, 밑빠진 독에 물 붓듯 자원을 끊임없이 돌려댐으로써 효용이 의심스러운 온갖 요구를 다 실현시켜준다는 허상만을 심어주는 상품소비경제, 가만두어도 이루어질 일을 마치 애써 끌어낸 것처럼 꾸며대는 정치—이 세 가지가 아닐까 싶다. 이런 사회를 과연 자유주의 전통 속에서 열망하던 '자유시민의 정치적 공동체'라고 부를 수 있을까?

자유주의의 이 서글픈 역사는, 개인들 스스로 자신의 정체성을 확보하지 않으면 공동체도 민족도 국가도 있을 수 없음을 잘 보여준다. 그런 의미에서는 공동체주의자들의 손을 들어줄 만도 하다. 다만 탐탁지 않은 부분이라면, 인간을 세계와 자기 자신에게로 돌아오게 하는 '공존'이라는 개념이 인간사회에만 국한되고 있다는 점이다. 인간은 인간사회 안에서 다른 인간들과 공존하고 있을 뿐만 아니라, 자연이라는 공동체 안에서 다른 사물들과도 공존하고 있는 것이다. 그래서 나는 자연을 아우르는 좀 더 폭넓은 공동체주의에 공감하며, 그 공동체주의자들이 백해무익한 이기적 개인을 옹호하는 경제적 자유주의 대신 정치적 자유주의를 앞세웠으면 하는 바람이다. 정치적 자유주의에 충실한 의식 있는 시민들은 스스로 공공의 이익에 해가 되지 않도록 행동하며, 따라서 국가의 간섭도 필요치 않다. 여기서 말하는 '공공'(公共)이란 사회와 자연을 모두 아우르는 공공을 가리키는데, 자연 안에서 책임 있게 행동한다는 것은 정치적으로 '서로의 자유'를 보장하는 것을 의미하기 때문이다.

'자율'이나 '책임'이라고 하는, 자유로운 사회의 정치적 자유주의의 기본 원칙은, 공동체가 모든 시민의 개인적 속성을 수용한다는 것, 그리고 개인을 바탕으로 공동체의 존속이 확보된다는 것을 뜻한다. 모든 시민이 그러한 개체로서의 본성에 따라 행동할 때, 공동체 또한 개인에게 짐이 되지 않으리라는 것은 자명한 이치다. 또 개인과 공동체가 그런 관계 속에 있을 때, 개인은 어떤 고유한 권리도 없이 공동체를 위해 존재할 뿐이라는 식의 전체주의가 발붙일 틈이 없다. 각 개인은 전체 안에서 스스로를 책임지는 개체이기 때문이다.

모든 피조물은 그 하나하나가 우주이다. 인간뿐 아니라, 모든 사물과 생명체도 마찬가지다. 우리 인간에게 이 말은 곧 스스로 책임 있게 행동하는 '지구시민의 호혜적 개인주의'라는 원칙을 의미하며, 인간을 비롯한 그 어떤 생물체도 이 원칙에서 예외일 수 없다. 인간 이외의 생물체 하나하나도 그 '전체'가 제각기 독특한 방법으로 분화한 것이고, 그런 까닭에 우리도 그네들만의 고유한 원리, 의미, 가치를 존중해주어야 한다. 자연이라는 전체가 분화하여 다수의 생명체, 즉 개별적인 자연이 된다. 생명체나 사물이 특별한 의미를 갖는 것은 그것들이 전체 자연을 구성하는 일부이기 때문이다.

그러나 공존에는 화합과 대립, 유사성과 이질성 등과 같은 양면성이 존재한다. 《곤충들의 신기한 속성》(Rede von den Merkwürdigkeiten an der Insekten)(1739)이라는 책에서 린네(Carl von Linné: 스웨덴의 식물학자. 1707~1778 – 옮긴이)가 말한 것처럼, "모든 사물이 서로가 서로에게 봉사할 의무를 갖는 아름다운 공동체로 세계가 창조된 이래" 우리가 자연이라는 공동체 안에서 경험하는 공존은 곧 '상호 의존'과 '먹이사슬'을 의미하게 되었다. 이렇게 서로가 서로에게 빚을 지고 있다는 생각은 한 생명이 다른 생명 안에서 다시 태어난다는 생각으로까지 이어진다. 원소들이 식물 안에서, 식물이 동물과 인간 안에서, 그리고 동물과 인간이 죽어서 다시 식물 안에서 새로운 생명에 참여하게 되는 것이다. "생물들은 서로 다른 생물의 죽음을 통해서 살고, 또 자신이 죽어서 다른 생물을 살린다."(헤라클레이토스)(중략)

자연 속에서 공존하려면 어떤 태도를 가져야 할까?

어떻게 하면 우리가 일상생활에서 자연이라는 동반자를 아끼고 사랑할 수 있을까? 물론 이것은 우리가 주변세계에 대해 어떤 종류의 영향도 끼치지 말아야 한다는 뜻은 아니다. 사물이란 것이 본래 '전체'가 개개의 종이나 개체로 '특수화되고' '개체화한' 것이고 보면, 자연이라는 공동체는 근본적으로 평등하다고 하겠다. 따라서 모든 사물이 이렇게 다양하고도 평등하다는 기본적인 생각을 존중하는 것, 다시 말해 모든 사물을 그 자연적인 본성에 따라 다루는 것이야말로 자연을 대하는 가장 적절한 태도이다. 한 그루의 나무를 어떻게 대해야 하는가, 강물을 어떻게 다루어야 하는가 하는 두 가지 질문은 결국 어떻게 하는 것이 나무와 강을 각각의 본성에 맞게 대하는 일인가를 묻는 한 가지 질문으로 모아진다. 나무는 나무대로, 강은 강대로 대할 때, 즉 각각의 본성에 맞게 서로 다르게 대할 때 비로소 적절한 태도가 된다. 이것은 고양이가 개미보다 우월한 종이라서가 아니라, 그 둘의 본성이 각기 다르기 때문에 서로 다르게 대하는 것과 같은 이치이다.

이처럼 자연이라는 공동체 안에서는, 모든 사물을 각각의 자연적인 본성에 맞게 대하는 태도야말로 가장 자연스럽고 적절한 것이다.

이 원칙 말고도 종에 따라 각기 다르게 정해져 있는 기본권에 대한 이야기도 짚어볼 부분이다. 그런 기본권들은 존 롤스(John Rawls)가 말하는 "공정성(fairness)의 원리"(개인의 행위나 사회제도가 정의로운 것으로 판단되려면, 관여된 모든 사람들이 이익과 부담을 공정하게 나누어갖는 평등한 관계가 형성되어야 한다는 롤스 정의론의 기본 원리 - 옮긴이)를 자연공동체에 적용하면 분명히 드러난다. 이 문제에 이르면 나는 영혼이 윤회를 반복하며 그때마다 다른 사물에 깃들게 된다는 사상—서양문화에서는 그다지 진지하게 다루어지지 않는—이 떠오른다. 영혼의 윤회가 롤스가 말하는 "무지(無知)라는 장막"에 가려져 있는 것이라면, 나 자신이 나무로 환생했을 때 사람들이 내게 대해주기를 바라는 그런 태도만을 나무를 대하는 올바른 태도라고 인정할 수 있을 것이다. 물론 이런 원칙을 모든 생물이 가져야 할 태도의 기준으로 못박을 필요는 없다.

예를 들어, 고양이는 자기 자신이나 주변의 사물에 대해 더 이상 아무 조건도 필요 없을 정도로 적절한 태도를 취하고 있기 때문에, 고양이가 나무나 새를 대할 때 자신이 그런 것들로 환생한다면 어떤 태도를 원하게 될지 고민할 필요가 전혀 없다. 반면에 행동과 태도에 어떠한 일관성도 찾아볼 수 없는 데다, 자신이 창조해낸 과학과 기술로 자연을 위기에 몰아넣은 우리 인간으로선, 영혼이 윤회한다는 생각도 배제하지 않는 태도를 가져야 할 것이다.

이처럼 우리가 그 생물로, 그리고 그 생물이 우리 인간으로 다시 태어날 수도 있다고 가정할 때 비로소 다른 생물들을 어떻게 대해야 하는지 명확해진다. 그렇다고 이런 원칙을 지키기 위해 나무를 베고 물고기를 낚고 농작물을 수확해선 안 된다는 얘기는 결코 아니다. 이 세상의 모든 사물은 하나의 전체를 이루고 있어, 그 자체로서 독립된 가치를 지니고 있기보다는 전체 자연 속에서 자신의 본성에 상응하는 가치를 지니고 있기 때문이다. 이를테면, 바위를 쪼아서 예술작품을 만들거나 벽을 쌓는 일이 이 세계에 도움이 된다면, 그런 일은 바위의 본성에 합당한 행위가 된다. 그 반대도 마찬가지다. 즉 하나의 바윗덩어리도 '전체'가 개별화한 것이므로, 바위의 본성에 적합하지 않은 일이라면 전체를 위해서도 바람직하지 않은 일이 될 것이다.

인간의 태도에 불확실하고 불안정한 구석이 있다고 앞서 말했지만, 예술의 경우도 예외가 아니다. 바위를 조각할 때 울리히 뤼크림이나 라이머 요힘스처럼 바위의 본성을 배려하여 형태만을 변화시키는 정도에 그쳐야 할까? 아니면 잔 로렌초 베르니니의 저 휘날리는 듯한 옷자락처럼 돌을 마구 주물러대도 괜찮은 걸까? 우리는 자신이 이 세계에 좋은 일이 되기를 바라는 마음으로 행하는 것이 정말 그런 결과를 낳게 될지 확신하지 못한다. 하지만 확신할 수 없다고 해서 못 살 것도 없다. 확실한 게 없다는 것을 잘 알면서도 결정을 내릴 용기가 없다면, 우리는 어떠한 중요한 결정도 내릴 수 없다. 바위를 쪼고 나무를 자르고 물고기를 잡고 씨를 뿌려 수확할 때가 이르면, 주저 없이 결정을 내리면 되는 것이다.

우리가 나무로 환생할지도 모른다고 생각하면서도 정말 나무를 베어버릴 수 있을까? 반대로 나무가 인간으로 환생한다고 생각해보자. 나무가 된 나는, 이 다음에 다시 인간으로 태어났을 때의 생명이 지금 나무로서의 생명보다 더 소중할 거라고 생각할 수 있을까? 이렇게 나무의 시선에서 인간의 생명을 바라본다면 인간의 생명이 원래부터 나무의 생명보다 귀한 것이 아님을 알게 될 테고, 필요하다면 인간도 나무를 위해 목숨을 버릴 용의를 갖게 될 것이다.

나무의 입장이라면 그런 기대를 갖는 것이 당연한 일이다. 예를 들어 만약 내가 살아남기 위해 숲이 죽어야 한다면, 이는 어느 모로 보나 너무 큰 희생이다. 숲의 파괴가 우리의 생명을 위협하는 경우를 생각하지 않는다 해도 마찬가지다. 물론 그런 경우가 닥친다면, 나는 오랜 세월에 걸쳐 자연스럽게 생겨난 장엄한 원시림과 인공의 가문비숲을 구별해서 생각할 것이다. 그렇다고 해도 우리가 살아남기 위해 숲을 희생시켜서는 안 된다는 기본 태도는 달라지지 않겠지만 말이다.

인간이 세계에 변화를 가하는 일이 반드시 자연을 거스르는 것만은 아니다. 돌을 쪼고 나무를 자르고 물고기를 잡아먹어도 좋을지는 그때그때 판단할 일이다. 다른 종에 속하는 개체를 파괴하지 말아야 한다고 해서 이 세계에 어떤 변화도 끼쳐서는 안 된다고 처음부터 못박아둘 일은 아닌 것이다. 자기가 살았던 흔적을 하나도 남기지 않고 세상을 떠날 생명체는 없다. 인간도 마찬가지다. 모든 생명체는 모름지기 자연으로부터 받은 자신의 본성에 따라 살고자 한다. 이는 같은 종이나 다른 종의 생명체들뿐 아니라 세계를 이루고 있는 모든 요소와 공존하면서 자신의 독특한 본성과 능력과 필요에 맞게 산다는 것을 뜻한다.

목적론에 따르면, 그리고 '전체'가 무엇인지를 염두에 둔다면, 한 생명체가 자신의 자연스런 본성에 맞게 사는 것은 지극히 바람직한 일이다. 그러나 이는 하늘이 정해준 것이 아니라, 전체 자연에서 분화한 수많은 개체 가운데 하나인 자신의 본성이 실현된 것, 자신이 가지고 있는 가능성의 진수 그 자체이다. 우리가 할 일은 우리 자신이 세계를 이롭게 할 수 있는 존재가 되도록 노력하여, 인간이 있음으로 세계가 더 아름답고 살 만한 장소가 되게 하는 것뿐이다.[51]

물리학과
종교의 대립

_한스 디터 무칠러

얼마 전 저명한 물리학자 스티븐 호킹(Stephen Hawking)은 우주의 생성에 관한 책을 발표했다. 그 책에서 호킹은 우주에는 시작도 끝도 없기 때문에, 우주를 설명하기 위해 신을 끌어들일 필요가 없다고 말한다. 호킹 이전에는 무한대의 질량과 에너지를 가진 한 '점'이 대폭발(빅뱅)을 일으킴으로써 우주가 탄생한 것으로 가정하고 있었다. 무한한 비중을 가진 그 '점'에서는 물리학의 어떤 법칙도 통하지 않기 때문에 우주가 시작되기 전에 무엇이 있었는지는 상상할 수 없다는 믿음이 지배적이었다. 그래서 우주의 근원이 되는 그 점은 신에 의해 만들어졌다고 생각할 수밖에 없었다. 그런데 호킹은 우주가 빅뱅으로 시작되었다는 생각 대신, 우주는 '자기 속으로 되돌아가고 있다'는 가설을 제시함으로써 신의 존재를 배제하는 듯한 태도를 비치고 있다.

이렇듯 신을 배제하는 태도는 새로운 것이 아니다. 그러한 이론은 자연과학이 태동한 아래로 끊임없이 제기되었다. 예를 들어, 뉴턴은 자신의 중력이론으로 태양계의 행성운동을 계산해낼 수는 있었지만, 왜 모든 행성이 같은 방향으로 태양 주위를 돌고 있는지, 왜 모든 행성의 공전궤도가 태양으로부터 일직선을 이루고 있는지는 설명할 수 없었다. 이런 것들을 설명하기 위해 뉴턴은 신이라는 돌파구를 선택하면서, 신이 태양계를 이토록 신비하고 기하학적으로 완벽하게 만들었다며 감탄해마지 않았다.

그 뒤 라플라스는 우주의 탄생을 설명하는 이론을 내놓으면서, 행성운동의 그런 특성들까지도 모두 기계론으로 설명할 수 있다고 주장했다. 한번은 나폴레옹이 별이 가득한 하늘을 보면서, 신이 이 신비로운 장관을 창조했음을 믿지 않느냐고 묻자, 라플라스는 "신이라는 가정은 제게 필요치 않았습니다"라고 응수했다. 신의 존재 여부가 이렇게 과학의 진보에 좌우되는 문제라면, 언젠가는 과학이 신의 존재를 증명하거나 부정할 수 있지 않을까? 중세가 성서를 믿었다면, 근대는 물리학을 신봉했다. 중세는 천동설이나 지동설의 물리학적 근거를 성서에서 찾았지만, 근대는 물리학을 동원해 신의 존재나 부재를 증명할 수 있다고 믿었던 것이다.

그런 맥락에서 물리학자 폴 데이비스(Paul Davies)는 이렇게 말한다. "엉뚱한 얘기로 들릴지도 모르겠지만, 나는 종교보다 자연과학이 신을 찾는 데 더 확실한 길이라고 믿는다. 우리의 대답이 옳건 그르건 간에, 이제 자연과학은 종교가 제기하던 질문들을 과학적인 방법으로 탐구하는 수준에 이르렀다." 그리하여 데이비스는 이전부터 종교가 제기하던 질문들을 연구한 끝에, 신은 존재할 수 없다는 결론에 도달했다.

그런데 뉴에이지 운동의 원조 가운데 한 사람으로 일컬어지는 프리초프 카프라(Fritjof Capra)는 데이비스와 동일한 물리학 이론을 동원하고도 정반대의 결론을 얻어냈다. 그는 이 세계가 모든 '실재'의 본질인 '영'이 일으키는 표면적인 현상일 따름이라는 과거 신비주의의 통찰을 현대 물리학이 그대로 입증하고 있다고 믿었다.

하기야 오늘날 물리학이 응용되지 않는 곳이 어디 있겠는가. 레이저 물리학 분야에서 획기적인 발견을 한 바 있는 헤르만 하켄

(Hermann Haken)은 레이저 물리학을 가지고 자유주의 경제정책을 옹호하는 이론을 유도해내고, 부부 문제를 해결하는 방법을 충고할 뿐 아니라, 사회혁명을 자극할 수도 있고 억제할 수도 있다는 공식을 내놓기까지 했다. 어쨌거나 과거의 스토아 학파가 그랬듯, 그에게 자연은 모든 지혜의 원천이었다.

물리학자 일리야 프리고진(Ilya Prigogine)도 같은 생각을 가지고 있었다. 시너제틱스(synergetics: 레이저의 원자와 같은 수많은 부분이 결합된 움직임이 전체의 비간섭성 움직임을 생성하는 현상에 대한 연구. 일명 협동학이라고도 한다 – 옮긴이)의 창시자인 프리고진은 자신의 '비평형 열역학 이론'으로부터 대단히 보편적으로 적용할 수 있는 새로운 시간 개념을 유도해내고, 그것을 정신과학에까지 연결시키고자 했다. 그때까지 사용되던 물리학적인 시간은 기계적인 계산 범위 안에 있는 일종의 매개변수에 지나지 않았던 데 비해, 이 새로운 시간은 역사적이면서 나름의 생명을 갖고 있는, 말하자면 '활동하는' 시간이자 창발성을 가진 시간이라는 것이다.

그에 따르면, 자연은 한번 태엽을 감아놓으면 절대불변의 법칙에 따라 움직이는 기계장치가 아니라, 인간의 정신처럼 창조적인 존재이다. 자연은 더 이상 경직되고 고립된 채로 우리 저편에 존재하는 원자들의 모임이 아니라, '역동적인 전체'라는 것이다. 그리고 이 모든 결론은 그저 형이상학적인 사변이 지어낸 얘기가 아니라, 물리학의 공식이 증명하는 바라고 주장한다. 뉴에이지 운동의 추종자들이 프리고진을 자신들의 원조로 받들고, '자기 조직화 현상'을 내용으로 하는 그의 역할을 동원하여 자신들의 영지주의적인 세계관을 설명하고 있는 것을 보면, 그런 주장은 새삼 놀랄 일이 아니다.

물리학의 가능성에 대한 믿음은 이제 끝이 없는 듯하다. 하지만 물리학이 종교나 세계관에 관한 문제를 해결해주리라고 믿느니 차라리 삼위일체론, 동정녀 마리아의 수태, 교황의 무류성, 성 프란치스코의 몸에 나타났다는 오상(五傷: 십자가 처형 당시 예수가 입은 다섯 상처 – 옮긴이)을 믿는 것이 내게는 훨씬 쉬운 일이라고 고백하지 않을 수 없다. 그러나 예수의 기적을 믿는다고 하면 몽상가로 몰리고, 물리학을 통해 삶의 의미를 발견한다고 하면 참신한 인식을 가진 사람으로 여겨지는 게 요즘의 세태이다. 폴 데이비스도, "전통적인 종교보다 기초과학의 발달을 통해서 존재의 심오한 의미를 찾게 될 가능성이 훨씬 높다고 믿는 이들이 점점 늘고 있다"며 흡족해한다. 그래서인지 요새는 '철학하는 물리학자'들의 저서가 인기가 높다. 어떤 물리학자가 노벨상을 타기라도 하면, 아니 머지않아 상을 탈 것처럼 보이기만 해도, 사람들은 그가 모든 문제에 대해 한마디 해주기를 기대한다. 사회윤리, 종교, 미학, 철학 등 모든 문제에 대해 답해주기를 기대하는 것이다.

아인슈타인이 역사상 가장 훌륭한 물리학자 가운데 한 사람이라는 사실에는 아무도 이의가 없을 것이다. 그러나 종교나 역사에 대해 쓴 글을 보면, 그런 분야에 대해서는 별 예리한 통찰 없이 단순한 이야기만을 되풀이하고 있을 뿐임을 금세 알 수 있다. 그도 그럴 것이, 아인슈타인은 우주가 물리적 법칙들에 완전히 종속되어 있다고 믿었다. 그런 우주에서라면 인류의 역사나 종교란 물질과는 전혀 무관한 표면적인 현상에 지나지 않을 테고, 따라서 그런 '표면적인 현상'은 물리학적인 법칙성이 역사의 변동까지 지배하지는 않는다고 생각하는 몽상가들에게나 의미 있는 대상일 것이기 때문이다. 아인슈타인이 순전히 자신의 물리학적인 논리를 동원해서 엉터리 이론을 꾸며냈는데도, 상대성이론의 창시자라면 모든 철학적 문제에 대해서도 경청할 만한 답변을 내놓을 것이라는 사람들의 믿음은 흔들리지 않았다. 그래서 마침내 '아인슈타인 신화'라는 것이 생겼고, 아인슈타인 자신도 그 신화를 믿게 되었다. 이리하여 물리학자가 과학을 신봉하는 우리 시대의 제사장으로 발돋움하는 것이다. 언젠가 바이츠제커는, "자연과학에 대한 믿음이야말로 이 시대의 유일한 만민 종교이다"라고 지적한 바 있다. 이런 믿음 때문에 "과학자는 본의 아니게 과학이라는 세속 종교의 사제 역할을 떠맡아, 그 종교의 비밀과 예언과 기적을 관리하게 되었다"는 것이다.

중세에는 성녀라는 소문이 퍼진 수녀가 있으면 사람들이 떼지어 몰려와서 조언을 얻거나 병고침을 얻고자 했다. 오늘날 우리가 심리치료나 의술을 통해서 해결할 문제를 당시에는 성인들의 기도에 의존했던 것이다. 요새는 노벨상을 받을 낌새라도 비치는 물리학자가 있으면, 사람들은 그가 전혀 깜깜한 분야의 문제까지도 답해달라며 달려들곤 한다. 그리고 그런 과장된 기대에 뇌화부동하는 과학자도 물론 있다. 그런 과학자의 심리가 어떤지는 샤롱(Jean E. Charon)이라는 물리학자의 순진하기 그지없는 태도를 보면 잘 알 수 있다.

20년쯤 전 샤롱은 텔레비전에 출연해서 최근의 연구 성과를 밝힐 기회가 있었다. 그런데 어쩐 일인지 사회자는 샤롱에게 형이상학적인 질문을 퍼부어대는 것이었다. 그러나 샤롱도 그런 형이상학적인 문제를 순수물리학의 방법으로 해명해 보이려고 애썼다. 그 대담이 있은 뒤 그의 '답변'을 담은 책은 베스트셀러가 되었고, 샤롱도 덩달아 '신영지주의 물리학'을 선도하는 이론가로 떠올랐다. 이 '신영지주의 물리학'이라는 사상—이라기보다는 '감상'이라고 해야겠지만—은 가장 미세한 입자부터 이미 정신을 지니고 있으며, 이를 물리학적으로 입증할 수 있다는 주장을 근간으로 하고 있다. 샤롱은 물리학이야말로 "형이상학적 문제들을 해결하기에 가장 적합한 학문"이라고 단언한다.

심지어 철학에 조예가 깊은 바이츠제커 같은 물리학자까지도, 이루어질 것 같지 않은 기대를 양자물리학에 걸고 있을 정도이다. 옛사람들이 자연을 대하는 모습은 지금과 달랐다. 고대나 중세 사람들에게 자연은 법칙이나 수학적인 논리에 따라 움직이는 기계장치도, 오늘날처럼 기술을 동원하여 인위적으로 조작하는 재료도 아니었다. 옛날 사람들에게 자연은 가치중립적인 외형이 아니라, 신이나 인간의 속성을 말해주는 상징이었다. 가령, 여우라는 동물은 사악함이 육화(肉化)한 것이고, 독수리는 숭고한 깨달음이 동물로 나타난 것이라는 식이었다.

연금술에는 이런 자연을 동원한 상징법과 구체적인 실험이 뒤섞여 있었다. 연금술사가 얻으려던 황금은 인류역사를 좌우하는, 사람들이 갈망하는 금속 그 이상이었다. 그것은 참된 자아를 발견함으로써 얻는 인간의 '정체성'이었다. 심리학자 융(Carl Gustav Jung)이 일깨워주듯이, 연금술에는 외면적·연금술적 과정과 내면적·정신적 과정이 나눌 수 없는 하나로 녹아 있었다. 물론 바이츠제커도 과학자인 만큼, 상징을 통해 자연을 기술하는 연금술적 내용을 떨쳐버려야만 물리학이 과학의 정밀성을 유지할 수 있다는 사실을 모를 리 없다. 그런데 자연이 신의 굴레를 벗어난 오늘날에도 그는 양자물리학의 광범위한 내용이 지금껏 물리학의 변경 밖에 머물던 바로 그 '자연의 상징성'을 다시 불러들일 수 있으리라 기대하는 듯하다. 그래서 우리가 과학을 통한 계몽의 길을 걸어나가다 보면 자연과학이 발달하기 전에 그랬던 것같이 정신으로 가득 찬 자연 개념을 다시 만나게 될 것이고, 그때 세계는 다시 신으로 충만하게 되리라고 말이다.

물리학이 이렇게 자신의 경계를 넘어 신학의 문 안으로 걸어들 어오는 것을 어떻게 할까? 원칙적으로만 보면야 별 무리 없이 풀 수 있는 간단한 문제이다. 즉 신은 '대상'이 아니라 인격이라는 '절대적인 주체'이므로 결코 물리학 이론의 대상이 될 수 없다는 설득력 있는 전체를 내세우면 그만인 것이다. 따라서 신은 '실재하는 모든 것의 총체'(omnitudo realitatis)인 반면, 물리학의 모든 개념은 실재의 각 부분을 설명하고 있는 데 지나지 않는다. 누군가가 "공기는 존재한다. 그물 주머니 안에도 공기가 있으니까"라고 주장한다면, 다른 누군가는 똑같은 논리로 "공기는 존재하지 않는다. 그물 주머니를 움직이면 그 안에 남아 있는 건 같은 공기가 아니니까" 하고 반박할 것이다. 그물 주머니는 공기를 담는 적절한 도구가 되지 못하며, 그 때문에 공기가 존재하느냐는 질문에 답하기 위해 동원할 도구가 아니다. 성서는 때때로 신을 '프네우마', 즉 '공기의 흐름' '숨결' 등으로 표현한다. 이 '프네우마'는 물리학이라는 엉성한 그물로 걸러내기에는 너무도 미세하다. 실험물리학자 에드가 뤼셔(Edgar Lüscher)도 같은 맥락에서 물리학과 신학을 바라본다. 뤼셔는 자신의 글에서 뉴에이지를 신봉하는 물리학자들이 생각하는 대상들은 결코 물리학에 포함될 수 없음을 확실히 증명해 보인 바 있다. 하여 그런 문제는 뤼셔에게 더 이상 아무런 의미도 없게 되었다.

신학자들은 이렇게 새삼스레 물리학과 신학을 구분하는 이론에 동조하는 경향이 있다. 신학과 물리학을 구분하면 논쟁할 일도 사라지고, 세계는 다시 내용이 판이하게 다른 두 영역으로 나뉘어 저마다 자기 구역을 지키고 앉아 남의 구역을 침범하지 않아도 되니 말이다.

그런 간단한 해결책에 만족하고 기분 좋게 손 털고 일어날 수 없게 만드는 단 하나의 난점만 없다면, 우리는 뤼셔의 논리를 무기로 모든 논쟁을 덮어버릴 수도 있을 것이다. 신을 '종교'라는 한 영역에, 그리고 물리학을 '자연'이라는 다른 영역에 묶어두는 일은 결국 우리 자신을 비롯한 실재하는 모든 현실을 둘로 나누는 결과를 낳는다. 그렇게 되면 예를 들어 "하느님이 자연을 창조하셨다"고 말할 수도 없고—자연은 물리학의 소관이고, 물리학은 그 정의상 신과는 아무런 관계가 없으니까—그러면 우리는 하느님이 예수를 통해서 사람이 되셨다고 주장할 수도 없게 된다. 예수가 사람이라면 그는 자연물이고, 자연물은 물리학의 대상이므로 그 안에 신이 깃든다는 말은 모순이 되기 때문이다. 그뿐 아니라 우리 자신도 완전히 다른 두 영역으로 나뉘게 될 것이다. 즉, 우리는 물리적 세계를 넘어 영적으로 홀로 서서 신과 대화하고 신에게 기도를 바치는 '내면'을 가지고 있다.

그런가 하면 성서에서 믿음의 상징으로 등장하는 참새나 백합보다는 핵발전소와 오토바이에 열광하는, 영혼이라고는 조금도 끼어들 틈 없이 조작과 예측이 가능한 자연물이라는 면모도 지니고 있다. 이것은 보기보다 훨씬 심각한 문제이다. 고독한 영혼이 신과 지극히 내면적인 대화를 나눈다면, 그 대화에는 뭔가 내용이 있을 것이다. 예를 들어, 그 내용이 '이웃'이라고 해보자.

그런데 이 '이웃'은 물리적인 세계의 일부이고 따라서 물리적인 법칙들에 지배되므로, 신이 이웃을 통해서 어떤 신심 깊은 영혼과 만나려는 때마다 신은 물리적인 법칙들을 거슬러야 한다. 그렇다면 우리의 신은 먼저 우주의 법칙을 모두 정해놓고 필요할 때마다 그 법칙을 정지시켜야 한다. 법을 공포해놓고 가혹한 형벌로 법의 준수를 강요하다가, 사정이 자신에게 불리하게 돌아가면 제멋대로 법을 어기곤 하던 폭군 이반처럼 말이다. 성스러운 신의 모습에 걸맞지 않은 그런 상황을 피하려면, 신은 이 세계 안에 있는 어떤 것도 바꿀 수 없는 존재라는 논리를 내세워야 한다. 그러나 그렇게 되면 이번에는 신실한 영혼들이 올리는 기도가 아무 소용이 없게 될 것이다. 그런 기도는 "신은 신이다"라는 공허한 표어를 되뇌는 것일 뿐, 현실과는 어떤 연관도 가지지 못하기 때문이다.

이런 극단적인 논리를 내세운 경우가 실제로 있었다. 아인슈타인은 물리학 법칙으로 모든 현상을 설명할 수 있다고 믿었다("신은 주사위 놀이를 하지 않는다"). 따라서 그로서는 신과의 인격적인 관계란 상상할 수 없는 것이었다. 그는 스피노자식의 '절대적인 세계원리'를 동원하여 자연법칙의 타당성을 이성적으로 입증하려 했지만, 그가 말하는 신은 스피노자의 '실체'(substance: 존재하기 위해 혹은 파악되기 위해 다른 어떤 것도 필요로 하지 않는 존재 – 옮긴이)만큼이나 무기력하고 메마른 신이 되고 말았다. 물리학자들이 말하는 스스로를 계시하고 역사 속에서 살아 움직이는 신이 아니라, '범신론적 세계원리'인 경우가 많다. 예를 들어, 막스 플랑크도 "자연과학이 제시하는 세계의 질서"가 곧 종교적인 신이라고 주장한다.

이런 범신론적인 결론을 피하려면, '신이 배제된 세계'와 '세계

속에서 아무런 의미도 갖지 못하는 신'을 분명하게 구별하는 일을 포기해야 한다. 그렇게 해야 신을 세계와의 관계 속에서 파악하거나 세상의 문제들을 신과의 관계 속에서 파악해야 할 경우, 신과 세계의 관계를 제대로 이해할 수 있기 때문이다.

이렇게 신과 세계가 서로 연관을 갖는 것과 인간이 '정신과 신체의 통합체'라는 것은 아주 흡사한 일이다. 인간을 순전히 자연과학적으로만 분석하면 '이성' '의지' '감정'과 같은 개념은 설 자리가 없다. 사람들은 이런 개념들을 일찍이 데카르트가 그랬던 것처럼 "더 높은 영역에 속하는 것", 또는 일종의 "자유로이 떠다니는 정신적인 실체"로 생각하는 데 익숙해 있다. 그러나 이렇게 인간의 체험을 둘로 나누어 각각 뚜렷이 구별되는 두 세계에 속하는 것으로 취급하거나 서로 다른 두 가지 방식으로 설명하는 것은 아주 단순한 신체적인 경험에 비추어보아도 사리에 맞지 않는다. 가령, 악수로 인사를 나누는 것은 어느 쪽에 해당하는가? 에너지와 자극을 전하는 물리적인 행위인가, 아니면 감정과 기본을 전하는 정신적인 의사소통 행위인가? 분명하게 설명하기는 어렵지만, 그런 행위는 정신적인 행위인 동시에 감각적인 행위이다. 그런 행위를 두고 칼로 무 자르듯 '정신적인 영역'과 '물리적인 영역'으로 구분하려 드는 것은 우리의 손아귀를 자꾸만 빠져나가는 것을 억지로 잡아 두려는 미봉책에 지나지 않는다.

그렇다면 어떤 경우에도 이원론적인 구분은 애초부터 삼가야 한다는 결론이 내려지는 듯하다. 우리 자신이 인격적인 주체라는 사실에 입각해서, 주체와 대상에 대한 그런 어불성설을 아예 처음부터 배제해야 한다고 말이다. 이런 태도를 종교적인 문제에까지 적용하면, 아예 처음부터 물리학과 신학을 구분하지 말아야 한다는 이야기가 된다. 그러나 그렇게 되면 어떤 결론을 얻게 될까? 양자물리학과 예수의 비유 간에, 고전 전기역학과 부처의 설법 간에 상통하는 내용이 있다고 생각해야 할까?

그리스의 창조신화가 보여주듯이, 옛날에는 물리학과 신학이 구분되어 있지 않았다. 그리스의 창조신화에 따르면 카오스(혼돈)에서 신들의 어머니인 가이아와 우라노스가 태어나고, 그 둘이 결합하여 티탄, 제우스, 데메테르, 포세이돈 등이 탄생하게 되는데, 이런 창조 과정은 대단히 인간적인 동시에 종교적이고 인격적이며 물리적인 행위로 나타난다. 또한 이 신화는 사회윤리적인 함의를 지니고 있는 동시에 세계를 물리적으로 설명하고 있기도 하다.

오늘날 끊임없이 '전체성'을 주장하며 자연과학과 종교의 분리를 극복하자고 외쳐대는 사람들은 그리스 신화와 같이 미분화된 문화 수준으로 퇴행하지 않도록 스스로를 경계해야 한다. 뉴에이지 운동은 고대의 자연신을 부활시키고 싶어한다. 영국의 핀드혼(Findhorn)에 세워진 뉴에이지 공동체에서는 온갖 종류의 요정들에게 기도를 올린다. 그러나 그렇게 맹목적으로 '인간과 자연의 일'에 매달리다 보면, 과학은 진지함을 잃고 종교는 그리스도교가 애써 빠져나왔던 그 원시시대로 되돌아가게 된다. 이제 우리는 종교와 과학이 어쩔 수 없이 두 영역으로 나뉘어야 하고, 또 그렇게 나뉜 다음에도 서로 연결될 수 있어야 함을 알게 된다. 그렇지 않으면 우리는 두 요소를 모두 아우르는 현상에 부딪힐 때마다 혼란에 빠지게 될 것이다.

물론 자연신의 부활을 조롱할 이유는 없다. 핀드혼은 인간이 자연으로부터 격리되었고, 그런 격리가 바로 핀드혼이라는 혼란을 낳았음을 보여줄 뿐이다. 오늘날 우리 인간과 자연의 관계에는 분명 문제가 있다. 오로지 과학기술에만 의존해 자연을 이해하다 보니, 우리가 원래 해야 하는 체험을 완전히 잊고 있었던 것이다. 신들이 다시 살아 일어나는 현상은 혼란에 빠진 문화가 흔히 보이는 절망적인 몸짓에 지나지 않는다. 과학이 지배하는 세계에 살면서 느끼는 의미의 결핍을 주술이나 밀교적인 수단으로 메워보려는 사람들을 비웃을 일이 아닌 것이다. 오히려 그런 결핍조차 느끼지 못한 채 별 생각 없이 살면서 물질과 정신의 간극을 넓혀가기에 바쁜 사람들을 불쌍히 여겨야 할 것이다. 적어도 밀교를 추종하는 이들은 그 간극을 메우려고 노력하는 사람들이다.

다시 말해 우선은 과학과 종교를 분명히 구별해야겠지만, 그리고 나서는 다시 그 둘을 연결시킬 수 있어야 한다는 것이다. (중략)

신학적인 문제를 두고 혼란스러운 주장을 마구 해대는 과학자를 못마땅해하는 사람들이 많다는 것을 안다. 허나 그들도 이렇게 얽혀 있는 타래를 풀 도리가 없기 때문에 결국 '신앙'으로 뒷걸음질 치는 것이다. 하지만 이때의 신앙이란 것은 새로운 변화를 받아들이지 않는다. 편협할 뿐 아니라, 뒷전으로는 과학의 존재를 못내 아쉬워하는 신앙이다. 그리고 그들의 신은 자연으로부터 떨어져나가면서 추상적이고 무의한 존재가 되어버린 외로운 신일 뿐이다.[52]

창조신학과
자연과학

_볼프하르트 판넨베르크

창조신학과 자연과학의 공명(共鳴)

그리스도교 신학은, 이 세계가 자연과학의 대상인 동시에 신의 피조물임을 설득력 있게 주장해야 하는 어려운 과제를 안고 있다. 그렇다고 신학이 과학적인 설명과 이론체계에 대한 자연과학자들의 논쟁에 끼어들어야 한다거나 끼어들어도 좋다는 얘기는 결코 아니다. 세계를 '창조된 것'으로 보는 신학의 해석을 물리학을 비롯한 자연과학의 설명과 대립하는 것으로 여겨서는 안 된다. 그것은 무엇보다도 신학의 논리가, 법칙을 가정해놓고 그것을 실험으로 입증하는 자연과학과 같은 차원에 있지 않기 때문이다. 신학의 관점에서 보면 세계 안에서 일어나는 모든 일은 유일회적(唯一回的)이고 절대로 돌이킬 수 없으며, 바로 이를 통해 하나님의 역사(役事)가 드러나게 된다. 하지만 역사 속에서 사건들이 '유사한 형태'로 그리고 '일정하게 반복되곤' 하는 것을 보면, 자연과학에서 말하는 법칙이라는 개념과 통하는 뭔가가 있는 듯싶기도 하다. 〈창세기〉에도 노아의 홍수 다음에 이런 이야기가 나온다. "땅이 있는 한 뿌리는 때와 거두는 때, 추위와 더위, 여름과 겨울, 밤과 낮이 쉬지 않고 오리라." (창세기 8:22)

그러나 이렇게 규칙적으로 일어나는 것처럼 보이는 일들은 그 자체가 하느님의 유일회적 결단일 뿐, 항구적으로 통용되는 자연사의 질서는 아니다. 어떤 역사적인 사건도 두 번 다시 반복되지 않으며 역사는 오직 앞으로만 나아간다는 신학적인 태도와 관계 있는 것은, 신학이 시간과 공간을 일정하게 연속되는, 그래서 기하학적인 단위로 헤아리고 측정할 수 있는 그 무엇으로 이해하지 않는다는 사실이다. 수학에서 자연현상을 표현하는 방식과 자연과학에서 말하는 법칙이라는 개념은 그 본질이 같다. 신학이 수학적인 설명을 애초에 배제하는 것은 신학자들의 능력이 모자란 탓도 있겠지만, 무엇보다도 신학에 적합한 관찰 방법이 과학의 그것과는 근본적으로 다르기 때문이다.

그렇다면 이것은 근대 자연과학의 역사에서 자주 볼 수 있듯이, 질적인 방법으로 관찰해야 할 것을 양적인 방법으로 다루는 그런 예 중의 하나일까? 사물이 실제로 자연 속에 나타난 순서에 따라 〈창세기〉를 전하는 성서의 사고방식은, 법칙이 지배하는 자연현상을 양적으로 기술하는 자연과학에 의해 사실상 완전히 폐기되고 말았다. 이런 변화가 과연 신학과 자연과학의 관계에서 중요한 의미를 가지는 것일까? 미국의 물리학자 프랭크 티플러는 신학 전반이 결국에는 물리학에 흡수될 수밖에 없다고 주장한다. 저서 《불멸의 물리학》에서 티플러는, 우주의 역사가 하나의 '오메가 점' (Ω-point)을 향하고 있다고 말한다. 이 오메가 점은 전통적인 신의 속성을 지닌 최종점일 뿐 아니라 우주의 움직임이 시작되는 창조의 출발점, 지적인 생명이 '영원'이라는 차원으로 옮겨가서 부활하게 되는 장소를 뜻한다고 한다. 티플러의 이런 주장은 천체물리학의 수학 이론에 바탕을 두고 있다. 최근 자연과학 진영에서 내놓고 있는 우주론 모델들은 내용이 다양하고 독특해서, 그 방면의 전문가가 아닌 지식인들도 상당한 관심을 보이고 있다. 그리고 이 이론들은 얼핏 아주 사변적인 문제를 다루고 있다는 느낌을 준다. 그렇다면 이런 이론들에 대해 신학은 어떤 태도를 취해야 할 것인가?

나는 신학을 물리학으로 변형시키려는 시도에 대해 관심과 의심을 동시에 가지고 보아야 한다고 생각한다. 우선 그런 시도를 관심과 열린 마음으로 대해야 하는 것은, 그런 시도가 신학과 물리학의 견해는 애초부터 맞닿을 수 없는 평행선을 그릴 뿐이라는 일반적인 편견에 나름대로 맞서고 있기 때문이다. 보통 그런 편견은 신학이란 우리의 현실을 이해하는 데 아무런 도움도 되지 못한다는 생각으로 이어지기 마련이다. 반면에 의심하는 눈으로 보아야 한다는 것은, 자연과학이 밝혀놓은 법칙과 신학이 제시하는 세계에 대한 해석이 엄청나게 방대하기 때문이다. 그렇다면 인과율로 설명할 수 없는 새로운 사건들이 끊임없이 일어나는 유일회적이고도 되돌릴 수 없는 역사가 바로 세계라는 견해, 그리고 신이야말로 그 역사의 원천이자 그리스도교 신자들의 종말론적 희망이라는 견해가 과연 자연법칙을 토대로 하는 과학의 설명 속에 완전히 묻혀버리고 말 것인가?

나는 이 점에 대해 신학 쪽에서 불안해할 이유가 없다고 생각한다. 아리스토텔레스도 자신의 물리학으로 신의 문제를 해결할 수 있다고 믿었다. 차이가 있다면, 그는 신의 존재 여부만을 탐구했을 뿐 죽은 자들의 부활은 연구 대상으로 삼지 않았다는 것이다. 신을 자연 세계의 근원으로 제대로 이해하려면, 신이 우주 안에서 일어나는 사건들의 주체라는 생각에 집착하기보다 세계의 창조자로서 신을 바라보아야 한다. 어쨌거나 그리스도교 신학이 모든 현실을 포괄하는 창조를 완전히 이해하는 일은 세계가 종말에 이르러 역사가 완성되고 신이 모습을 드러낼 때까지는 불가능할 것이다. 인간의 인식은 제한된 지식에 바탕을 두고 있는 탓에, 먼저 무엇인가를 추측하고 검증하고 수정해나가는 방법을 사용한다. 그와는 정반대로 그리스도교 신학은 하느님이 예수 그리스도 안에서 당신을 계시하신다는 믿음에서 출발하여 신을 세계의 창조자로 받아들인다. 그러나 신학은 세계 안에서 일어나는 현상들을 세세한 부분까지 설명하지는 못한다.

이렇게 보면, 창조신학과 자연과학적 세계관이 서로를 이해한다는 것은 그 둘이 서로 공명을 일으킨다는 뜻이지, 서로 자리를 바꿔놓아도 내용이 통한다는 얘기는 아닐 것이다. 그런 공명이 일어나려면 서로 모순되는 점이 없어야 할 뿐 아니라, 그밖에도 여러 가지 전제를 만족시켜야 한다. 서로 모순되는 점이 없다고 하면, 둘이 아무런 연관도 없이 그저 이만큼씩 나란히 떨어져 있는 것쯤으로 생각할지도 모르겠다. 그러나 기실 공명이란 조화, 다시 말해 둘 사이에 긍정적인 관계가 있음을 내포하는 말이다. 서로 전혀 다른 방법론을 바탕으로 하는 주장들을 두고 공명을 일으킨다고 할수는 없다. 각각의 방법론이 서로 전혀 무관한 차원에 속할 경우에는 더욱 그렇다. 두 차원을 연결하는 제3의 차원은 철학이라는 이름으로 늘 있었다.

과학자들이 자신의 발견이나 이론이 현실을 이해하는 데 중요한 의미를 갖는다고 주장하는 경우, 그들 대부분은 이미 엄밀한 자연과학적 논리가 아니라 철학적 성찰의 차원에서 사고하고 있는 것이다. 자연법칙과 사건의 우연성, 인과율과 자유, 물질과 에너지 등의 관계를 탐구할 때는 물론이고, 시간과 공간, 그리고 발전의 개념을 성찰할 때 과학자들은 철학의 언어, 역사 속에서 형성된 표현 수단을 동원하지 않을 수 없게 된다. 더구나 자연과학의 기본 개념들 자체가 철학의 어휘가 과학에 적합한 형태로 다듬어진 것들이다. 공간, 시간, 물체, 힘, 장과 같은 자연과학의 기본 개념을 역사적으로 고찰해보면, 그것들이 철학적 의미와 밀접하게 맞물려 사용되었음을 알 수 있다. 그래서 신학과 자연과학이 효과적으로 대화하기 위해서는 과학, 그중에서도 자연과학의 개념사를 잘 알고 또 그에 대한 철학적 논의를 충분히 개관하고 있어야 하는 것이다.

신학, 그중에서도 그리스도교 신학은 인류의 역사를 통해서 때로는 충돌을 빚기도 하면서 철학과 복잡하고도 긴밀한 관계를 이어왔다. 신학과 철학의 관계는 자연과학과 철학의 관계와는 달리, 신학적 개념이 어떤 철학적 바탕을 가지고 있는가 하는 점에 집중되어 있지 않다. 신학과 철학 관계에서 주된 관심사는 신과 세계와 인간에 대한 철학의 설명을 어떻게 하면 신학이 세계와 인간의 창조자로 자신을 드러내는 신의 계시 안에 끌어들일 수 있는가 하는 것이다. 철학적인 설명과 질문을 그리스도교 신학에 통합시키기 위해선 언제나 서로의 본질을 훼손할 정도로 그 내용을 변형시켜야 했기 때문에, 신학과 철학 사이에는 늘 긴장이 떠나지 않았다. 신학은 성서의 하느님과 그 계시야말로 인간이 받아들여야 할 진리라고 주장할 때 언제나 철학의 말을 빌렸다. 즉, 신학은 비판적이든 아니든 간에 언제나 철학의 신론을 수용하고, 세계와 인간에 대한 철학의 설명을 동원해온 셈이다.

바로 이 지점에서 신학과 철학의 관계, 다시 말해 신학과 철학적 세계 이해의 관계가 어떻게 신학과 자연과학이 대화를 나눌 수 있는 토대를 마련해주는지 분명하게 드러난다. 즉, 세계를 성찰하거나 세계 속에서 인간이 차지하는 위치를 성찰하는 데 자연과학의 관점과 성과를 흡수해 소화시키는 일은 신학적 창조론의 연구 주제일 뿐 아니라, 세계를 철학적으로 이해하고 철학의 세계관을 더욱 정교히 완성하는 데 필요한 과제이기도 하다. 신학은 어떤 철학의 세계관을 비판적으로 수용하고 변형할 때, 언제나 그 철학 속에 들어 있는 자연에 대한 인식에 초점을 맞춘다. 따라서 철학에서 말하는 '세계'라는 개념을 신학의 입장에서 변형하는 일은 자연과학의 관점과 성과를 얼마나 제대로 수용하느냐에 달렸다고 하겠다.

자연철학의 목표가 본래 자연현상에 대한 과학적 설명을 종합적으로 성찰하는 것인데, 유감스럽게도 오늘날 대다수의 철학자는 자연철학을 소홀히 하고 있다. 그 틈을 자연과학자들의 저작이 메우고 있는데, 이들은 대개 각각 자기 분야의 관점에서 세계의 현실을 철학적으로 성찰한 결과를 가지고 합당한 방향을 제시하려고 애쓴다. 그러나 유감스럽게도 그들의 저술은 주제가 담고 있는 자연철학 문제 전반과 그 논쟁의 역사를 충분히 고려하고 있지 않은 경우가 태반이다. 그래서 이렇게 주제가 담고 있는 문제 전반을 상기시키고 그 범위 안에서 신학 특유의 견해를 반영하는 일이, 신학이 자연과학과의 대화를 통해 풀어나가야 할 과제이다. (중략)

자연법칙과 우연성

1970년에 발표된 졸고 〈자연법칙과 우연성〉(Naturgesetz und Kontingenz)은 물리학자와 신학자들 사이에서 여러 해 동안 격렬한 논쟁을 불러일으켰고, 그 결과 상당 부분이 다시 쓰였다. 이 글에 대한 반향이 신학자들 사이에서 컸던 이유는, 하느님은 역사(歷史) 속에서 역사(役事)하신다는 성서의 가르침 자체가 하느님의 역사는 늘 새롭고 예측 불가능함을 강조하는 것이라고 주장했기 때문이다. 이는 하느님의 창조역사에서도 마찬가지다. 이렇듯 우연한 행위들의 연속인, 하느님의 역사의 역사(歷史)는 유일회적이며, 돌이킬 수 없는 방향으로 진행된다. 이런 하느님의 역사를 설명하기 위해 동원되는 '우연성'(Kontingenz)이라는 개념은 '필연'에 반대되는 우연, 그리고 '있을 수도 있는 일'을 가리키는 철학의 개념에서 유래한 것이다. 원래의 아리스토텔레스 철학에서 우연성은 물질적인 현상에 관련된 개념이었지만, 중세 그리스도교가 수용한 아리스토텔레스 철학에서는—특히 요한네스 둔스 스코투스(Johannes Duns Scotus: 영국의 프란치스코 수도회 소속의 스콜라 철학자, 토마스 아퀴나스의 철학에 반기를 든 독자적인 사상으로 스콜라주의 체계를 뒤집는 데 결정적인 역할을 했다. 1266~1308 – 옮긴이)이래로—'뜻대로 행하시는 하느님의 자유의지'라는 생각으로 이어졌다.

'자연법칙'이라는 개념은 논리적으로 보면 법칙을 적용하는 데 필요한 우연적인 조건과 연관되어 있으며, 법칙으로 기술되는 현상의 초기조건과 주변조건에 근본을 두고 있다. 또 법칙을 적용하는 데 필요한 초기조건 및 주변조건이 거꾸로 자연법칙으로 기술할 수 있는 대상이 되기도 한다. 그렇다고 해서 그런 설명 하나하나가 적용되기 위해 또다시 우연적인 조건을 필요로 하고, 따라서 우연히 주어진 것에서 드러나는 일정한 구조를 설명하는 것만이 진정한 자연법칙이라는 얘기는 결코 아니다. 그런 논리는, 그 진행과정에서 일정한 형태가 반복되든 반복되지 않든 간에 모든 현상이 일차적으로는 우연히 일어나는 것이라는 주장을 담고 있다. 이런 가정은 '시간의 흐름을 되돌릴 수 없다'는 사실 때문에 설득력이 있었지만, 1960년대에 이 문제의 토론에 참가했던 자연과학자들은 저마다 의문을 제기했다.

그 뒤 사람들은 자연현상이 진행되는 과정은 생각보다 훨씬 복잡하다는 사실을 알게 되었고, 그 당시 논의되던 '논리적인 의미의 우연성'과 대비되는 '현상의 우연성'이라는 개념을 받아들이게 되었다. 그리고 이 우연성이란 개념은 원자 단위에서 이루어지는 모든 기본 현상이 근본적으로 불확정적이라는 양자물리학의 견해에 힘입어 그 입지를 굳히게 되었다. 물론 이 기본 현상들 또한 일정한 형태를 나타내기 때문에 자연법칙의 적용 대상이 된다는 사실을 고려해야 한다. 이렇게 자연법칙으로 설명할 수 있다고 해서 각각의 현상이 지닌 근본적인 우연성이 사라지는 것은 아니다. 그렇게 현상들이 일어나는 가운데 법칙의 적용 대상이 되는 '일정한 형태'가 나타나지만, 그 '일정한 형태'가 또다시 우연한 현상인 것으로 드러나기 때문이다.

신학이 모든 현실을 피조물로, 창조를 하느님의 역사로 설명하면서 사건의 우연성을 강조하는 반면, 자연과학은 그 사건들의 진행에 내포된 법칙성을 밝혀내는 데 주력한다. 물론 과학의 경우에도 사건의 우연성을 끌어들이기는 하지만, 이 또한 자연법칙을 적용하기 위해 필요한 일이다. 이로써 1960년대 하이델베르크에서 있었던 대화에 참여했던 사람들은 신학과 자연과학의 개념들을 막연한 비유를 통해서만 서로 추측해볼 뿐이었던 한계를 극복하고, 두 분야 간의 대화를 위한 공통의 토대를 마련한 듯이 보였다. 그러나 이렇게 자연법칙과 우연성에 대한 이해를 닦아놓기는 했지만, 자연이라는 현실을 신학의 관점에서 올바로 통찰하는 길이 열린 것은 아니었다. 그러기 위해서는 힘과 운동이라는 물리학의 기본개념과 그 기본개념에 전제된 공간과 시간이라는 개념에 신학적으로 다가갈 수 있는 통로가 마련되어야 한다. (중략)

자연현상에 개입하는 신

시간과 공간이 신의 무한한 크기나 영원성과 어떤 관계가 있는지 살피는 것보다 훨씬 어려운 문제는 자연현상을 일으키는 여러 가지 '힘'과 관계를 밝히는 일이다. 이것이 성서를 근거로 하는 창조신학에서 결정적으로 중요한 문제가 되는 이유는, 이 문제가 창조의 시작뿐만 아니라 창조의 역사(歷史) 전체에 개입하는 하느님의 역사(役史)에 대한 문제이기 때문이다. 17~18세기에 그리스도교 신학으로 하여금 세계에 대한 자연과학의 설명에 완전히 등을 돌리게 만든 장본인도 바로 이 문제였다.

이와 같은 대립에 가장 큰 영향을 미친 것은 자연현상에 대한 기계론적인 설명이었다. 데카르트에게서 비롯된 이 기계론은, 세계 안에서 작용하는 모든 힘의 원천이 물체, 그리고 물체들 간의 상호작용이라고 주장한다. 18세기에 이르자 기계론은 세계를 설명하는 가장 효과적인 이론으로 발돋움했는데, 이는 뉴턴이 뜻한 바와는 전혀 다른 것이었다. 신은 이제 자연현상을 이해하는 데 아무런 역할도 하지 못하게 되었다. 당시 신에 대한 철학적인 이해가 스콜라 철학의 신론과 일치하는 점이 있었다면, 신은 어떤 경우에도 '물질적 존재'가 아니라는 생각이었다. 말하자면 신이 힘의 원천이라는 생각, 즉 자연현상에 신이 개입한다는 생각은 애초부터 배제되었고, 그와 함께 신은 자연에서 추방당하고 만 것이다.

그뒤 사람들은 사물을 움직이는 힘을 물체에만 연관시켜 생각한 탓에 자연현상을 무신론적 입장에서 보게 되었음을 깨닫고, 그 제서야 비로소 패러데이(Michael Faraday: 영국의 물리학자이자 화학자, 1791~1867 – 옮긴이) 이래로 자연현상을 기술하는 데 동원되어온 장 (場)이라는 개념이 신학적으로 자연을 이해하는 데 어떤 영향을 미칠 수 있는지 생각해보게 되었다. 그러나 전기장이나 자기장의 존재가 입증되었다고 해서, 그것이 자연에 개입하는 신의 손길을 설명하는 직접적인 모델이 될 수 있었던 것은 아니었다. '장'이라는 현상이 대개 물체와 연관된 것이기는 하지만, 패러데이는 존재하는 모든 물체의 운동과 현상이 장에서 비롯되는 것이 아닐까 생각했다. 이런 생각은 사물을 움직이는 힘이 궁극적으로는 물질에서 나오지 않는다는 뉴턴의 생각과 상반되는 것이었다. 뉴턴은, 우리의 사지를 움직이는 힘이 우리의 정신인 것처럼, 우주를 움직이는 힘도 신의 손길이라고 믿었다.

장의 개념을 신학에 응용하려는 일차적인 이유는, 신이 과연 자연현상에 개입하는가에 답하기 위해서가 아니라, 신학의 신론(神論)이 지닌 내부적인 문제 때문이다. 신의 실체를 '영'(靈)으로 정의한 〈요한복음〉(4:24)의 표현을 두고 사람들은 오리게네스 이래로 줄곧 신은 누스(Nus), 즉 몸 없이 존재하는 이성을 의미한다고 해석해왔다. 이런 플라톤적인 해석은 성서에서 말하는 프네우마(Pneuma)라는 그리스어나 그 원어인 히브리어의 루아흐(rûah)와 전혀 통하지 않는다. 프네우마와 루아흐의 본뜻은 '공기의 움직임, 숨, 바람'이다. 우리가 '영'(Geist, spirit, spiritus)이라고 옮기는 프네우마는 일찍이 소크라테스 이전 시대의 철학자 아낙시메네스나 스토아 학자들에 따르면, 가장 미세한 물질로 이루어져 있어서, 그어떤 것도 뚫고 들어가는 '공기'가 그 자체의 '장력'(tónos)으로 온 우주를 지탱한다. 오리게네스 이전의 초기 그리스도교 신학자들도 신약성서에서 신을 표현하는 프네우마를 그런 의미로 이해하고 있었다. 그런데 물리학의 기본 개념들이 발달해온 역사를 연구한 저명한 과학사학자 막스 얌머는, 고대의 프네우마라는 개념이 현대 물리학에서 말하는 '장'의 원조라고 주장한다.

장의 의미를 알기 쉽게 설명하면 팽팽한 상태로 가득 차 있는 공기라고 할 수 있다. 그러나 근대의 장 개념을 고대인들이 생각하던 프네우마와 비교하면 중대한 차이가 드러난다. 19세기 과학자들이 믿었던 것과 달리, 장은 공기나 에테르(ether: 19세기 말까지 빛의 파동을 전하는 매질로 믿어왔던 가상의 물질 – 옮긴이) 등의 매개물이 필요치 않다. 장은 그런 매개물 없이 공간 안에서 자신의 세력을 확장해나갈 수 있다는 것이다. 스토아 학자들은 모든 것에 침투할 수 있을 만큼 극히 미세한 입자로 된 공기가 바로 프네우마라는 유물론적인 입장을 취했는데, 이는 오리게네스가 "하느님은 영이시다"라는 〈요한복음〉의 표현을 해석할 때 스토아 학파의 이론을 배격하는 근거가 되었다. 신이 실체를 가진 존재라고 한다면, 그런 신은 여러 부분으로 나누어질 수도 있고 따라서 여러 부분이 합쳐져서 이루어진 존재라는 납득하기 어려운 결론을 얻게 된다.

그래서 오리게네스는 결국 프네우마를 누스, 실체 없는 이성체로 해석했던 것이다. 그런데 신이 실체 없는 이성체라는 생각은 프네우마가 가진 본래 뜻에는 맞지 않는다. 고대의 프네우마론에서 물질적인 실체이면서 매개물을 필요로 한다는 내용을 빼버리면 그 프네우마는 요즘의 '장'에 가까운 것이 된다. 그렇게 되면 앞서 말한 신학적인 모순을 해결하기도 훨씬 수월해질 것이다. 성부, 성자, 성령의 삼위(三位) 안에서 드러나는 신성(神性)을 '장'으로 이해하면, 신을 물체로 보는 생각에 반기를 든 오리게네스의 입장을 벗어나지 않으면서 동시에 프네우마의 원뜻도 놓치지 않게 된다.

신학이 이렇게 장의 개념을 응용하는 것은 그저 비유적인 의미일 뿐일까? 얼핏 그런 듯싶기도 하다. 장 개념을 적용하는 데 기본적으로 필요한 공간과 시간이라는 요소는 신학에서도 다루고 있다. 물론 신학에서 말하는 공간과 시간이란 신의 무한한 크기가 차지하는 공간이 모든 기하학적 공간의 전제라는 의미의 공간과, 신의 영원한 시간이 모든 종류의 시간의 흐름을 가능케 한다는 의미의 시간을 뜻한다. 장을 신성의 프네우마적 본질로 해석하는 것은, 모든 기하학적인 설명에 앞서 선험적으로 존재하는 불가분의 전체로서의 공간과 시간이라는 개념에 근거를 두고 있다. 따라서 신학의 장은 물리학에서 말하는 장의 근거라고 볼 수 있다.

이렇게 보면, 신의 권능으로서의 장은 물리학의 장과 대립하는 것이 아니라, 자연 안에 존재하는 힘들을 통해서 끊임없이 서로 영향을 주고받는 것이다. 무소부재(無所不在)한 신은 모든 사물 안에 동시에 존재하면서도 빛의 속도 따위에 구애받지 않기 때문에, 상대성이론에서 말하는 '동시성의 역설'(같은 위치에서 '두 사건'이 어떤 관측자에게 동시에 일어났다면, 이 관측자에 대해 등속도로 운동하고 있는 다른 모든 관측자에게도 동시에 일어난 것이 된다. 그러나 서로 다른 위치에서 두 사건이 어떤 관측자에게 동시에 일어났다면, 이 관측자에 대해 등속도로 운동하고 있는 다른 모든 관측자에게도 동시에 일어난 것이 되지 않는다 – 옮긴이)에도 얽매이지 않는다.

이와 마찬가지로 신의 권능이라는 장은 파동과 같은 모습을 빌리지 않는다. 물리학, 그중에서도 고전 물리학은 장이 파동의 형태로 확산된다고 설명하는데, 이런 설명은 장의 본질을 밝혀주지 못한다. 반면에 시간과 공간을 생각하지 않는 장은 공허한 개념에 지나지 않는다. 장이 파동의 형태로 번져간다고 전제하지 않고도 장을 상상할 수 있다면, 각기 다른 곳에서 일어나는 일들이 동시에 같은 모습을 보이는 현상도 장의 작용으로 이해하게 될 것이다.

창조와 진화

지금까지 논의한 내용을 우주의 역사 속에 나타난 피조물의 세계를 설명하는 신학의 해석에 적용하고자 한다면, 이 글의 범위를 벗어나는 일이 될 것이다. 나는 조직신학에서 창조론을 다루면서 그런 해석을 위한 기초를 제시한 바 있다. 그와 같은 해석을 토대로 서로에게 이해시키는 일은 오늘날 신학과 자연과학의 대화를 위한 조건으로서 날로 그 중요성을 더해가고 있다. 다만 앞에서도 말했지만, 영원과 시간의 관계를 이해하는 열쇠는 제한된 시간을 사는 사물을 이해하는 데 미래가 어떤 의미를 갖는가에 달려 있다는 사실을 기억해주기 바란다. 영원은 미래를 통해서 시간 속으로 들어온다. 그래서 존재하는 모든 것들은 오직 미래를 통해서만 자기 실존의 완성을 기대할 수 있다. 모든 사물이 미래에 이루어질 하느님의 나라를 향해 나아가지만, 하느님의 나라 또한 그 미래로부터 피조물의 현재 속으로 돌아와 역사(役事)하는 것이다. 피조물의 입장에서 보면 이 관계는 정반대가 된다. 즉 미래는 현재를 사는 우리들이 탐험해가야 할 장이고, 과거는 우리에게 낯익은 대상이다.

우주의 역사도 마찬가지다. 신화는 우주의 질서가 그 탄생과 더

불어 생겨났다고 말한다. 성서는 그 문학 형태로 보아 이미 신화의 구조를 벗어나 있지만, 그런 성서의 〈창세기〉 또한 우주의 질서가 태초부터 마련되어 있었다는 신화적인 관점을 가지고 있다. 태초 7일 동안 모든 피조물이 만들어졌다는 이야기는, 창조가 완성되는 최후의 날까지 신의 역사(役事)가 계속되리라는 전형적인 성서의 관점과 부딪친다. 창조의 질서가 한번 이루어지고 나면 그뒤로는 더 이상 아무런 변화도 일어나지 않는다는 생각은 신학과 자연과학이 서로를 이해하는 데 큰 걸림돌이 되어왔고, 진화론을 둘러싼 논쟁이 한창 가열되던 시기에는 더욱 그러했다.

창조신학과 자연과학이 '공명'을 이루어 내는 데 더더욱 중요한 사실은, 생명은 되돌이킬 수 없는 방향으로 진화하며 그 과정에서 우연한 일들이 끊임없이 새롭게 일어난다는 점이다. 우주의 역사도 마찬가지다. 생명의 탄생과 진화라는 관점에서만이 아니라 우주론의 차원에서 보아도, 오늘날 신학과 자연과학 사이의 장벽은 이미 무너졌다. 우주가 팽창한다는 이론이 처음 제기되어 뜨거운 관심을 불러일으키자 그 이론이 신의 존재를 입증한다고 믿었던 교황 비오 12세처럼, 자연과학의 우주론이 신을 증명해주리라고 기대하는 것은 무리다. 그저 신학이 세계를 설명할 때 자연과학의 성과를 적절히 고려하는 것만으로도 족하다.

그러기 위해서는 신학의 창조론이 독선을 버리고 배우는 자세를 덧입어야 한다. 과학이 제시하는 세계상의 변화에 겉으로만 적용하는 척하면서 속으로는 저만치 물러나 경계의 눈초리를 바라보는 것으론 충분치 않다. 세계에 대한 경험적 지식이 변화함에 따라 신학도 자기 안으로부터 끊임없이 새로운 해석을 퍼올림으로써, 하느님이 세계를 창조했다는 그리스도교적 사고와 경험적 지

식을 하나로 융합하는 것—이것이 진정한 배움의 자세가 아닐까.[53]

형이상학의
진화론적 원천

_프란츠 M. 부케티츠

인간이 겪는 근본적인 딜레마

제3기(신생대를 둘로 나누었을 때 그 전반기에 속하는 지질시대. 지금으로부터 약 6500만 년 전부터 170만 년 전까지가 이에 해당한다 – 옮긴이) 후기에 나무에서 내려온 원숭이를 조상으로 하는 이 피조물은 예로부터 아주 근본적인 문제들을 안고 살아왔다. 그것은 순전히 생물학적인 의미에서의 생존을 이어가는 차원을 넘어서는, 다시 말해 '동물적인 현실'의 테두리를 뛰어넘는 문제들이다. 자신의 과거와 미래에 대해 고민하는 동물은 인간 말고는 그 예를 찾을 수 없고, 선과 악, 세계의 존재 의미, 세계 안에서 자신이 달성하려는 목표 등을 성찰하는 것도 인간만이 하는 일이다. 인간은 이렇게 '자아'를 인식하고 자아에 대해 의식적으로 캐물음으로써 실존의 새로운 차원에 도달하지만, 그 때문에 심각한 문제에 부딪히기도 한다.

1973년 콘라트 로렌츠는 "자아를 발견하고 성찰하게 된 것은 역사상 가장 중요한 사건이었음에 틀림없다. 인간을 성찰하는 존재로 정의하는 것도 그 때문일 것이다"라고 쓰고 있다. 그러나 루페르트 리들(Rupert Riedl)의 말처럼, 자아의 발견은 인간의 정신사에서 가장 충격적인 사건이었을 것이다. '동물적인 현실'을 벗어나서, 자신이 이 세계의 거울이며 많은 일들의 원인을 제공하는 존재이자 목표를 추구하는 주체라는 사실을 알게 되었으니 말이다. 사실 자기성찰과 더불어 문화와 정신이 진화하는 새로운 종류의 진화가 시작된 한편, 인간의 근본적인 딜레마도 함께 생겨난 것이다. 이로써 자기 자신의 과거와 미래는 무엇이고, 세계 안에서 자신이 서 있는 자리는 어디이며, 세계의 궁극적인 목표는 무엇인지에 대한 물음이 쏟아지게 되었다. 그리고 다양한 자연현상 앞에서 느끼는 무력감은 불안과 희망을 불러일으켰고, 이 불안과 희망 속에서 우리에게 안전을 약속하고 포근한 안도감을 가져다줄 세계상이 새롭게 출현한 것이다. 그러나 자신의 세계, 자신을 둘러싸고 있는 이 세계의 모습은 늘 전에 없던 혼란으로 인간을 괴롭히곤 했다.

이렇게 보면, 인간의 특성을 묘사하는 수많은 표현 가운데서도 호모 메타피시쿠스(homo metaphysicus, 형이상학적 인간)라는 말이 가장 적절하지 않나 싶다. 인간은 그야말로 '형이상학이 필요한' 생명체라는 얘기다. "인간은 형이상학적인 동물이다. 즉, 인간은 형이상학에 대한 욕구가 상당히 강하다는 뜻이다. 따라서 인간은 형이상학적인 의미를 기준으로 자신의 삶을 이해하고, 모든 것을 형이상학적인 의미 안에서 보고자 한다"고 쇼펜하우어는 말한다. 이 '동물적인 현실'을 넘어서면서부터 인간은 자기 앞에 나타나는 현상들을 해석하고, 거기에 일정한 목표를 부여하며, 그 목표들을 감각기관으로 체험할 수 없는 영역으로 옮겨놓으려는 욕구를 갖게 된다. 눈에 보이는 '현상' 뒤에 또다른 세계가 있다고 설정하는 것은 아마도 인간이 가지고 있는 또 하나의 기본 욕구일 것이다. 그런 욕구는 자신이 사는 이 작고 우스꽝스러운 세계에서 벌어지는 모든 일과 연결되고, 눈앞에 보이는 생물과 무생물이 모두 어떤 궁극적인 목적을 가지고 있으리라는 비합리적 희망과 연결되어 있다. 그래서 자신이 겪는 딜레마는 단지 일시적인 것일 뿐, 실제의 삶 속에서는 그런 희망이 있음으로 해서 딜레마도 견딜 만한 것이 될 수 있다고 생각한다.

자기성찰이 낳은 근본적인 딜레마에서 출발하여 그 자기성찰을 역사적으로, 진화론적으로 재구성할 때, 우리는 형이상학이야말로 인간의 희망과 불안에서 생기는 자연적인 결과물이라는 사실을 이해할 수 있게 된다. 그런 의미에서 나는 이 글을 통해 인류학적 관점에서 본 진화론적 인식론에 대해 약술하고자 한다. 그리고 이 진화론적 인식론이 형이상학의 욕구와 같은 인간의 본질을 역사와 진화론을 통해 상대화함으로써 인간을 전혀 새롭게 이해하게 만들었음을 강조할 것이다.

형이상학을 설명하는 종래의 진화론적 관점

형이상학이나 인간의 형이상학에 대한 욕구를 아주 넓은 의미의 진화론으로 설명하는 것은 그다지 새로운 일이 아니다. 이미 데이비드 흄(David Hume)은 1779년에 발간된 유고《자연종교에 관한 대화》(Dialogues Concerning Natural Religion)에서, 우리 안에서 공포와 희망이 맞서 일으키는 긴장을 해소하려는 심리적 필요 때문에 종교적인 진리라는 것이 만들어진다고 설명한 바 있다.

그뒤 19세기에 생물학적인 진화론이 널리 확산되고 증거를 확보함에 따라 인간의 정신적인 특성들도 진화 과정에서 생겨난 것으로 이해하게 되었다. 1871년 찰스 다윈은 이렇게 쓰고 있다. "상상하고 감탄하고 호기심을 가지는 등의 의미심장한 능력이 판단력과 더불어 조금씩 발달하게 되면서, 인간은 저절로 자신을 둘러싸고 있는 것들을 이해하려 노력하게 되었고 자신의 존재에 대해서도 사색하기 시작했다. (중략) 인간으로 하여금 눈에 보이지 않은 영적인 힘을 믿도록 한 뒤 물신 숭배, 다신교, 일신교의 순서로 신앙을 갖게 만든 바로 그 고도의 정신적인 능력은 이성의 힘에 의해 통제되기까지 온갖 기묘한 미신과 괴상한 관습으로 인간을 이끌었다."

다윈은 세상을 초월하는 대상을 믿는 모든 신앙이 일차적으로 인간의 지적인 능력에서 비롯되며, 그 지적인 능력은 바로 자연선택을 거쳐 인간이 진화하면서 생겨난 것이라고 확신했다. 다윈의 뒤를 이어 많은 사람들이 모든 형이상학과 종교가 진화에 의해 좌우된다는 명제를 세우고 발전시켰다. (중략)

형이상학적·종교적 지각이 진화의 특정한 단계에서 발생한다는 이야기는 자칫 하찮은 이론으로 들릴지도 모른다. 그러나 인간의 종교적 성향은 어느 경우에든 삶의 특별한 조건 아래에서 생기게 마련이며, 그로부터 인간은 뭔가 '더 높은 존재'에 대한 신앙 또는 바로 그 높은 존재까지도 만들어낸다는, 19세기와 그 이전의 진화론자들의 이야기는 시사하는 바가 크다.

근대 진화론적 인식론의 출발점

이렇게 시작된 진화론적 인식론의 내용 가운데 특히 다음과 같은 점들이 주목할 만하다(K. 로렌츠, 1973; R. 리들, 1980; K. 로렌츠 & F. M. 부게티츠, 1983 참고).

- 인간의 모든 인식과 사고 행위는 중추신경, 뇌, 감각기관 등의 물리적인 조직과 연결되어 있는데, 이 물리적인 조직들은 생물학적인 산물이다.
- 자기성찰이라는 인간 특유의 능력도 이런 물리적인 조직을 바탕으로 할 때에만 설명될 수 있다.

- '인식의 생물학'은 이성이 인류의 발달 조건으로부터 어떤 영향을 받았는지 밝혀줄 뿐 아니라, '비이성(적인 행동)'의 뿌리가 어디에 있는지도 가르쳐준다. 해서 이성과 비이성, 합리적인 요소와 비합리적인 요소는 언제나 앞서 말한 물리적인 조직에서 비롯되는 것으로 설명할 수 있다.
- 인간이 인식하고 사고한 결과는 생물학적 법칙에 얽매이지 않고, 그것 자체가 독특한 역동성을 만들어간다.

마지막의 내용은, 문화적 진화는 인식기능과 사고기능의 산물이고 나름의 역동성을 얼마간 지니고 있기 때문에 생물학적 진화로는 완전히 설명되지 않는다는 얘기다. 진화론적 인식론을 바탕으로 할 때, 인간의 문화적인 역량은 무엇보다 생물학적인 조직과 그것의 (특히 두뇌의) 역량에 좌우된다고 하겠다. 그러나 그것만으로는 어떤 문화 체계의 방향과 영향을 온전히 설명할 수 없으며, 다만 어떤 문화 행동이 생겨나는 일반적인 초기 조건에 대해서만 말해줄 수 있을 따름이다. 진화론적 인식론을 주장하는 사람들도 근본적으로 분명히 알고 있는 것은, 다양한 형태의 문화가 사회적 행동의 특정한 양식을 바탕으로 생물 진화의 메커니즘을 '뛰어넘으면서' 자기만의 법칙성 또는 규칙성을 보인다는 사실이다.

어쨌거나 진화론적 인식론은 인간이 생물학적 발달 과정과 사회문화적 발달 과정 모두를 거쳐 왔다고 전제한다. 이제는 고전이 된 논문 〈진화론적 인식론〉(Evolutionary Epistemology)에서 캠벨(D. T. Campbell)은, "진화론적 인식론이란 인간이 생물학적 진화와 그에 따르는 사회문화적 진화의 산물이라는 사실을 바탕으로 하는 인식론"이라고 정의하고 있다. 캠벨은 형이상학의 근원을 재구성하려면 인간의 생물학적 진화와 사회문화적 진화를 반드시 고려해야 한다고 주장한다. 진화가 진행되는 도중에 형이상학을 요구하는 생명체가 탄생할 수 있었던 것은 생물학적 조직과 그 조직의 기능 및 발달에 기인한다. 원시인들의 '생활 세계'도 특정한 영향 아래에 있었으므로, 그때부터 형이상학적인 희망과 투사는 이미 문화적인 맥락과 궤를 같이해왔다고 할 수 있다. (중략)

그래서 형이상학의 진화론적 원천을 분석하는 일은 크게 볼 때 메디쿠스(G. Medicus)가 말하는 "진화론적 심리학"의 범주에 속한다. 이 진화론적 심리학은 디트푸르트(H. von Ditfurth)가 말하는 "고고심리학" 또는 "영혼의 고생물학"의 형태로 인간 행동에 숨어 있는 원초적인 모델을 밝혀내는 학문이다. 이 분야에서 이루어진 경험적 연구 결과는 적지 않다.

네안데르탈인의 형이상학

원시인들이 형이상학을 시작한 동기는 아마도 자신이 언젠가는 죽어야 한다는 생각, 즉 죽음에 대한 자각이었을 것이다. 이 죽음에 대한 자의식이 인간을 궁지로 몰아넣었으리라는 것은 쉽게 짐작이 가는 일이고, 그 옛날로부터 효과적이었든 아니든 자신의 죽음을 이겨내려는 인간의 노력이 지속되어왔으리라는 것 또한 어렵잖게 추측할 수 있다. 에르벤(H. K. Erben)은 이렇게 말한다. "우리의 먼 조상은 자신이 영원히 살 수 있으리라는 믿음을 꾸며내고 위안을 얻음으로써 피할 수 없는 죽음을 극복했다. 의도적인 낙관과 절실한 필요에서 나온 이런 교리는 그뒤로도 내용만 조금씩 바뀌었을 뿐, 오늘날에 이르도록 6만 년 동안 지속되었다." 이렇게 죽음에 대한 자각을 극복하려는 노력은 주술 행위, 장례 의식,

상징적인 표현물 등에 늘 등장하기 때문에, 원시인들이 죽음에 대해 어떤 생각을 가지고 있었는지는 비교적 소상하게 알려져 있다. 네안데르탈인들이 사자(死者)를 위해 치르던 의식이나 사후세계에 대한 그들의 생각 또한 잘 알려져 있는데, 그에 관한 물증들은 최고 6만 년 전까지 거슬러 올라간다. (중략)

이와 관련하여 흥미를 끄는 것들 가운데 하나로 두개골을 둘러싼 네안데르탈인들의 의식을 꼽을 수 있다. 두개골은 그들에게 주술적으로 중요한 의미가 있었던 것으로 보인다. 1939년 이탈리아에서는 네안데르탈인의 두개골이 동물 뼈 화석과 함께 발견되었다. 그 두개골은 둥글게 움푹 파인 돌 속에 안치되어 있었는데, 두개골의 아래쪽이 인위적으로 열려 있는 것으로 보아 그 당시 이미 '머리 사냥'(원시부족들은 상대의 머리를 노획함으로써 상대가 가지고 있는 능력을 획득하게 된다고 믿는다 – 옮긴이)의 관행이 있지 않았나 하는 추정을 가능케 한다. (중략) 네안데르탈인의 곰 숭배도 꽤 흥미 있는 대목이다. 캠벨 등의 설명에 따르면, 네안데르탈인들은 곰의 두개골을 숭배의 대상으로 삼았을 뿐 아니라, 곰을 이승과 저승을 중재하는 동물, 영혼들의 사자(使者)로 여겼음에 틀림없다.

이런 점들로 미루어보면, 그 이전의 사정은 분명치 않지만 적어도 네안데르탈인 시대에 이르러서는 형이상적인 관념이 널리 공유되고 있었음을 알 수 있다. 이를 뒤집어 생각하면, 네안데르탈인들이 이미 뚜렷한 의식을 가지고 자신을 성찰하고 있었다는 결론이 나온다. 그렇지 않고서는 '저승'에 대한 가정, 다시 말해 죽음 후에도 '삶이 계속된다'는 믿음을 설명할 수가 없다. 네안데르탈인들의 의식 한켠에는 죽음에 대한 의식이 자리 잡고 있었고, 죽음에 대한 이런 의식은 앞서 말한 인간의 기본 딜레마에 커다란 영향을 미쳤다. 인간은 이 수수께끼투성이의 세계에 내던져졌고, 목숨을 이어가기 위해 날마다 겪어야 하는 일 말고도 가공할 자연현상과 같은 특별한 종류의 난관과 맞서 싸워야 했다. 그런 어려움을 스스로에게 납득시켜야 하는 상황은 '호모 메타피시쿠스'의 탄생을 더욱더 부채질했을 것이다.

목적과 의도를 투사하는 행위

전체적으로 볼 때, 의식을 갖게 된 인간이 맞닥뜨린 가장 큰 문제는 이 의문으로 가득한 세계와 세계 안에 있는 자신을 (의식적으로) 파악하는 일이었을 것이다. 이것이 바로 문제의 핵심이자 형이상학의 출발점으로서, 그렇게 시작된 세계와 자기 자신의 의미에 대한 인간의 물음은 오늘날까지도 변함없이 계속되고 있다.

리들은 의식 이전의 인식 장치가 만들어 내는 여러 단계의 가정(假定) 가운데 '목적성'이라는 가정이 있다고 설명한다. 그는 이 목적성이야말로 '의식의 시작'이었으며 인간의 목적과 의도가 경험할 수 없는 세계를 지향할 때 '형이상학의 인류학'이 시작된다는 핵심적인 결론을 내리고 있다. 여기서 또 중요한 것은, 의미를 추구하는 인간의 노력이나, 자신의 의도나 목적을 더 높은 차원에 투사하는 행위도 진화라는 관점에서 보면 그럴듯하게 해명이 된다는 사실이다. 리들의 설명에 따르면, 물리적·육체적인 "하부기능이 훨씬 많음에도 자신을 형이상학적·정신적인 상부기능을 가진 존재로 인정하는 것은 생명을 유지하는 데 중요한 일임에 틀림없기" 때문이다.

그렇다면 형이상학이 생명을 유지하는 데 필수적인 역할을 한다는 뜻인가? 대답은 "그렇다"이다. 모든 일은 '어떤 깊은 뜻'에서 비롯되기 마련이라는 식으로 그 모든 일의 원인을 경험 불가능한 영역에 투사해 만족을 얻고 불확실한 상황에서 안정을 도모하는 것이 인간이기 때문이다. 말하자면 모든 일의 이면에는 깊은 의미가 숨어 있는데, 그 '의미'는 쉽사리 드러나지 않는 것이어서 마치 '인간보다 차원이 더 높은 존재'가 의도적으로 그 의미를 부여하고 있는 것처럼 여겨지기도 하는 것이다. 그 의미를 이해하려는 몸부림이 불안이나 희망과 결부되어, 초기 인류—네안데르탈인이나 그 이전의 원시인들—로 하여금 형이상학을 창안케 한 것이다. 다시 말해, 형이상학은 생존을 위한 효과적인 심리적 기제였던 셈이다. 분명하고 믿을 만한 것이라고는 찾아볼 수 없는 이 불확실한 세상에서 확실성과 안정감을 획득하는 일은 인간의 기본 욕구였을 것이 분명하다. 그런 욕구를 채울 수 있는 가장 빠른 길은 모든 일의 의미를 '경험할 수 없는 영역'에 투사하는 것이었을 테고 말이다.

이 '경험할 수 없는 영역'은, 그것이 애초부터(즉 '선험적으로') 경험의 영역을 벗어나 있기 때문에 오히려 인간이 그것에 매달릴 수 있다는 성질을 가지고 있다. 경험할 수 없다는 게 확실하면 예상과 반대의 결과로 실망할 일도 없다. 하지만 그런 확신의 한켠에는, 그 '경험할 수 없는 것'이라는 게 다만 환상이었음이 드러나 결국 아무 내용도 없는 공허만이 남을지도 모른다는 두려움이 도사리고 있다. 그러나 정말 순전히 환상에 불과하다면, 그 '경험할 수 없는 것' 자체 또한 그야말로 경험할 수 없는 상태로 남게 된다. 과연 인간의 두뇌가 만들어낼 수 있는 사고 구조의 한계는 어디까지인지! 어쨌거나 분명한 것은, 삶의 의미와 세계의 목적을 '경험할 수 없는 영역'에 투사하는 이 모든 일이 결국 삶을 위한 것이고, 따라서 진화론이나 진화론적 인식론을 통해서 설명될 수 있다는 사실이다. '원인에 대한 사고' 전반과 그에 따르는 '목적에 대한 사고'란 것도 결국 인간이라는 종(種)의 역사 속에 오래 전부터 있어온 유전 프로그램의 결과였던 것이다.

목적과 의미의 투사는 생물학적 진화에서 생명을 이어나가기 위해 이루어진 일이었을 뿐 아니라, 나중에는 사회문화적인 발달에도 중대한 영향을 미쳤다. 신화에 나타나는 세계상을 보면, '성스러운 인물'이나 '초능력자'를 통해 이른바 '상위의 목적'을 끌어들임으로써 집단의 (사회)생활에 규범이 주어지고 개인의 삶이 평가되며 각자 자기 현존의 무게를 벗어나게 되는 것을 쉽게 알 수 있다. 이것이 바로 신화와 형이상학의 사회문화적 기능이다.

경계 넘어서기

형이상학은 일반적으로 '경계를 넘어서는 것'을 의미한다. 인간은 자신이 속한 이 작은 세계에 만족하지 않고 법이나 목적이나 의도를 '경험할 수 없는 영역'에 투사한다. 그것은 자신이 사는 세계를 이해하고 해석하기 위해서, 또는 경험의 차원을 넘어서 세계를 움직이는 질서를 가늠해보기 위해서이다. 그 경우 인간은 그야말로 '사물의 척도'가 된다. 경험의 세계를 초월해 있다고 여겨지는 현상들을 가령 자애로운 신이나 악한 귀신의 개입 등으로 설명하는 것은 전적으로 인간이 보기 나름이니 말이다.

그런데 인간은 호모 메타피시쿠스일 뿐 아니라, 호모 파베르(homo faber, 공작하는 인간)이기도 하다. 그래서 인간은 늘 이 세계 안에 사는 자신의 존재를 미화하고 자신만의 세계를 만들고 또 변화시키려 애쓴다. 그런데 이렇게 '자신만의' 세계를 만들어갈 때, 인간은 지식 또는 '안다고 믿는 것'을 응용한다. 지식이 쌓이고 통찰력까지 생기게 되면, 이는 또다른 종류의 '월경'(越境)이 된다. 여기서 나는 아주 오래된 질문 하나를 던지려 한다. "인간의 정신적 능력이나 인식 능력에는 근본적으로 한계가 있는가, 아니면 없는가?"

이제 프랑스 역사철학자 콩도르세(Marquis de Condorcet)의 명제로 돌아가보자. 18세기에 그는 모든 것을 완벽하게 이루어 내는 인간의 능력에는 한계가 없다는 주장을 펼쳤다. 그의 이런 주장이 프랑스 계몽주의의 연장선상에 있었다고 보면, 충분히 수긍이 가는 바이기도 하다. 그런데 진화론적 인식론의 요지가 그렇듯 인식과 지식이란 게 끊임없이 변화하는 진화 현상이라고 한다면, 우리의 인식 능력과 지식 능력이 영원히 제한된 상태로 머물지는 않으리라는 가정이 설득력을 얻게 된다. 진화론적 인식론에 동조하는 레빈슨(P. Levinson) 같은 사람은, 인간의 인식은 진화의 산물이므로 끊임없이 개선되고 정교해지며 확대될 것이라고 주장한다. 생물학적인 진화의 속도는 상당히 느리지만, 인식의 진화는 '문화'라는 차원에 힘입어 엄청난 속도로 진행되기 때문이라는 것이다.

이제 인간은 거시세계의 구조뿐만 아니라 미시세계의 차원들까지도 들여다볼 수 있게 되면서 또 한 번 '경계를 넘어섰다'. 이로써 마침내 모든 형태의 형이상학이 그 한계를 드러내게 되었다. 옛날에는 어둡고 비밀스럽고 위협적인 자태로 경외의 대상이 되고, 다른 세계에서 온 듯한 신비스러움으로 숭배의 대상이 되었던 것들을 오늘날 우리는 물리학적·생물학적 법칙의 산물로 이해한다. 이렇게 법칙을 인식하는 것도 인식 장치가 진화하면서 비로소 가능해진 일이다. 그렇다면 이 진화론적 인식론은 곧 형이상학적의

이성과 비이성

우주 안에서 자신이 차지하고 있는 위치를 밝히는 일은 인간에게 주어진 커다란 과제 중 하나이다. 자신과 주변세계에 대해 질문을 던지면서 모든 것을 의식적으로 성찰하는 존재가 인간이기 때문이다. 그런데 바로 이 때문에 인간은 딜레마에 빠진다. 그뿐 아니라 인간은 자신의 존재가 어떤 의미를 가지는지를 알고자 열망한다. 그렇기 때문에 소우주와 대우주에 대한 우리의 인식, 그리고 모든 형이상학이 진화에서 비롯된 것이라는 인식이 형이상학의 종말을 가져오지는 않을 것이다.

이미 오래 전부터 우리는 우리가 사는 이 지구가 우주 안에서 특별한 위치에 있지 않다는 사실을 알고 있었으며, 우리 자신이 지상에서 일어난 생물의 진화를 잇는 긴 사슬의 일부일 뿐이라는 것 또한 잘 알고 있었다. 그런데도 어떤 사람들은 인간이 이렇게 자크 모노의 말처럼 "우주의 한 귀퉁이를 떠도는 집시"라는 사실을 인정하려 들지 않는다.

이들은 모든 일에는 어떤 형태로든 한층 더 높은 목적이 숨어 있다고 믿는 사람들이며, 이들이야말로 형이상학을 존속시키는 주인공이다. 그러나 '성전'을 표방하는 싸움이나 '궁극적이고 영원한 진리'를 쟁취한다며 벌이는 이데올로기 싸움에서 보듯이, 한 차원 높은 의미가 있다는 생각에서 형이상학적으로 어처구니없는 논리에 빠져들면 자칫 인간을 파괴하는 끔찍한 결과를 낳을 수도 있다. 카를 포퍼의 말처럼, 인간은 살아남기 위해 자신의 뜻을 굽힐 줄 아는 유일한 생물임에 틀림없다. 그러나 거꾸로 인간은 자신의 이상이나 이데올로기를 위해 기꺼이 목숨을 던질 수 있는 유일한 생물이기도 하다! 전쟁이라는 집단 광란을 되풀이하면서 모랭(Edgar Morin)의 말마따나 이 호모 데멘스(homo demens, 광포한 인간)는 끊임없이 스스로를 제물로 바쳐왔으니, 그런 희생의 명분은 그네들 스스로가 세운 선지자들이 그럴싸하게 내건 이른바 '더욱 숭고한 목적을 위해서'라는 속임수였다. 아시다시피 깃발이 나부끼는 곳에선 이성(만도 아니지만)은 나팔소리에 묻히는 법이다. (중략) '비이성적인 행동을 할 수 있는 것이 이성적인 능력을 부여받은 생물의 특권'이라는 말은 역설적으로 현실을 꿰뚫고 있는 듯하다. 우리 자신의 비이성이 인류의 생존을 위협하고, 생존을 위해 내세운 목표가 오히려 생명을 위협하는 이유가 어디 있는지 찾아내는 일은 우리 인간의 가장 시급한 과제가 아닐 수 없다.

이렇게 이성의 원천을 인류 발달의 역사에서 찾아내 재구성함으로써 비이성의 원천까지도 파악할 수 있다는 점에서 진화론적 인식론이 갖는 인류학적 의미는 자못 크다고 하겠다. 인간의 인식 장치의 기본 구조는 대략 4만 년 전에 완성되어 지금까지 거의 변하지 않았지만, 그런 인식 장치가 만들어 내는 학문과 기술은 엄청난 속도로 발달을 거듭해왔다. 또한 인간은 예부터 품어온 형이상학적 기대를 버리지 못하는 한편, 상상을 초월하는 기술적인 잠재력을 가지고 있기도 하다. 인류 문명이 오늘날 붕괴의 위기에 직면한 것도 다름 아닌 이런 모순들 때문이 아닐까. (중략)

진화론적 인식론은 이런 인류학적인 의미를 보아서도 소홀히 할 수 없는 이론이다. 물질과 정신, 자연과 문화라는 양극으로 세계상이 분열되는 원인과 그 영향을 밝혀줄 뿐만 아니라, 인식 과정과 인식 대상의 특성을 서로 연결함으로써 실증주의적 인식론의 허구를 드러내기 때문이다. 그래서 우리는 이 진화론적 인식론을 통해서 이성 안에 숨어 있는 비이성의 근원이 무엇인지, 언제 형이상학이 이성으로 하여금 생명을 거스르게 하고 비이성으로 하여금 생명을 위협하게 하는지 알게 된다. 그렇기에 형이상학을 진화론적 입장에서 이해한다고 해서 곧 형이상학의 종말을 뜻하지는 않는다. 그것은 형이상학의 발생과 역사를 조망해온 종래의 관점을 다시 한 번 틀어본 것에 지나지 않는다.[54]

에필로그

그 질문은 어디서
왔을까

참선하는 제자가 스승에게 물었다. "이 우주는 어디서 왔을까요? 생명은요? 정신은요?" 스승이 말했다. "그 질문은 어디서 온 것이냐?"

그렇다면 더 이상 묻지 말아야 한다는 것일까? 질문을 던지는 대신 삶의 흐름에 자신을 맡기고, 깊이 생각하기보다는 순간적인 깨달음을 향해 정신을 모아야 할까? 혹 그러고 싶다 해도 과연 그럴 수 있을까? 아니면 서양 문화 속에서 살고 있는 우리는, 모든 것에 대해 질문을 던져 답을 얻거나 파악하고, 대상을 조각조각 나누어 이해해야 한다는 강박관념을 가지고 있는 것은 아닐까? 이렇게 의문을 늘어놓는 것 자체가 우리의 강박관념을 잘 드러낸다. 질문을 던지는 것은 서양 사람들의 사고방식이자 세계를 이해하고 소유하는 방식이다. 토스카나에서 나눈 사흘간의 대화는 서양의 세계관이 가진 장점과 단점을 구체적으로 다루었을 뿐 아니라, 대안을 제시하기도 했다. 그 가운데서도 '양자물리학'과 '진화론적 인식론'은 세계를 새롭게 이해하는 새로운 대안이 될 수 있을 것이다. 이 대화를 통해 우리 모두 다시 한번 깨닫게 된 사실은, 자신만이 세계의 궁극적인 진리를 말하고 있다고 주장하다 보면 결국 출구 없는 막다른 골목에 이르고 만다는 것이다. 대화에 참가한 학자들은, 다양한 각도에서 대상을 보는 열린 마음이 있어야 많은 결실을 맺을 수 있다는 것, 그리고 그렇게 다양한 시각에서 얻은 조각 그림들이 모여 비로소 세계의 전체 모습이 완성된다는 사실을 보여주었다. 물론 그렇게 드러나는 세계가 최종적인 모습은 아니겠지만, 시간이 흐를수록 그 모습은 더욱 선명해질 것이다.

우리가 던지는 질문이 어디서 오는 것인지 우리는 알지 못한다. 그리고 그런 질문이 정말 제대로 된 질문인지도 알지 못한다. 그러나 인간의 호기심은 우리로 하여금 세계에 대해 새로이 사색하게 하고, 모든 대답은 또다시 우리를 새로운 질문 앞에 서게 한다.

잉카 퀴벨, 루이스 자울, 한스 페터 피셔

열린 자세와 관용과
자기통찰

유럽에는 끊임없이 종이 울린다. 하루를 스물네 시간으로, 그것도 모자라 한 시간을 넷으로 쪼개서 15분마다 하루 종일 울려대는 것이다. 언제부턴가 역자는 이 교회의 종소리야말로 그리스적 사유와 그리스도교적 사유가 어우러진 서양정신의 상징이 아닐까 생각하게 되었다. 그 종소리에는 눈에 보이지 않는 시간의 흐름을 계량이 가능한 단위로 작게 나누는 분석적인 사고방식과, 시간은 그냥 흐르는 것이 아니라 종교적인 종말이라는 일정한 종착역을 향해 달려간다는 그리스도교적 목적론(teleology) 또는 종말론(eschatology)이 깊이 스며 있는 것은 아닐까? 서양정신사의 큰 부분은 이렇듯 종소리 하나에 어우러져 있는 듯 보이는 두 사고방식—사물을 분석하고 경험 가능한 방식으로 재구성하려는 과학과, 세계를 신의 의지가 드러나는 장으로 이해하려는 신학—의 대립의 역사였다. 그리고 철학은 그 두 사고방식에 결정적인 논리를 제공하거나 스스로 그 둘 사이에서 줄타기를 해왔다.

이 오랜 세월 동안의 대립과 융합에 마침표를 찍은 것은 바로 다윈의 진화론이었다. "자연은 도약하지 않는다"(Natura non facit saltum)는 다윈의 청천벽력은 자연과학과 신학과 철학 사이에 결코 넘을 수 없는 벽이 있다는 절망감을 퍼뜨렸고, 그 절망감 속에서 각 분야는 서로에 대한 미련을 버리고 제각기 다른 길을 가게 되었다.

자연과학과 신학과 철학이 각자의 분야 안에 스스로를 가두고 자족한 시간은 그다지 길지 않았다. 20세기 초부터 틀을 갖추기 시작한 양자물리학은, 소립자를 대상으로 하는 실험에서는 관찰자의 의도를 비롯한 갖가지 실험조건에 따라 그 결과가 달라지며, 일정한 공간 안에 있는 소립자의 수는 그 소립자를 관찰하는 사람이 관찰을 시작할 때 비로소 결정된다고 주장하고 이를 '불확정성 원리'라고 불렀다. 이 이론은 자연과학이 믿어온 금과옥조들, 즉 주체와 객체, 물질과 정신을 철저히 분리하며, 주어진 조건을 정확히 알면 결과는 언제나 예측할 수 있다고 생각하는 결정론적 세계관과, 대상을 나누어 그 모든 부분을 이해하면 결국 대상 전체를 이해할 수 있다고 믿는 물질론적 환원주의를 송두리째 뒤흔들어놓았다. 의심받기 시작한 것은, 영원하다고 믿었던 과학의 객관성만이 아니었다. 철학을 처음 배우는 학생들의 가슴을 뛰게 만드는 논리학의 저 명쾌한 법칙, 'Tertium non datur'('세 번째 가능성은 없다'는 뜻. 예를 들어 '여기 책상이 있다, 여기 책상이 없다'는 두 가지 언명만 가능할 뿐, '있지도 않고, 없지도 않다'는 세 번째 언명은 잘못이라는 법칙) 또한 그 효력을 상실하게 되었다. 소립자의 세계에서는 무엇이 어떤 위치에 있다고 확정적으로 말할 수도 없고, 그렇다고 그 위치에 아무것도 없다고 말할 수도 없기 때문이다.

학문의 진보는 종래의 사고체계와 아무런 인과관계나 연속성이 없는 새로운 사고체계가 등장함으로써 이루어진다는 토마스 쿤의 상대론적 과학철학은 새롭게 대두된 자연과학의 상대주의에 대한 철학의 화답이었다. 신학은 신학대로 현대 자연과학의 성과에서 신학과의 접점을 찾을 수 있다는 기대를 가지게 되었다. 이는 무한히 작은 한 점이 폭발하면서 우주를 구성하는 모든 물질이 펼쳐지고 시간도 비로소 시작되었다고 말하는 빅뱅 이론이 신학의 창조론을 사람들에게 합리적으로 설명하는 아주 편리한 도구가 됨을 깨달았기 때문이었다. 게다가 카오스나 복잡계 이론 등 이른바 신과학에 대한 사람들의 관심, 생명복제와 안락사를 둘러싼 윤리논쟁, 그리스도교 창조론의 타당성을 신학이 아닌 과학으로 설명하려는 이른바 창조과학 등은 자연과학과 신학과 철학 사이의 대화를 자극했다.

《신 인간 과학》은 양자물리학, 생물학, 신학, 철학 분야의 세계적 석학 다섯 사람이 이탈리아 토스카나에 모여 정신, 생명 현상, 우주, 창조론, 진화 등을 주제로 진지하게 나눈 대화를 그대로 기록한 책이다. 이 대화에 깊은 의미를 부여하는 것은 상대방의 가치관이 자신의 진리체계에 수용될 수 없다고 생각하지만, 동시에 어떤 가치관이라도 세계를 이해하는 정교한 틀을 가지고 있으리라고 짐작하는 대화자들의 열린 자세다.

물리학자는 자신의 학문이 모든 것을 딱 부러지는 필연성으로 설명하지 못한다는 것을 안다. 생명이 없는 단백질이 모여 갑자기 생명이 되는 현상을 관찰하는 생물학자는 "우연이란 하나님이 서명하고 싶지 않을 때 쓰는 가명이다"(아나톨 프랑스)라는 합리주의자의 말이 맹랑한 무지에서 나온 것임을 안다. 신학자는 언어라는 이상적인 도구로 초이성적인 신과 창조를 설명할 때 자신이 빠지게 되는 딜레마가 무엇인지 잘 안다. 철학자는, 세계가 불확실성의 혼란에 빠졌을 때 철학이 세계를 이해하는 통일된 근본원리를 찾으려는 노력을 너무 쉽게 포기했음을 잘 알고 있다. 대화자들의 이 열린 자세와 관용과 자기통찰은, 흔히 소개되는 어중간한 신과학 논의나 분야 간 대화를 이 대화를 구별 짓는 덕목들이다.

이 책을 폭넓게 규정하는 낱말을 찾자면 '인간학'일 것이다. 그러나 《신 인간 과학》은 여러 분야의 인간관을 모아 퍼즐처럼 짜맞추면서 인간을 이해하려는 책이 아니다. 우리 인간이 조바심을 치며 궁금해하는 것들에 대한 각 분야의 이해를 대화의 역동성 안에 녹여냄으로써 우리에게 인간 이해에 관한 주관적이면서도 객관적인 길을 열어 보이는 새로운 인간학인 것이다.

1　빅뱅이나 팽창하는 우주를, 이미 존재해온 어떤 빈 공간에 압축돼 있던 '물질'이 폭발하면서 그 '원초물질'의 파편들이 하나의 중심에서 주위의 공간으로 퍼져나가는 과정으로 상상해서는 안 된다. 우주의 팽창은 오히려 공간 자체의 확장이라고 이해하는 것이 옳다. 공간과 시간이라는 것이 모두 그 대폭발과 함께 생겼기 때문이다. 그러니까 폭발이 퍼져나갈 '바깥쪽의 공간'이란 없었던 것이다! 따라서 '특이점'(singularity)의 상태에서는 공간도, 시간도, 물질도 없었다고 할 수 있다.

2　이신론(理神論, deism) 혹은 자연신론(自然神論)은 계몽주의 시대에 널리 유행했던 신에 대한 철학적인 이해이다. 프랑스의 철학자 볼테르(François Marie Arouet de Voltaire, 1694~1778)도 이신론의 신봉자였다. 이신론에 따르면, 신은 이 세계를 완벽하게 창조했으나 일단 창조가 끝난 뒤에는 자연이나 역사에 더 이상 개입하지 않는다. 이런 생각을 통해서 이신론은, 신이 자연법칙을 넘어서는 방법으로 자연과 인간의 역사에 개입한다는 믿음을 전제로 하는 기적이나 계시 같은 현상을 부정했다.

3　인과율(因果律, principle of causality)은, 모든 현상에는 반드시 원인이 있고 그 현상은 또다시 다른 현상의 원인이 된다고 설명한다. 영국의 경험론자인 데이비드 흄(David Hume, 1711~1776)은 이런 인과율의 내용을 상대화하여 다른 견해를 내놓고 있다. 그는 인과율이 정해진 절대적인 원칙이 아니라, 기대와 습관에 의해 생기는 것이라고 주장한다. 독일의 철학자 임마누엘 칸트(Immanuel Kant, 1724~1804)에 의하면, 인간은 인과율 안에서 사물을 지각하도록 되어 있는데, 인과율은 선험적으로 존재하는 직관의 형태이다. 모든 지각이 이 인과율이라는 직관의 형태 안에서 이루어지지만, 그렇다고 해서 물자체(物自體, Ding an sich)에 이런 지각과 인과율의 연관성이 내재되어 있는 것은 아니다.

4　기원전 6~5세기의 고대 자연철학자들은 모든 존재의 원인이 되는 법칙과 그 의미를 찾고자 했다(이 책 34~35면의 내용을 참조할 것).

5　칸트에게 인식이란 오직 경험의 영역 안에서만 가능한 것이다. 이때 지성(知性, Verstand)은 경험의 대상을 파악하는 장소가 되며, 이 지성의 차원에

서 과학이 이루어진다. 이성(理性, Vernunft)은 지성보다 상위의 능력이며 지성의 인식을 뛰어넘는다. 세계, 영혼, 신 등과 같이 이성에 의해 이루어지는 관념은 경험의 영역을 벗어나며, 따라서 과학적으로 입증될 수가 없다고 한다.

6 불가지론(不可知論, agnosticism)은 신의 존재를 부정하지는 않지만, 신의 존재를 알 수 있다는 것은 부정한다.

7 카를 포퍼(Karl Popper, 1902~1994)는 "나는 내가 아무것도 모른다는 것을 안다"고 하는 소크라테스의 사상적 출발점으로부터 깊은 영향을 받았다. 포퍼가 주창한 '비판적 합리주의'(critical rationalism)에 의하면, 모든 학문적인 가설은 원칙적으로 입증이 불가능하며, 반론에 대해 열린 자세를 갖고 그 반론으로부터 자신을 지켜 내는 한 타당한 것으로 간주된다.

8 에리우게나(Johannes Scotus Eriugena, 810~877?)는 아일랜드의 사상가였다. 그는 성서만을 유일한 근거로 삼는 태도에서 벗어나 체계적으로 구성된 세계상을 그려내고자 했다. 그의 이론에 따르면, 신은 끊임없는 창조 행위 안에 살아 있다. 니콜라우스 쿠사누스(Nicolaus Cusanus, 1401~1464)는 중세를 지배하고 있던 대립개념들―신과 인간, 단일성과 다원성, 천체와 지상―사이의 간극을 수학과 지리학의 지식을 통해 극복하고자 했다. 그는 기본적으로 "자신이 아무것도 알 수 없다는 사실을 알게 될수록 더 많은 것을 알게 될 것이다"라는 생각을 가지고 있었다. 그에게 천체는 보이지 않는 신이 모습을 드러낸 것이고, 신은 보이는 것들 안에 있는 '보이지 않는 것'이었다. 신은 존재하는 모든 것들 안에 끊임없이 스며들어 있다는 것이다.

9 이는 '주체와 객체의 분열' 문제라고도 불린다. 이 문제는, 타당한 인식은 오직 주체와 객체의 간극을 극복함으로써 얻을 수 있다는 가정으로부터 출발한다.

10 스피노자(Baruch de Spinoza, 1632~1677)는 네덜란드의 철학자이다. 그는 진실을 밝히기 위해서는 수학적인 방법을 엄격하게 적용해야 한다는 신념을 가지고 있었고, 극단적인 결정론에 기울어져 있었다. 말하자면, 개개의 사물을 더 많이 인식하면 할수록 신을 더 잘 인식할 수가 있는데, 그것은 신의 본질이 존재하는 모든 것들을 구성하고 있기 때문이라는 것이다. 이렇듯 스피노자는 범신론의 신봉자였다. 클라우스 미하엘 마이어 아비히의 다음과 같은 말에 등장하는 신도 스피노자의 신과 같은 모습이다. "모든 자연은 신의 권능이고, 우리는 그 권능을 내적으로 체험한다. 그러니까 신은 지금 우리를 둘러싸고 있는 빛 속에도 살아 있고, 햇빛 속에나 우리 주위의 나무들 속에도 살아 있다. 신은 돌멩이들 안에도 살아 있고, 그럼으로써 세상에

있는 모든 것에게 존재할 수 있는 힘을 주며, 우리 인간들에게는 세상에 있
는 모든 것을 어떻게 대해야 하고 어떻게 대해서는 안 되는지를 생각할 힘
을 준다."

11 소립자의 차원에서는, 사실을 확인하는 작업에서 관찰자가 중심적인 역할
을 한다. 양자물리학에서는 관찰자와 관찰의 대상이 불가분의 관계에 있
다. 이런 사실을 입증한 실험으로부터 영감을 받아 탄생한 것이 이른바 '슈
뢰딩거(Schrödinger: 오스트리아의 이론물리학자. 1887~1961-옮긴이)의 고양
이'라는 다음과 같은 사고실험(어떤 이상적인 상황을 상정하고, 거기서 이상적
인 실험을 실시했다고 할 때 일어나리라고 생각되는 현상을 이론에 입각하여 사고
적으로 추구하는 일-옮긴이)이다. 고양이 한 마리를 상자에 가두고, 그 안에
는 청산가리가 든 병을 넣어둔다. 병 위에는 망치를 매달아두는데, 그 망치
는 상자 안에 있는 방사성 물질에서 소립자 하나가 방출되면 즉시 떨어져
서 병을 깨뜨리도록 되어 있다. 고양이의 생사는 관찰자가 상자를 열고 들
여다보는 순간에야 비로소 결정된다. 왜냐하면 전자들이란 파동과 입자의
성질을 동시에 가지고 있고, 파동은 관찰에 의해서 입자가 되며 그럼으로
써 비로소 실체를 가지게 되기 때문이다.

12 피에르 라플라스(Pierre Laplace, 1749~1827)는 천체의 운동을 상세히 기술
했고, 태양계의 형성에 대해 칸트와는 다른 이론을 주창했다.

13 티플러(Frank Tipler)는 많은 논란을 불러일으킨 자신의 이론에서, 우주가
언젠가는 '최종특이점'의 상태에 돌입할 것이고, 그 최종특이점은 비물질
적인 '정보의 총화'로 나타날 것이라고 주장하고 있다. 그의 이론에 따르면,
이 우주의 전체 역사를 통해서 이루어졌던 모든 인식의 내용이 그 최종특
이점 안에 들어 있게 된다.

14 목적론(目的論, teleology)이란 자연적인 과정이 어떤 목표를 향해서 움직인
다는 생각이다. 예를 들어, 장미는 꽃을 피움으로써 자신의 목적을 추구하
고 완성한다는 식이다(이 책 48~50면의 내용을 참조할 것).

15 아이작 뉴턴(Isaac Newton, 1643~1727)은 자연을 엄밀하게 기계론적이고,
수학적이며, 인과율적으로 설명해야 함을 강조했다. 그가 발견한 운동의
기본 법칙과 중력의 법칙 역시 같은 맥락에서 볼 수 있다.

16 데카르트(René Descartes, 1596~1650)는 "나는 생각한다. 그러므로 나는 존
재한다"(Cogito ergo sum)라는 유명한 말을 남겼다. 그는《성찰》(Meditationes
de prima philosophia)에서 이 말을 다음과 같이 증명하고 있다. "나는 모든
현상에 대해 (그것이 정말 존재하는지를 묻는) 방법적 회의를 적용한 결과 의
심할 수 없는 유일한 것은 자신이 의심한다는 사실, 생각한다는 사실이라

는 결론에 도달했다." 데카르트는 인간을 '생각하는 사물'로 보고, 이를 현실을 생각하는 실체와 공간을 차지하는 실체로 구분했다. 그의 철학은 오늘날까지도 지대한 영향을 미치고 있다. 예를 들어, 인간과 자연이 서로 대립하고 있다는 그의 생각은 기술의 발달과 그에 따라 형성된 '인간이 자연을 지배한다'는 사고방식에 영향을 주었다.

17 '과정의 철학'(philosophy of process)은 앨프레드 화이트헤드(Alfred North Whitehead, 1861~1947)에 의해 창시되었다. 그는 수학자이자 물리학자이자 철학자였다. 그는 자신의 주저인 《과정과 실제》(Process and Reality)에서, 현실에서 나타나는 개별 현상을 전체 자연과의 연관성 속에서 해석할 수 있도록 하는 사고체계를 제시하고 있다. 이때 중심이 되는 개념은 종래의 철학에서 말하는 '실체'(substance)를 대신하는 '과정'(process)이다. 현실세계의 모든 것은 과정 가운데 일어나는 사건이라는 것이다.

18 슈메이커-레비 9호 혜성은 1994년 7월에 목성과 충돌했다. 모든 천문대와 많은 아마추어 천문학자가 이 충돌을 관측했다. 그런 종류의 충돌은 아주 드문 일로, 대략 2000년에 한 번 있을 정도이다. 사람들은 처음엔 충돌 당시에 얻게 된 무수한 정보를 가지고 무엇을 해야 할지 알지 못했다. 그러나 나중에 그 정보를 이용해서 지구와 혜성 간의 충돌 시뮬레이션 모델을 만들게 되었다.

19 아리스토텔레스의 철학에 근간을 둔 '목적론'(teleology)은, 세상의 모든 사물이 자신 안에 주어진 목표에 따라 예정된 대로 움직인다는 생각이다. 이 이론을 바탕으로 막스 델브뤼크(Max Delbrück), 에른스트 마이어(Ernst Mayr) 같은 생물학자들은 유전자정보를 '향목적소'(向目的素, Teleonomie)로 부를 것을 제안한다.

20 초사이클(Hypercycle) 이론에서는 생명의 탄생을 순전히 물리학과 생화학만으로 설명한다. 이 이론에 따르면, 자기 조직화(self-organization)의 능력을 갖춘 분자들이 스스로를 복제할 때 일종의 촉매작용의 영향으로 더 높은 단계의 생물로 발전하고, 이렇게 발전된 형태가 다시 다음 단계의 복제 활동에 영향을 미치는 순환을 통해 생명의 탄생과 진화가 이루어진다고 한다.

21 제프리 위큰(Jeffrey Wicken)은 자신의 저서 《진화, 열역학, 정보: 진화론의 확장》(Evolution, Thermodynamics and Informations - Extending the Darwinian Program)에서 이 명제를 옹호하고 있다.

22 이런 구분은 철학자 데카르트까지 거슬러올라간다. 데카르트는 실체를 '정신의 양태'(res cogitans)와 '물질의 양태'(res extensa)로 명확하게 구분한다.

그가 말하는 실체란, "존재하기 위해 다른 어떤 것도 필요로 하지 않는 것"으로, '신'만이 이런 조건을 만족시킨다. 인간은 이 두 가지 실체가 모두 있는데, 이 둘이 각기 다른 형태로 나뉘어 존재한다는 사실을 일상에서는 지각하지 못할 뿐이라고 한다.

23 판넨베르크 선생이 인용하고 있는 것은 성서의 〈시편〉 104장 29~30절이다. "그러다가 당신께서 외면하시면 어쩔 줄을 모르고 / 숨을 거두어들이시면 먼지로 돌아가지만, / 당신께서 입김을 불어넣으시면 다시 소생하고 / 땅의 모습은 새로워집니다."

24 우리의 대화는 비행기 소음 때문에 여러 차례 중단되었다. 그래서인지 마이어 아비히 선생의 이 이야기는 더욱 스산하고 참담한 느낌으로 다가왔다.

25 "하느님께서 '땅은 온갖 동물을 내어라! 온갖 집짐승과 길짐승과 들짐승을 내어라!' 하시자 그대로 되었다." (창세기 1:24)

26 자크 모노(Jaques Monod, 1910~1976)는 프랑스의 생화학자이다. 파스퇴르 연구소의 소장을 지냈고, 1965년 노벨 생리학·의학상을 받았다. 생물학에서 제기되는 철학의 문제를 다룬 저서 《우연과 필연》에서 모노는, 자연계에서 일어나는 모든 일이 일정한 '목표'를 향해 진행된다는 생각을 포기할 것을 요구하고 있다. "인간이 나타나서 상징을 사용하는 논리체계를 세우기 전에는 우주 안에 예정된 것은 아무것도 없었다. (중략) 인간의 출현이 생명의 탄생만큼이나 특별하고도 유일무이한 사건이라는 이유는, 인간의 출현을 예상케 할 만한 그 어떤 조짐도 없었기 때문이다. 우주는 생명이나 인간 그 어느 것도 배태(胚胎)하고 있지 않았고, 생명과 인간의 출현은 운 좋게 복권에 당첨되듯 그렇게 이루어진 것이다. 복권 당첨으로 돈방석에 앉게 된 사람이 그렇듯, 이렇게 우리가 세상에 있다는 사실을 불가사의하고도 특별한 사건으로 여기고 놀라워하는 것은 당연한 일이다." 이 책의 말미에는, 자연과학이 기존의 가치관을 뒤흔들고 있음을 나타내는 유명한 구절이 있다. "(이렇게 과학이 전하고 있는) 메시지의 의미를 충분히 이해한다면, 인간은 지금껏 빠져 있던 망상에서 벗어나 자신이 우주 안에서 철저히 혼자이고 낯선 존재임을 깨달아야 할 것이다. 이제야 인간은 자신이, 인간의 음악에 귀 기울이지 않으며 인간의 희망과 고통과 죄악에 대해 무관심한 우주의 한 귀퉁이를 떠도는 집시임을 알게 된 것이다."

27 "우리는 모든 피조물이 오늘날까지 다 함께 신음하며 진통을 겪고 있다는 것을 알고 있습니다." (로마서 8:24)

28 초기조건과 자연법칙을 분석하고, 그로부터 이후에 일어날 일을 예측하는

것이 보통의 순서이다. 그러나 인간적 사고방식(anthropische Denkweise)은 이 순서를 뒤집는다. 먼저 현재 나타나 있는 결과, 즉 인간이 존재하고 있다는 사실에서 출발해서, 인간의 출현을 배태하고 있는 우주를 탄생케 한 초기조건이 무엇인지를 거꾸로 추적하는 것이다.

29 니콜라우스 쿠사누스에 대해서는 이 책 주8을 보라.

30 알베르트 슈바이처(Albert Schweitzer)는 1875년에 태어나 1965년에 세상을 떠났다. 그는 신학자, 의사, 문화철학자였다. 슈바이처에게 인간 존재의 출발점은 "나는 생각한다. 그러므로 나는 존재한다"는 데카르트의 명제가 아니라, "나는 살기 원하는 생명들에 둘러싸인 채 역시 살기 원하는 생명이다"라는 생각이었다. 이런 맥락에서 "생명에 대한 외경(畏敬)"은 인간을 이해하는 최고의 원칙이 된다.

31 제로섬 게임은 사람들이 어떤 상황에서 어떤 전략적 결정을 내리는가를 다루는 놀이 이론에서 사용하는 용어이다.

32 성서가 한 획의 오류도 없고, 따라서 글자 그대로 믿어야 한다는 의견을 천명한 1978년의 이른바 '시카고 선언'에서 창조론자들은 이렇게 말한다. "한 자 한 획까지 하느님이 직접 주신 성서는 그 내용에서 어떤 오류나 결함도 없다. (중략) 이토록 완벽한 무류성을 어떤 형태로든지 인정하지 않거나 무시하거나 성서에 반하는 사실에 빗대어 상대화하려 든다면, 성서의 권위를 손상하는 것이다." / 또 인류의 출현에 대한 '시카고 선언'의 내용은 이렇다. "성서의 창조 이야기는 세계와 생명체의 근원에 관해 실제로 있었던 일을 그대로 기술한 것이다. 인간을 포함해서 모든 생명체의 원형(原形)은 모세 오경의 첫째 부분이 묘사하는 바대로, 창조가 이루어진 일주일 동안 하느님의 손으로 직접 만들어졌다. (중략) 그뒤로 생물학적인 변화가 있었다 하더라도, 그런 변화는 원래 창조된 종의 경계를 넘지 않는 선에서 일어난 것이다." 이 문제에 대해서는 루츠 폰 파트베르크(Lutz von Padberg)의 《믿음, 사고, 인식의 근본이 되는 성서》(Die Bibel – Grundlage für Glauben, Denken und Erkennen)(Stuttgart, 1986)를 보라.

33 토마스 아퀴나스(Thomas Aquinas)는 교회의 가르침과 아리스토텔레스의 철학을 한데 이은 주인공이다. 아리스토텔레스의 철학은 토마스 아퀴나스 당대의 사람들에게 이성을 무기로 이 세계를 '뚫고 들어와' 이해하는 길을 열어주었다. 그전까지 세계는 상징으로 가득 찬 신의 현현(顯現)이었고, 따라서 세계를 이해하기 위해서는 물질의 차원을 뛰어넘어야 했다. 그때까지 사람들은 이성의 완성이 신앙 안에서 가능하다고 생각한 데 반해, 토마스 아퀴나스는 신앙과 지식을 엄격하게 나누어 생각했다.

34 당시 바빌로니아인들은 고도로 발달한 수학과 천문학을 가지고 있었다. 다신교를 믿던 그들은, 하늘의 신 '아누'(Anu), 땅의 신 '엔릴'(Enlil), 물의 신이자 인간에게 우호적인 지혜와 마법의 신인 '에아'(Ea)라는 세 신이 우주를 지배한다고 생각했다.

35 오리게네스(Origenes, 185~254)는 그리스 출신으로, 초대 교회 시대의 교부(敎父)이다.

36 카를 라이문트 포퍼에 대해서는 이 책 주7을 보라.

37 게오르크 피히트(Georg Picht, 1913~1982)는 교육학자이자 철학자로, 하이델베르크 대학에서 종교철학을 가르쳤고, 개신교 학술 연구소 소장을 역임하기도 했다. 《독일 교육의 재앙》(Die Deutsche Bildungskatastrophe) (1964), 《정신의 책임》(Die Verantwortung des Geistes)(1964), 《아우슈비츠와 히로시마 이후의 철학》(Philosophie nach Auschwitz und Hiroshima)(1~2권 1980~19981)등의 철학, 국제 정치, 교육 정책에 관한 다수의 저술을 남겼다.

38 콘라트 로렌츠(Konrad Lorenz, 1903~1989)는 쾨니히스베르크, 뮌스터, 뮌헨 대학의 교수를 역임했다. 1991년에서 1973년까지 뮌헨 교외 슈타른베르크의 막스 플랑크 행태학 연구소장으로 있었고, 그뒤 오스트리아 학술원 산하 비교행태연구소에서 동물사회학 연구를 이끌었다. 로렌츠는 비교행태학의 창시자로 일컬어지는데, 특히 거위의 본능 행동에 대한 연구로 세계적인 명성을 얻었다.

39 요한 고트프리트 헤르더(Johann Gottfried Herder, 1744~1803)는 철학자이며 신학자이자 '질풍노도' 시대의 시인이었다.

40 프로메테우스는 그리스 신화에 등장하는 거인족으로, 동생 에피메테우스가 어리석었던 것과는 반대로 아주 지혜로웠고('프로메테우스'는 그리스어로 '생각이 앞서는 자'라는 뜻이다), 인류에게 유익한 것들을 가져다주었다고 한다. 프로메테우스는 인간을 위해서 제우스를 속이려 했고, 이에 화가 난 제우스는 인간에게서 불을 빼앗았다. 그리고 프로메테우스는 그 불을 훔쳐내어 다시 인간에게 가져다주었다. 그러나 제우스는 에피메테우스의 신부 판도라에게 상자를 하나 주어 인간 세상에 보냈는데, 그것은 세상의 모든 고통이 담겨 있는 상자(판도라의 상자)였다. 프로메테우스는 불을 훔쳐낸 죄로 카프카스 산 어느 바위에 붙들어 매여 독수리 한 마리에게 종일토록 간을 쪼아 먹히고, 밤 사이에 그 간이 다시 회복되어 날마다 고통을 당해야 하는 형벌을 받았다. 그를 구해준 것은 제우스의 아들 헤라클레스였다고 한다.

41 플라톤(Pleton, 427~347 BC)은 영혼이 죽지 않는다는 자신의 생각을 저서

《파이돈》(Phaedon)에서 이렇게 요약하고 있다. "영혼이야말로 신적인 것, 불멸하는 것, 이상적인 것, 늘 일정한 것, 흩어지지 않는 것에 가장 가까운 존재이다."

42 《티베트 사자의 서》는 '바르도 퇴돌'(바르도에서 들으면 큰 해방을 얻는 기도)을 모은 것이다. 티베트 불교에서 가장 중요한 문서 가운데 하나로 여겨지는 이 책에 따르면, 모든 생명체는 죽음-중간단계-환생이라는 윤회를 되풀이하게 되어 있고, 이런 윤회는 부처가 될 때까지 계속된다. 이 책은 죽음에 이르는 여러 단계와 각 단계에서 해야 할 일을 서술하고 있다.

43 닐스 보어(Niels Bohr,1885~1962)의 원자 모델은 원자가 안정을 유지하는 메커니즘을 고전 물리학과는 다르게 설명한다. 그의 모델은 원자의 안정성뿐 아니라 원자의 에너지 준위, 운동 등을 설명하는 데도 적합한 것이었다. 그는 이 업적으로 1922년 노벨 물리학상을 수상했고, 이는 양자역학의 발달에 결정적인 계기가 되었다. 양자역학의 발달에 결정적인 도움을 준 것은 양자에 관한 막스 플랑크(Max Planck)의 가설이었다. 새로운 자연상수(플랑크 상수 h-옮긴이)를 도입한 막스 플랑크의 '작용양자'(Wirkungsquantum, quantum of action)로 고전 물리학은 종언을 고하게 되었다.

44 하버드 대학과 예일 대학의 교수직을 역임한 제임스 러브록(James Love lock,1919~)은 지난 1960년대 미국항공우주국(NASA)에서 스펙트럼 분석을 통해 화성의 생물체 존재 여부를 연구했다. 현재 영국 학술원 회원으로 연구에 몰두하고 있는 그는 1990년 네덜란드 예술·과학 한림원이 수여하는 '암스테르담 환경상'(APE)을 수상했다. 그의 저서 《가이아: 생명체로서의 지구》(Gaia: A New Look at Life on Earth)는 1988년에 초판이 나왔다.

45 '모사이론'(copy theory)에는 여러 형태가 있지만 어느 경우에나, 객관적으로 존재하는 사물이 반드시 있고, 그것이 지성의 도움으로 의식 안에 복사됨으로써 우리가 사물을 인식하게 된다는 생각을 바탕으로 하고 있다. 레우키포스(Leukippos)나 에피쿠로스(Epikuros) 같은 그리스의 원자론자들도 실재하는 사물이 그 속성과 함께 우리 의식 안에 모사된다고 생각했다. 그들은, 사물이 눈에 보이지 않는 원자들을 방출하는데, 그 원자들이 우리의 감각기관에 받아들여짐으로써 지각의 직접적인 대상이 된다고 믿었다. 현대 분석철학은 언어라는 현상에 그런 모사 작용이 있다고 보는데, 언어가 정확하면 정확할수록 그 모사 또한 더욱 분명해진다고 한다.

46 에른스트 파스쿠알 요르단(Ernst Pasqual Jordan, 1902~1980)은 이론물리학자이자 천제물리학자로서, 물리학의 연구결과가 지닌 철학적인 의

미를 연구하기도 했다.《20세기 물리학》(Die Physik des 20. Jahrhunderts) (1936),《플랑크 작용양자, 변증법적 유물론과 이론물리학》(Das Plancksche Wirkungsquantum, dialektischer Materialismus und theoretische Physik)(1950),《실패한 반란》(Der gescheiterte Aufstand)(1958) 등의 저서를 남겼다. 양자역학의 창시자 가운데 한 사람이기도 한 요르단은 로스토크, 베를린, 함부르크 대학의 교수직을 역임했다.

47 영국 학술원(Royal Society)은 런던에 있는 자연과학 아카데미로, 1783년 창립되었다.

48 결정론(決定論, determinism)은 모든 자연현상이 엄밀한 인과율에 따라 발생한다고 전제한다. 극단적인 결정론은 인간의 자유의지를 철저히 배제하면서, 인간에게는 어떤 책임도 물을 수 없다고 주장한다.

49 에른스트 카시러(Ernst Cassirer,1874~1945)의 철학은 기호를 이해하고 사용하는 데 필요한 조건이 무엇인지를 탐구한다. 카시러의 저서 가운데도 가장 손꼽히는 것은 1923~1929년에 걸쳐 발표한《상징형식의 철학》(Philosophie der symbolischen Formen) 1~4권이다. 아인슈타인의 상대성이론이 발표되었을 당시 이를 옹호하기도 했던 카시러는, 과학과 철학에서 사물에 대한 직접적인 사유가 시간이 흐름에 따라 추상적인 사유로 변모하게 된 과정을 밝히고자 했다.

50 한스 페터 뒤르(편),《물리학과 초월성》(Physik und Transzendenz), 1986

51 클라우스 미하엘 마이어 아비히,《실천적 자연철학》(Praktische Natur philosophie), 1997

52 한스 디터 무췰러,《물리학, 종교, 뉴에이지》(Physik, Religion, New Age),1990

53 볼프하르트 판넨베르크,《인간과 우주 – 자연과학과 창조신앙의 대화》(Mensch und Universum –Naturwissenschaft und Schöpfungsglaube in Dialog), 1995

54 루페르트 리들, 프란츠 M. 부케티츠(편),《진화론적 인식론》(Die Evolutionäre Erkenntnistheorie), 1987

지은이

한스 페터 뒤르(Hans-Peter Dürr)
1929년~2014년. 물리학 교수이자 철학박사. 1987년부터 물리학과 천체
물리학 분야를 다루는 뮌헨의 막스 플랑크 연구소 소장으로 재직했다. 환
경, 자원, 평화 문제의 해결을 위해 결성된 민간단체인 로마클럽 회원으로
활동했다. 핵물리학, 입자물리학, 중력이론 분야의 전문가로서 평화문제
연구의 공적으로 1987년 '대안 노벨상(Right Livelihood Award)'을 수상했
다.

클라우스 미하엘 마이어 아비히(Klaus Michael Meyer-Abich)
1936년~2018년. 자연철학 교수. 물리학과 철학을 전공했다. 세계적인 독
일 천문학자 바이츠제커와 수년간 공동연구를 수행했으며, 과학기술 사
회적 수용 기준을 제시한 학자로 잘 알려져 있다. 1979~1982년까지 서독
의회의 에너지 문제 청문회 자문을 맡았으며, 1987년 테오도르 호이스 상
을 수상했다. 그뒤 자연의 문화사를 주제로 연구에 몰두했다. 국내에 소개
된 저서로는《자연을 위한 항거》(박명선 역, 2001, 도요새)가 있다.

한스 디터 무췰러(Hans-Dieter Mutschler)
1946년생. 가톨릭 신학자, 철학자, 물리학자. 프랑크푸르트 대학, 성 게오
르겐 대학, 폴란드 크라쿠프 소재 이냐시오 철학·교육학대학에서 가르
쳤다. 1987년부터 프랑크푸르트 대학의 연구 프로젝트 '기술의 여파'에
참여하고 있다. 대표작으로《물리학, 종교, 뉴에이지 운동》(Physik, Religion,
New Age)(1992)이 있다.

볼프하르트 판넨베르크(Wolfhart Pannenberg)

1928년~2014년. 저명한 개신교 신학자. 뮌헨 대학에서 가르쳤다. 현대 물리학이 신학에 끼친 영향을 연구하여 세계적인 명성을 얻었다. 우연성과 자연법칙, 현대 물리학의 장(場) 이론과 프네우마론, 창조와 자연과학에 관한 많은 저서가 있다.

프란츠 M. 부케티츠(Franz M. Wuketits)

1955년~2018년. 생물학자, 철학자. 오스트리아 그라츠 대학, 빈 대학 등에서 생물철학을 가르쳤다. 2002년부터 진화와 인식 분야를 다루는 오스트리아 알텐베르크의 콘라트 로렌츠 연구소에서 일했다.《사회생물학 논쟁》(Gene Kultur und Mora: Soziobiologie Pro und Contra)(1999, 사이언스북스)외 생물학과 철학의 경계를 천착한 여러 저서가 있으며, 오스트리아 학술출판물상을 수상한 바 있다.

옮긴이

여상훈

독일 튀빙엔 대학에서 철학과 일본학을 공부했다. 독일 ARIS GmbH의 자동번역 개발자, 국내 원격외국어교육 콘텐츠 개발자를 거쳐 현재는 출판인, 번역가로 활동 중이다.